왜 출근하는가

신현만 지음

?왜 출근하는가
매일 아침 되새기는 직장생활의 이유

21세기북스

이 책을 쓰겠다고 생각한 지는 꽤 오래됐다. 10년 전에 20대를 위한 책 『20대가 끝나기 전에 꼭 해야 할 21가지』를 쓰면서 언젠가는 30대를 위한 책을 쓰겠다고 생각했다. 그런데 당시 예상했던 것보다 많이 늦어졌다. 그동안 리더십에 관한 몇 권의 책을 쓰느라 여력이 없었다.

30대를 위한 책을 써야겠다고 다시 마음먹게 된 것은 최근 들어 30대 직장인들의 고민을 많이 접하고 있기 때문이다. 30대 직장인들과 이야기하는 과정에서 이들에게 하고 싶은 이야기들이 많이 생겨난 것이다. 내가 접한 30대 직장인들의 상당수는 직장생활과 커리어에 관해 고민이 많았다. 그런데 이들 가운데 일부는 합리적이지 않은 선택을 했다. 이들은 그런 선택이 어떤 결과를 가져올지 정확히 모르는 듯했다. 그들의 이야기를 들을 때마다 나도 모르게 "어, 그러면 안 되는데"라는 말이 튀어나올 정도였다. 안타깝고 답답했다.

그래서 고민하는 이들에게 뭔가 이야기를 해줘야겠다는 생각을 하게 됐다. 이들에게 내 조언이 조금은 도움이 될 것 같았다. 이 분야에서 오랫동안 많은 사람들을 만나온 데다 나 역시 젊은 시절 비슷한 경험을 했기 때문이다.

그런데 막상 글을 쓰기 위해 자료 조사를 하다 보니 30대 상황이 10년 사이에 상당히 변했다는 사실을 알게 됐다. 10년 전의 30대는 대학을 졸업하면 대부분 직장생활을 했다. 그러나 지금의 30대는 그렇지 않다. 직장생활을 일찍 시작해 빠르게 승진한 사람은 30대 후반에 이미 중간간부 반열에 올라 있다. 이들은 직장생활 기간이 10년을 훌쩍 넘어 매니저 역할을 하고 있다. 반면 30대 중 일부는 아직도 직장에 발을 담그지 않고 있다. 대학을 늦게 졸업한 데다 졸업 이후에도 진로를 고민하면서 자신의 관심사에 빠져 아직 직장에 들어가지도 않았다. 그러다 보니 이들의 고민은 여전히 20대의 연장선상에 있다.

 달라진 것은 이것만이 아니다. 10년 전 30대는 대부분 결혼을 했거나 결혼을 준비하고 있었다. 결혼을 아예 하지 않겠다거나 아직 생각이 없다고 이야기하는 사람은 그리 많지 않았다. 그런데 지금 30대 가운데는 결혼하지 않은 사람들이 상당히 많다. 결혼에 관심이 없는 사람들도 이전보다 훨씬 늘었다.

 이렇게 결혼을 대하는 생각이 달라지다 보니 30대의 관심사도 다양했다. 10년 전 30대의 주요 관심사는 출산과 육아, 주거, 가족관계, 직장생활이었다. 그런데 지금은 이런 고민에 진로나 취업, 결혼 같은 20대의 고민이 섞여 있다. 30대 초반은 아직 20대의 고민을 하고 있는 반면, 30대 후반의 관심은 40대와 비슷했다. 게다가 같은 나이 대라도 앞서 가는 사람과 뒤처진 사람의 고민은 크게 달랐다.

30대 전반은 인생에서 가장 중요한 결정들이 이뤄지는 시기다. 결혼, 출산, 취업 같은 인생의 중대사가 대부분 이때 결정된다. 30대 전반은 또 인생에서 본격적으로 격차가 벌어지는 시기이기도 하다. 어떤 목적지와 어떤 경로를 선택하느냐에 따라 모습이 크게 달라진다. 직장에 들어간 사람과 그렇지 않은 사람, 대기업에 들어간 사람과 중소ㆍ중견기업에 다니는 사람의 차이는 시간이 갈수록 커진다. 업종이나 직무에 따른 차이도 적지 않다. 고민이 깊을 수밖에 없는 게 30대가 처한 현실이다.

30대는 또 치열하게 경쟁이 벌어지고 있는 세상을 일정 부분 경험했다. 이 때문에 세상이 어떤 곳이고 어떤 원리로 어떻게 운영되고 있는지 나름대로 파악하고 있다. 그러나 이런 세상에서 어떻게 살아가야 하는지 정답은 정확히 알지 못한다. 이 책에서 나는 이런 30대들을 위해 나의 30대 경험과 내가 접한 30대들의 고민을 나누고 해법을 모색했다.

직장인들의 고민은 "자신의 가치를 어떻게 높일 것이냐"로 모아진다. 가치에 따라 역할은 물론이고 권한과 보상이 달라지기 때문이다. 이를 위해 여러 방법이 제시되고 있지만, 나는 차별화가 최선이라고 생각한다. 자신을 차별적 존재로 만드는 것이야말로 자신의 가치를 끌어올릴 수 있는 최고의 방법이다. 이 책은 직장인들이 차별화하기 위해 무엇을 어떻게 해야 하는지에 관해 여러 방면에서 살펴보고 있다. 또 차별화 과정에서 어떤 문제가 생기고, 그런 문제들을 어떻게 해결해야 하는지도 다루고 있다.

이 책 역시 그동안 내가 쓴 다른 책들처럼 반성문 성격을 띠고 있다. 누군가가 "당신은 이 책에 쓴 것처럼 30대를 지냈느냐"라고 물어본다면 "꼭 그렇지는 않다"고 답할 수밖에 없다. 아니 "대부분 그렇지 않다"고 말하는 게 더 정확할 것이다. 나 역시 30대를 나름 열심히 살았지만 이 책에 쓴 대로 살지는 못했다. 어쩌면 이런 사정 때문에 내가 이 책을 썼는지도 모른다.

내가 이 책을 쓰면서 '꼰대' 같은 이야기를 하지 말자고 다짐했던 것도 이런 상황과 관련이 있다. 자신은 그렇게 살지 못했으면서 다른 사람들에게 그런 삶을 강요하는 것만큼 듣기 싫은 게 없기 때문이다. 그런데 쓰는 과정에서 나도 모르게 꼰대가 되고 말았다. 문제를 지적하고 해법을 제시하는 전형적인 꼰대의 글을 썼다. 아마도 내가 언론사와 컨설팅 회사에서 오래 근무하면서 문제 제기와 해법 모색이 습관이 됐기 때문인 것 같다.

그러나 어쩌면 이것이 이 책의 차별성일 수도 있다. 이 책은 내가 언론인으로서, 경영자로서, 그리고 기업에 핵심인재를 추천하는 헤드헌팅회사의 대표로서 경험하고 느낀 것 가운데 젊은 직장인들에게 필요한 내용을 기록한 것이다.

나는 이 책이 경쟁적인 직장 현실에서 많이 고민하고 있는 직장인들에게 조금이라도 도움이 됐으면 좋겠다. 특히 이 책을 통해 고민을 하는 사람이 나 혼자만이 아니라는 사실에 위안을 받길 바란다. 비슷한 고민을 가진 사람들이 많다는 얘기는 해법을 찾을 가능성이 높다는 뜻이기도 하니까.

많은 직장인들이 상사와 갈등, 성과 스트레스, 끝도 없이 주어지는 일들 때문에 힘들어하면서 "나는 왜 직장생활을 하고 있나" "나는 왜 회사에 다닐까"를 회의하고 있다. 나는 이 책이 이들에게 자신과 주변을 돌아보게 하는 시간을 가져다주길 기대한다. 그래서 독자들이 매일 아침 출근길에 "나는 왜 출근하고 있나"라는 질문에 대한 자신만의 해답을 찾았으면 좋겠다.

2017년 7월
창밖으로 신록의 봉은사를 바라보며

PART **02** 직장 수업
그래 봤자 직장, 그래도 직장!

의미 발견

PART **03**

길은 꼭 하나만 있는 게 아니다

PART 04 차별화
세상 단 하나뿐인 이력서

PART 01

현실 인식
바람이 없으면 봄이 아니다

66

혁신하려면 1,000가지를 포기하고
하나에만 집중해야 한다.

99

30대, 변명이 허용되는
마지막 시기

맥킨지는 자타가 인정하는 세계 최고의 컨설팅 회사다. 그런데 그런 맥킨지도 실패할 때가 종종 있다. 대표적인 것이 1990년대 후반에 시행했던 사업이다. 당시 맥킨지는 시작 단계에 있는 스타트업 기업과 함께 일하기로 했다. 컨설팅 비용을 받지 않는 대신 나중에 수익을 나누기로 한 것이다. 맥킨지는 이런 방법을 통해 비싼 컨설팅 비용이 부담스러운 기업들을 고객으로 끌어들이려 했다. 자신들이 직접 경영에 참여하면 기업을 크게 키워 더 큰 수익을 거둘 수 있다고 믿었던 것이다.

기업들은 환영했다. 기업들의 반응이 긍정적으로 나오자 다른 컨설팅 회사들도 맥킨지의 사업방식을 도입했다. 그러나 맥킨지는 몇 백만 달러의 손실을 본 뒤 3년 만에 사업을 접고 말았다. 세계 최고의 두뇌집단이 만든 사업계획서들이 현실에서 통하지 않았기 때문이다. 맥킨지는 왜 실패했을까?

가장 큰 원인은 지나친 자신감이었다. 맥킨지 컨설턴트들은 자신들의 분석과 사업계획을 지나치게 확신했다. 어떤 사업을 누가 어떻게 하면 성공할 수 있는지 다 알고 있다고 믿었다. 몇 십 년 동안 세계 곳곳에서 수많은 사업계획서를 검토해왔으니 당연히 자신이 있었을 것이다. 그러나 결과적으로 그들의 사업계획은 탁상공론 수준을 벗어나지 못했다. 어떤 사업이 성공할지에 대한 맥킨지의 판단능력은 매우 취약했다. 맥킨지 컨설턴트들은 사업이라는 게 진행 단계에서 예측하지 못한 수많은 일들이 벌어지는 과정임을 간과했다. 수많은 벤처기업 가운데 왜 극소수만이 살아남는지 잘 몰랐던 것이다.

누구도 미래를 예측하기는 어렵다

미래를 예측하는 것은 참 어려운 일이다. 세상에 예상대로 되는 일이 얼마나 될까? 불과 몇 년 전의 신문기사만 봐도 앞날을 예측하는 것이 얼마나 어리석은지 알 수 있다. 연말이 되면 한국은행이나 한국개발연구원 같은 연구조사기관들이 앞 다퉈 새해 한국의 경제전망을 내놓는다. 하지만 이 전망이 맞았던 경우는 거의 없다.

이처럼 예측이 어렵기 때문에 세계 최대 체인점 수를 자랑하는 일본의 세븐일레븐은 아예 중장기 계획을 세우지 않는다. 2~3일 뒤의 주가나 환율도 예측하지 못하는 상황에서 중장기 목표라는 건 의미가 없다고 생각하기 때문이다. 스즈키 도시후미 세븐앤아이홀딩스의 전 회장은 "중장기

목표를 세우면 오히려 그 목표수치에 얽매여 숫자 맞추기에 급급해진다"
면서 "경영은 숫자를 짜 맞추는 경기가 돼서는 안 된다"고 강조한다.

그래서 세븐일레븐은 1년 단위로만 계획을 세운다. 일본 내 점포가 2만
개에 육박하지만 몇 년 뒤 점포를 얼마로 늘린다는 계획을 내건 적이 없
다. 분기별로 점포 개설 계획을 세우지만 중간에 영업 상황이 좋지 않으
면 즉시 개설을 중단한다. 그런 다음 원인 파악에 들어가 점포를 정상화
한 뒤 이를 토대로 다시 점포를 세운다. 세븐일레븐은 이런 식으로 점포
를 하나하나 늘려나갔다. 그러다 보니 어느새 세계 최대 편의점 회사가
된 것이다.

많은 젊은이들이 적성에 맞고 안정된 생활이 보장되는 직업을 찾고 싶
어한다. 적성에 맞지 않으면 가던 길을 멈추고 다시 처음으로 돌아와야
할지도 모르기 때문이다. 누구나 안정된 미래를 선택하고 싶어한다. 문제
는 그것을 어떻게 찾느냐 하는 것이다. 맥킨지조차 수많은 경험과 데이터
분석을 토대로 만든 사업계획서를 쓰레기통에 던져버리고 말았는데, 자
신에게 꼭 맞는 길을 어떻게 발견할 수 있을까?

방법은 단 하나뿐이다. 해보는 것이다. 머릿속에서 단초가 떠오르고 실
현 가능성이 높아지면 그다음에 할 일은 실행뿐이다. 일정 기간 동안 전
심전력을 다해 노력해봐야 내 길인지 아닌지 판단할 수 있다. 10년, 20년
앞을 내다보면서 판단하고 계획을 세우는 것은 현실적이지 않다. 10년이
면 강산이 변한다는데 그 이후까지 내다보고 길을 정하는 게 무슨 의미가
있을까?

가끔 늦은 시기까지 자신이 무엇을 할까 정하지 못해 방황하는 사람들
을 볼 수 있다. 특히 서른을 넘긴 나이에도 계획만 세우고 있는 사람들도

있다. 이들은 이곳저곳을 기웃거리느라 대학졸업부터 늦춘다. 졸업 이후에도 유학을 갈지, 자격증을 딸지, 직장에 들어갈지를 놓고 탐문만 계속한다.

삼진아웃보다 안타가 낫다

직장을 다니는 사람들 중에도 이런 사람들이 적지 않다. 이들은 현재 직장을 잠시 머무는 곳으로 여긴다. 확실한 그 무엇이 나타나면 언제든지 훌훌 털고 일어서겠다는 생각으로 직장생활을 한다. 그러다 보니 업무에 몰입하지 못하고 늘 주변을 맴돈다. 직장의 주인은 따로 있고 자신은 손님이라고 생각한다. 그런 사람들이 성과를 내고 성장할 수 있을까?

20~30대 젊은이들이 직장에서 제대로 자리를 못 잡는 가장 큰 이유는 자신의 길을 몰라서가 아니다. 길이 불확실하다는 생각이 들면 절대 가보려 하지 않기 때문이다. 막연하게 다른 길이 있을 거라고 생각하면서 현재의 일에 집중하지 않는다. 이들은 새로운 가능성을 위해 끊임없이 준비한다. 쓰지도 않을 지식이나 기술, 자격증을 얻기 위해 황금 같은 시간과 에너지를 쏟아 붓는다. 이런 것에 대한 집착만 버려도 현재 맡은 일에서 많은 진전을 이뤄낼 수 있을지도 모른다.

30대는 결정해야 하는 시기다. 가능성만 보고 이곳저곳을 기웃거리기에는 이미 충분히 나이가 들었다. 아직 내게 기회가 있고 시간이 남아 있다고 생각한다면 착각이다. 모든 가능성을 열어두고 늦더라도 확실한 것을 찾겠다는 생각은 이제 접을 때가 됐다. 홈런에 집착하다 매번 삼진아

웃 당하는 것보다 안타라도 쳐서 1루에 나가는 편이 낫다. 내가 안 해서 그렇지, 달려들면 얼마든지 잘할 수 있다는 생각은 오만일 수도 있다.

　만약 현재 하고 있는 일이 자신이 가려는 길과 다르다고 판단하면 하루라도 빨리 새 길을 찾아 나서야 한다. 그리고 생각하는 게 있다면 다소 불확실하더라도 일단 뛰어들고 봐야 한다. 서티세븐시그널스의 창업자 제이슨 프라이드는 『똑바로 일하라』에서 사업계획 대신 사업추측이라는 말을 써야 한다고 주장한다. 그는 "점쟁이가 아닌 이상 장기 사업계획을 세우는 것은 불가능하다"고 말한다. 경쟁사, 고객, 경기 상황 등 자기 힘으로 어쩔 수 없는 요인이 너무도 많기 때문이다. 사업계획을 잘 세우면 이런 요인을 통제할 수 있을 것 같지만 그것은 착각이다. 따라서 장기계획을 치밀하게 세우느라 시간을 허비하지 않아야 한다. 너무 먼 미래까지 내다보면서 검토하고 판단하는 것은 낭비다.

1,000가지를 포기하고 하나에만 집중하는 것

　내가 아는 30대 중반의 두 여성의 경우, 출발은 비슷했지만 현재 상황은 너무도 다르다. 이들은 둘 다 대학에서 국문학을 전공했다. 이 가운데 한 명은 해외연수 때 미술사에 관심을 갖게 되면서 미학을 복수전공했고 석사과정에도 들어갔다. 그러나 그는 대학원을 마치지 못했다. 공부하는 내용이 자신이 생각했던 것과 많이 달랐기 때문이었다. 그는 신입사원으로 입사하기에는 나이가 많아서 취업에 실패했다. 한동안 학원강사를 전전하던 그는 동료강사의 소개로 외국계기업에 들어갔다. 그러나 그곳에 들어간 지 2년이 채 되기도 전에 직장을 옮긴 것을 시작으로 벌써 네 번이나 직장을 옮겼다. 그는 새로 옮긴 곳에서도 자리를 잡지 못하고 있다.

　그가 이렇게 직장을 자주 옮기는 것은 현재의 직장이 자기가 뿌리를 내릴 곳이 아니라고 생각했기 때문이다. 그러다 보니 발을 반만 담근 채 집중하지 않았다. 그는 직장에 다니면서도 계속해서 새 길을 찾았다. 한동안 외국 유학을 생각하며 외국어 공부를 했다. 공무원시험을 보겠다며 학원에 다니기도 했다. 문제는 이렇게 마음을 잡지 못하고 밖으로만 시선을 돌리다 보니 회사에서 좋은 평가를 받지 못한다는 사실이다. 그는 좋은 대학을 나왔고 외국어 능력도 뛰어나지만 아직도 과장으로 승진하지 못했다. 그래서 최근 다시 이직을 타진하고 있다.

　다른 한 명은 대학을 다니면서 행정고시 준비를 했고 졸업한 뒤에도 시험공부를 계속했다. 그러나 운이 없는지 번번이 고배를 마셨다. 그렇게 몇 년간 시험공부를 하다가 30세를 훌쩍 넘긴 나이에 마침내 새 길을 찾기로 결단을 내렸다. 그러나 나이는 많고 취업 준비는 전혀 안 돼 있는 그가 갈 수 있는 곳은 별로 없었다. 그도 역시 학원강사를 할까 생각했다. 학원에 자기와 같은 처지의 사람들이 많았다. 같이 일하자는 선배도 있었다. 그렇지만 그는 학원에서 오래 일하기 어려울 것이라고 생각했다.

　그래서 온라인 쇼핑몰을 운영하는 중소기업에 들어갔다. 그곳은 이름도 알려지지 않았을 뿐 아니라 연봉도 많지 않았다. 다행이 회사는 직급과 직무에서 그의 나이를 감안해줬다. 확신을 갖고 결정한 것은 아니었지만 그는 직장과 업무에 몰입했고 그 덕분에 인정받았다. 그는 짧은 시간 동안 MD로서 상당히 많은 경험을 했다. 몇 년 뒤 그는 헤드헌팅회사를 통해 대형 유통 회사로 이직했고, 현재 안정적으로 직장생활을 하고 있다.

길을 가야 길이 보이고 산에 올라야 산이 보이는 법이다. 컨설턴트들이 훈수에 강하지만 실전에 취약한 것도 실행 경험이 부족하기 때문이다. 해보지도 않고 하는 훈수는 그냥 훈수일 뿐이다. 실전에 들어가면 예상하지 못했던 일들이 수시로 벌어진다. 제대로 실행해보지 않으면 판단하기 어려운 일들이 너무 많다. 그러니 다른 길을 모색하고 있다면 더 늦기 전에 시도해보는 게 좋다. 30대는 어쩌면 새로운 길을 걸어볼 수 있는 마지막 시기인지도 모른다.

만약 시도할 생각이 아니라면 그런 계획은 일찌감치 버리는 게 낫다. 또 충분히 노력하고 몰입했는데도 안 된다면 빨리 중단해야 한다. 그런 다음 실현 가능한 한 가지만 선택해 집중해야 한다. 선택과 집중은 하나만 남기는 것이다. 애플 창업자인 스티브 잡스의 말처럼, 혁신하려면 1,000가지를 포기하고 하나에만 집중해야 한다. 망설이고 고민하는 사이 황금같은 시간은 흘러가고 배는 계속 바다를 향해 떠내려간다.

66

봄을 즐기려면
바람을 감수해야 한다.

99

바람이 없으면
봄이 아니다

"나, 다시 돌아갈래!"

2000년 1월 개봉한 영화 〈박하사탕〉에서 가장 잘 알려진 대사다. 젊은 시절의 꿈과 야망, 순임과 순수했던 사랑을 모두 잃은 중년 남성 영호는 달려오는 기차에 마주 서서 이렇게 절규한다. 지나버린 세월에 대한 후회와 보이지 않는 미래에 대한 괴로움이 그를 철교 위로 이끈 것이다.

많은 사람들이 젊은 시절로 돌아가고 싶어한다. "10년만 젊었어도"라고 탄식하며 지나간 삶을 후회하고 젊은 시절의 선택을 아쉬워한다. 추억이 깃든 곳을 찾아다니기도 하고, 그 시절의 음악을 들으며 젊음을 되새긴다. 나이 들어 동창회에 참여하고 오랫동안 만나지 못했던 젊은 시절 친구들과 모임을 갖는 것도 모두 그 시절을 그리워하기 때문이다.

젊은 시절로 돌아가고 싶어지는 이유 중 하나는 무료한 삶이다.

50대 중년들은 "설렘이 사라졌다"고 말하곤 한다. 멋있는 사람을 만나도, 값비싼 보석을 걸치고 화려한 옷을 입어도, 아무리 새로운 것을 접해도 흥미가 생기지 않는다며 하소연한다. 그래서 중년들은 사소하지만 아름답고, 멋있고, 새로운 것에 설 던 젊은 시절의 자신을 그리워한다. 그때로 돌아가 새롭게 다시 시작하고 싶은 것이다.

그러나 중년들은 젊은 시절을 그리워하고 돌아가고 싶다고 하면서도 한편으로 결코 돌아가고 싶지 않다고 말하기도 한다. 가수 양희은과 배우 양희경 자매는 젊은 시절 이야기만 나오면 고개를 절레절레 흔들며 절대 돌아가고 싶지 않다고 서슴없이 말한다.

"젊은 시절로 돌아간다면 무엇을 하고 싶으세요?"라는 질문에 배우 양희경은 "나는 절대 그때로 돌아가고 싶지 않아요"라고 단호하게 선을 긋는다.

"30대로 돌아가고 싶지도, 40대로 돌아가고 싶지도 않아요. 지금이 딱 좋아요. 젊음이 다시 주어진다고 해도 또다시 방황할 테고, 인생이 힘들 테고, 미래에 대해서 아무것도 알 수가 없잖아요. 그런 깜깜한 시절로 돌아가고 싶지 않아요. 저는 지금이 좋고, 나이 드는 게 좋아요."

양희은도 같은 생각이다.

"20대에는 40대가 되면 아무것도 할 게 없어서 지루하고 허무할 것 같았거든요. 그런데 40대가 되어보니 다시는 괴로웠던 20대로 돌아가고 싶지 않더라고요."

양희은은 이렇듯 젊은 시절로는 다시는 "돌아가고 싶지 않다"라고 잘라 말한다. 대학 등록금을 마련하고 동생들을 시집보내야 했던 삶이 참 고단했던 모양이다. 그는 "나이 들어 좋은 것은 더 이상 휘둘리지 않는 것"이라고 설명한다. 정신적 방황에서 벗어나서 좋다는 뜻이다.

바람을 피하려고 하면 봄을 즐길 수 없다

───

가끔 이런저런 이유로 대학에 갈 일이 있다. 캠퍼스 이곳저곳에서 밝은 표정으로 이야기를 나누는 대학생들을 보면 그들의 젊음과 자유가 부럽다는 마음이 들곤 한다. 한번은 명문대에 다니는 자녀를 둔 분에게 이런 이야기를 나눈 적이 있다.

"요즘 아이들은 대학생활을 즐거워하지요? 좋은 학교에 다니고 있고 정치나 경제적 상황도 이전보다 편안해졌으니 우리 때와 다르게 대학생활을 즐길 것 같은데요."

"웬걸요. 불만이 많아요. 불안해하고요. 좋은 대학에 다닌다는 자부심은 있지만, 미래에 대한 불안이 커서 그런지 그리 마음이 편한 것 같지 않더라고요."

그러고 보면 30년 전이나 지금이나 젊은이들의 불안은 기본적으로 다르지 않은 것 같다.

나 역시 젊은 시절 심한 불안감에 시달렸다. 경제적으로 궁핍하고 군부독재가 절정을 이뤘던 1980년대의 암울한 시대상황은 젊은이들의 표정을 어둡게 만들었다. 그런데 가만 생각해보면 젊은 시절의 불안은 정치경제적 상황 같은 외부 조건 때문만은 아니었던 것 같다. 오히려 불확실한 미래가 더 큰 영향을 미쳤다. 준비된 것이 없었기에 대학 졸업이 다가올수록 미래에 대한 불안감은 더 심해졌다. 어떤 선택을 하든 만족스러울 것 같지 않았다. 불안은 늘 내 주변을 서성였다. 직장에 들어가서도 상황은 크게 달라지지 않았다. 일단 시작한 일이니 열심히 하기는 했지만 "과연 이 길이 내가 가고 싶은 길이고, 가야 하는 길인가"라는 고민은 사라지지 않았다.

그때 고민한 것을 생각하면 나 역시 양희은, 양희경 자매처럼 20~30대로 돌아가고 싶지 않다. 가끔씩 다시 내가 그 시절로 돌아간다면 '이렇게 했을 거야' 하고 생각하다가도, 당시 마음 한구석에 자리 잡고 있던 불안이 떠올라 화들짝 놀라곤 한다. 어떤 선택이 옳은 것인지, 선택에 대한 결과는 어떨지 확실한 것은 아무것도 없었다. 그렇게 불안감은 늘 나를 괴롭혔다.

젊음과 불안정은 샴쌍둥이처럼 분리하기 어려운 개념이다. 젊음의 속성은 변화인데 변화는 기본적으로 안정과 배치된다. 변화와 안정은 태생적으로 동거할 수 없다. 따라서 많은 사람들이 삶이 안정됐다고 느끼는 순간 이미 젊은 시절을 지나 중년에 접어든 자신을 발견하게 되는 것이다.

젊음과 불안정의 관계는 봄과 바람의 관계와 같다. 봄은 늘 바람과 함께 온다. 그래서 볕은 따뜻하지만 체감온도는 여전히 낮다. 바람은 얇아진 옷깃을 여미게 만들고 우리를 계속 괴롭힌다. 감기가 가장 심한 시기도 봄이다. 그래서 우리는 자신도 모르게 "이놈의 바람만 없으면 좋겠는데"라고 말하곤 한다. 그러다가 바람이 사라졌다 싶으면 봄도 이미 가버렸다. 어느새 한여름인 것이다. 봄을 만들어내는 데 바람은 햇볕만큼 중요하다. 성가시지만 결코 피할 수 없다.

변화와 기회에는 늘 불안정이 따른다

———

많은 젊은이들이 불안감에 힘들어한다. 서른이 훌쩍 넘어 30대 중반을 지나도 이뤄놓은 것이 하나도 없기 때문이다. 원하는 직장에 다니는 것도 아니고, 원하는 직무를 맡고 있는 것도 아니다. 이대로 직장생활을 계속해도 10년 뒤 내 모습이 어떨지 알 수 없다. 그나마 직장이 있다면 다행이지만, 아직까지 제대로 된 직장에 다니지 못하는 사람들의 불안은 더 심각하다. 이 얼어붙은 고용시장에서 나를 받아줄 곳을 찾을 수 있을지를 생각하면 절망하지 않을 수 없다.

직장을 다닌다고 해서 문제가 다 해결된 것도 아니다.

좋은 배우자를 만날 수 있을까? 사귀는 사람이 있긴 하지만 이 사람과 결혼하면 행복할까? 결혼하려면 비용이 많이 들 텐데 어떻게 마련하지? 집값도 전셋값도 뜀박질한다는데 집은 어떻게 구하지? 아이를 낳으면 누가 키워줄까? 아이를 키우다 보면 경력이 단절되거나 승진에서 밀리는 것은 아닐까? 직장을 그만둬야 하나? 아니, 결혼을 꼭 해야 하는 걸까?

고민은 이렇게 끝이 없다.

그래서 젊은 사람들은 안정을 원한다. 빨리 직장을 잡아 안정된 생활을 하고 싶어한다. 이른바 '안정 신드롬'이다. 그러나 안정이 꼭 좋기만 한 것은 아니다. 안정은 변화가 사라졌다는 뜻이다. 젊음이 가고, 기회가 없어지고, 가능성이 닫히고, 미래가 보이지 않는다는 말이다. 일단 열차에 올라탔으니 안심은 되지만, 정해진 목적지를 향해서만 달린다는 사실을 알게 되면 이내 답답해진다. 중년들이 그렇게 지루해하고 벗어나고 싶어하는 '설렘 없는 세상'으로 가고 있기 때문이다.

답은 분명하다. 봄을 즐기려면 바람을 감수해야 한다. 바람 없는 봄은 봄이 아니라 뜨겁고 건조한 여름이다. 마찬가지로 불안이 사라져버린 젊음은 이미 중년이다. 젊음의 불안은 봄의 바람처럼 태생적이다. 따라서 변화와 기회에 동반하는 불안정을 여유롭게 받아들여야 한다. 성급하게 안정을 추구하기보다 변화 속에서 기회를 찾아야 한다.

젊음의 가장 큰 강점은 실패가 용인된다는 것이다. 나이 들어 실패하면 치유하기가 쉽지 않다. 그래서 중년의 실패는 때로 치명적이다. 그러나 젊은 시절의 실패는 극복할 수 있다. 그러니 젊은 사람들은 도전을 망설일 필요가 없다. 젊을수록 갖고 있는 카드가 많다. 따라서 한 카드가 통하지 않으면 다른 카드를 쓰면 된다. 그러나 나이가 들면서 갖고 있는 카드는 줄어든다. 함부로 쓰기 어렵다. 선택이 어려워질 수밖에 없는 것이다.

가끔 어떻게 할지 몰라 망설이는 젊은이들을 본다. 이들은 '실패하면 어쩌지'라는 걱정이 앞서서 앉은뱅이처럼 좀처럼 움직이지 못한다. 그럴 때마다 나는 "도전해보라"고, "걱정하지 말고 뛰어들라"고 권한다.

"성공할 수 있어. 넌 충분히 자격과 능력을 갖추고 있어. 설령 실패한다 한들 어때? 아직 젊으니 앞으로도 기회가 많잖아. 더구나 이번에 실패한다고 해서 모든 게 끝나는 게 아니야. 실패해도 얻는 게 더 많을 거야. 특히 일을 해나가다 보면 지금 네가 갖고 있는 성공과 실패의 기준은 바뀔 수도 있어. 따라서 누구든 네가 시도하는 것을 성공과 실패로 잘라 말할 수 없을 거야. 너는 그냥 네 삶을 사는 것이고, 삶을 바꾸는 것일 뿐이야."

아직 봄은 끝나지 않았다

어떤 젊은이들은 자신이 가지고 있는 것을 잃어버릴까 봐 걱정한다. 30대 초중반이라고 해봐야 쌓아놓은 게 얼마 되지도 않을 텐데, 그것마저 잃을까 봐 안절부절못한다. 그러다 보니 지금까지 쌓아온 경력과 경험과 지식에 갇혀 한 발짝도 앞으로 나아가지 못한다. 세상을 좀 더 오래 산 사람으로서 답답하기 짝이 없다. 움켜쥔 것을 놓아야 더 넓은 세상으로 나아갈 수 있는데, 세상은 넓고 할 일은 참 많은데, 왜 그리 답답하게 우물 안 개구리처럼 사는지 안타까울 뿐이다.

지나치게 안정만을 희구해서 안정에 목매달고 있는 것은 아닐까? 그러다 보니 애늙은이처럼 바람이 성가시고 불편하다며 방구석에 처박혀 다시 오지 않을 찬란한 봄을 흘려보내고 있는 것은 아닐까? 봄을 맞기도 전에 이미 오지도 않은 여름을 생각하며 벌써부터 지쳐 있는 것은 아닐까?

그렇게 흘려보내기에 30대는 너무 젊다. 화창한 봄의 한가운데에서 지쳐버린 중늙은이처럼 지내고 있다면 지금이라도 바람을 맞고 나서야 한다. 그래야 신선하고 따사로운 햇볕과 화사한 봄꽃을 즐길 수 있다. 지루한 여름, 안정된 중년은 기다리지 않아도 시간이 지나면 온다. 늦지 않았으니 지금이라도 쌓아놓은 것에 대한 집착을 버리고 새 세상을 향해 나서 보자.

—— 66 ——
사장과 직원의 차이는
능력이 아니라 관점이다.
—— 99 ——

왜 사장연습을
하라고 할까

미국 암흑가 마피아의 세계를 그린 영화 〈대부(The Godfather)〉는 만들어진 지 40년이 지났지만 여전히 영화 팬들의 호평을 받고 있다. 이 영화는 2차 세계대전 뒤 한 시대를 풍미했던 마피아 수장의 부상과 몰락, 승계를 그린 대서사시다.

막내아들 마이클은 아버지 비토에 이어 마피아 조직의 수장이 된다. 마이클은 처음에 아버지 일에 관심이 없었다. 대학생으로 해군이었던 그는 순진한 엘리트 청년이었다. 아버지 일을 싫어했고 절대 가담하지 않겠다고 생각했다. 그러나 아버지가 경쟁자에게 피습당하고 조직이 위기에 처하자 아버지와 가족들을 위해 복수살인에 가담했다. 그는 아버지의 자리를 물려받은 뒤 여러 일들을 겪으면서 마피아 보스로서 역량을 키웠고, 마침내 아버지를 뛰어넘는 암흑가의 제왕으로 자리 잡는다.

비록 마피아 세계의 이야기지만 이 영화에서 감독은 보스가 어떻게 만들어지는지를 잘 묘사하고 있다. 유약해 보였지만 마이클에겐 분명 조직 수장의 DNA가 있었다. 그러나 그를 살인과 폭력이 난무하는 암흑가에서 아버지를 뛰어넘는 조폭의 두목으로 만든 것은 혹독한 경험이었다. 아무도 믿을 수 없고 누구의 도움도 기대할 수 없는 상황에서 그는 자신을 업신여기는 조직원이나 경쟁자들과 맞서야 했다.

리더십은 경험을 통해 자란다

세상에 연습 없이 잘할 수 있는 일은 그리 많지 않다. 어떤 일이든 연습을 통해서만 발전할 수 있다. 물론 유전적 요소 없이 노력만으로는 한계가 있다. 그러나 타고난 능력도 훈련으로 그 자질을 발전시키지 않으면 빛나기 어렵다. 특히 우리가 하고 싶어하는 일들은 대부분 태생적으로 잘할 수 있는 일이 아니라 후천적으로 역량을 키워야만 가능한 일이다. 더구나 내가 하고 싶은 일은 대체로 다른 사람도 원하기 때문에 하고 싶은 일을 하려면 경쟁이 불가피하다. 이런 경쟁을 뚫고 원하는 일을 하려면 오랜 기간 치열한 노력을 기울여야 한다.

'보스'가 그렇다. 우리는 종종 "저 친구 보스 기질이 있다"고 말하곤 한다. 그러나 '기질'이 있다고 모두 탁월한 보스가 되는 것은 아니다. 위대한 보스가 되려면 수많은 성공과 실패의 경험을 쌓아야 한다. 실제 보스 경험을 해봐야만 보스로 성장할 수 있다. 보스의 자질은 조직의 책임자 자리를 거치면서 개발되는 것이다.

"사장이 되려거든 사장연습을 해야 한다"고 말하는 것도 이 때문이다. 사장은 전면에서 회사를 이끌면서 비전을 만들어 실현해나간다. 직원들은 사장이 제시하는 비전과 목표는 물론, 비전과 목표를 실현하는 과정을 지켜보면서 회사를 신뢰하게 된다. 따라서 유능한 사장이 되려면 경영전략을 짜야 할 뿐 아니라 그 전략을 실제 집행할 수 있어야 한다. 지식을 넘어 실행력을 갖춰야 하는 것이다. 그런데 실행력은 경험하지 않고는 얻기가 어렵다. 유능한 경영자들이 대부분 수많은 시행착오의 경험자인 것도 이 때문이다.

많은 직장인들이 유능한 경영자가 되는 꿈을 꾼다. 승진해서, 또는 창업해서 사장이 되겠다는 꿈을 키워간다. 특히 직장생활을 거치며 조직과 사업에 대한 지식을 쌓은 30대 직장인들 가운데 경영자를 꿈꾸는 사람들이 적지 않다. 이들은 당장이라도 자신에게 임원은 물론 사장을 맡겨줘도 잘 해낼 수 있다고 생각한다. 그러나 과연 그럴까? 사장은 경험하지 않은 사람들도 충분히 해낼 수 있는 자리일까?

결론부터 말하면 결코 그렇지 않다. 조직의 리더는 경험한 사람이 잘한다. 작은 조직이라도 운영해본 경험이 있는 사람은 그렇지 않은 사람보다 훨씬 조직을 잘 이끈다. 기업경영도 마찬가지다. 조직운영의 책임을 맡아본 사람이 더 잘한다. 기본적으로 리더십의 절반은 경험이 차지한다. 따라서 조직운영 경험이 부족한 사람은 기업을 이끌기가 쉽지 않다.

사장도 예외는 아니다. 조직운영 경험 없이 기업의 사장 역할을 잘 수행하기가 어렵다. 경영의 성과는 기본적으로 조직력에 달려 있다. 사장은 업무에 적합한 조직원들을 모아 그들이 자발적으로 일하게 만들어야 한다. 따라서 조직운영 능력이 부족한 경영자가 좋은 성과를 낼 수 없는 것은 당연하다.

 남편의 갑작스러운 사망으로 기업의 수장을 맡아 경영을 총괄하는 '미망인 경영자'들이 경영에 어려움을 겪는 이유도 여기에 있다. 보수적인 한국의 가족문화에서 대개 부인들은 경영에서 한발 물러서 있다. 그래서 남편의 유고로 순식간에 최고경영자가 된 부인들은 대개 경영경험이 부족하다. 특히 조직을 운영하는 능력은 한참 모자라다. 임직원들이 무엇을 원하고 그것을 어떻게 실현하는지 잘 모른다.

 따라서 미망인 경영자들이 조직운영을 이해하고 기업경영의 경험을 쌓으려면 최소한 몇 년은 걸린다. 아무리 압축적으로 경험해도 기업의 최고경영자로서 필요한 역량을 갖추는 데 절대적인 시간이 필요하기 때문이다. 문제는 이 기간 동안 수많은 실수가 이어진다는 것이다. 계속되는 판단 실패는 조직원들의 기를 꺾는다. 결국 유능한 임직원들이 이탈하면서 회사는 서서히 몰락의 길을 걷게 된다. 최근 미망인들이 이끌어왔던 한국의 대기업들이 줄줄이 무너진 것도 기본적으로 이들의 조직운영 경험 부족 때문이다.

 이렇게 사장경험이 없는 사장, 사장연습을 하지 않은 사장이 기업경영을 책임지는 것은 매우 위험한 일이다. 그런 점에서 사장을 꿈꾸는 직장인들, 창업해서 기업을 일구고 싶은 미래의 청년 사업가들은 미리 사장연습을 해야 한다. 임원이 되고 싶다면 임원경험을 쌓아야 한다. 연륜이 있는 회사라면 가능성이 아니라 사장이나 임원의 틀을 갖추고 있는 사람을 발탁한다. 유능한 직원이 아니라 사업을 믿고 맡길 수 있는 사업 책임자를 원하는 것이다.

"직원을 다루기가 이렇게 어려운 줄 몰랐다"

―――――

"사장이나 임원이 되지 않았는데 어떻게 연습을 하라는 말인가?"

이렇게 반문하는 사람도 있을 것이다. 물론 30대 직장인들이 사장이나 임원이 되려면 최소한 10년 이상, 일반적으로 20년이 넘는 직장생활을 해야 한다. 그러니 사장과 임원을 직접 경험하기 어려운 것은 당연하다. 그러나 직접 경험만이 경험은 아니다. 우리가 세상을 살면서 직접 경험하는 것은 아주 미미하다. 그 수많은 일들을 어떻게 다 경험할 수 있겠는가? 그러나 간접경험을 통해 그 일들을 이해하고 때로 직접 경험한 사람 못지않은 수준의 내공을 쌓은 사람들도 많다.

기업에서 30대가 되면 이미 임원의 싹이 보인다. 큰 규모는 아니지만 몇 명의 사람을 이끄는 경험을 하면서 그 자질을 보여준다. 어떤 사람은 이런 일에 적극적으로 참여해 역량을 발휘한다. 실패도 하지만 계속 도전한다. 반대로 어떤 직장인들은 이런 일에 큰 의미를 두지 않고 소극적으로 대처한다. 귀찮아하고 부담스러워하는 사람도 적지 않다.

겉으로 보기에 두 사람의 차이는 크지 않다. 작은 조직을 잠깐 이끌면서 리더십이 눈에 띄게 성장하길 기대하는 것은 무리일 것이다. 그러나 두 사람의 내면에 큰 차이가 생긴다. 조직을 이끌어본 사람과 그렇지 않은 사람의 결정적 차이는 '자기인식'이다. 조직에 부여된 목표를 알고, 그 목표를 달성하기 위한 방안을 찾고, 조지원들을 움직여 이를 실현하는 경험을 하면서 조직원이 아니라 조직의 책임자로서 자신을 인식하는 것이다.

직장인으로 생활하다 창업한 사람들은 이구동성으로 직원을 다루기가 이렇게 어려운 줄 몰랐다고 말한다. 직원으로 지낼 때는 상사가 어떤 입장에 서 있는지 알 수 없다. 하물며 한없이 멀리 떨어져 있는 듯한 사장의 고민은 거의 느끼지 못한다. 그렇기에 순전히 자기 입장에서 판단하고 행동한다. 그런 생활에 익숙해 있다가 창업해서 사장의 자리에 서면 자기 상황만 알고 자신만 생각하는 임직원들 때문에 속이 탄다. 조직은 그렇게 운영되는 게 아닌데, 성과는 그렇게 만들어지는 게 아닌데, 경영자나 상사는 그런 존재가 아닌데…… 답답해진다. 임직원들이 왜 자신의 마음을 몰라주는지 야속하기만 하다.

사장 입장에서 생각한다는 것

사장연습, 사장훈련의 핵심은 사장 입장에서 생각하는 것이다. 사장의 관점에서 판단하고 행동해야 한다. 사장과 직원의 차이는 능력이 아니라 관점이다. 작은 조직이라도 이끌어본 경험이 있는 사람은 관점이 다르다. 리더 연습을 한 사람이 리더가 되는 것이지, 때가 되고 나이가 들어서 리더가 되는 것은 아니다. 리더의 관점을 갖추지 못한다면 절대 리더가 될 수 없다. 영화 〈대부〉의 원작자인 마리오 푸조는 "위대한 사람은 태어날 때부터 위대한 게 아니다"라고 말한다. 성장하면서 그렇게 만들어진다는 것이다.

많은 경영자들이 사장감, 임원감을 찾아 헤맨다. 직원은 많지만 조직을 믿고 맡길 사람은 없다고 하소연한다. 프로젝트를 잘해내고 고객관리를 잘하는 '프로젝트형 인재'나 '어카운트형 인재'는 많지만, 사업을 주도하고 조직을 이끄는 '사업가형 인재'는 많지 않다는 것이다. 사업가형 인재가 되려면 무엇보다도 사업 책임자의 관점에 서는 연습을 해야 하는데 그런 직원은 많지 않다.

김종훈 한미글로벌 회장은 창업하는 사람들에게 직장은 최고의 연습장이라고 강조한다. 회사는 실전으로 나가기 전에 자신의 기량을 갈고닦는 학습장이자 돈벌이를 시험하는 실험장이라는 것이다. 그래서 직장생활을 잘해야 창업도 성공할 수 있다고 말한다. 그는 애초부터 창업을 염두에 두고 회사를 연습장으로 삼은 것은 아니지만, 결과적으로 자신의 23년 직장생활이 창업을 위한 훈련이었다고 회고한다.

그래서 김 회장은 직장인들에게 이렇게 조언한다.

"월급쟁이 생활을 하더라도 정말 내 일이라고 여기고 집중하고 몰두해야 자기 자산이 된다. 깊게 파고들어가서 디테일까지 파악하면 자산은 더욱 불어난다. 그러려면 주인의식을 가져야 한다. 남의 일에 어떻게 집중하고 몰두할 수 있겠는가?"

그러니 경영자나 임원을 꿈꾸는 직장인들은 스스로에게 늘 이런 질문을 던져야 하지 않을까.

"내가 사장이라면 이 상황에서 어떻게 할까?"

66

아무리 책임이 무겁고
직장생활이 힘들어도
스스로 조연으로 전락하는 선택은
하지 말아야 한다.

99

어떤 직원이
사장이 될까

　대학을 졸업하고 입사한 지 얼마 안 되는 직장 초년생들이 느끼는 감정 가운데 하나가 상실감이다. 직장 초년생들은 꿈을 안고 직장에 들어오지만, 초기에 맞닥뜨린 현실은 꿈과 거리가 멀다. 직장에 들어오기 전까지 이들은 대부분 주연배우였다. 가정에서 부모들은 자녀를 최우선으로 생각한다. 학교의 중심도 당연히 학생이다. 그런데 직장에 들어오는 순간 철저하게 조연배우로 전락한다. 신입사원이다 보니 조직의 말단에서 상사와 선배들이 주도하는 프로젝트에 보조자로 참여한다. 조직에 적응하고 업무를 익히기 전까지 동료들이 잘 알아주지 않는 지원업무를 하면서 대부분의 시간을 보내야 한다.

세상에 평생 조연은 없다

주연에서 조연으로 전락했다는 느낌은 신입사원들에게 상당한 충격이다. 특히 좋은 가정환경, 교육 환경에서 자란 사람일수록 직장에서 느끼는 상실감이 크다.

'언제까지 조연으로 지내야 할까? 이러다가 평생 조연으로 살게 되는 것은 아닐까?' 상실감에 조바심까지 겹치면 직장생활은 참 힘들어진다. 생각에 생각이 꼬리를 물다가 간혹 부정적 결론에 도달하기도 한다.

그래서 자신이 직장을 잘못 선택했고 이곳에서 주연을 꿈꾸는 것은 바보 같은 짓이라고 판단하는 것이다. 때로 회사가 쉽게 주연을 맡길 것 같지 않으니 주연을 할 수 있는 곳으로 옮기는 게 좋겠다고 성급하게 결론을 내리는 직장인들도 있다.

이런 생각은 신입사원만 하는 게 아니다. 직장생활을 꽤 오래 한 사람들 중에도 이렇게 끊임없이 주연을 꿈꾸며 직장을 옮겨 다니는 사람들이 있다. 이들은 자신이 결코 조연이나 단역에 머무를 사람이 아니라고 생각한다. 그래서 자신을 단번에 주연으로 캐스팅해줄 감독이나, 자신이 주연을 할 만한 영화와 연극을 찾아 이곳저곳을 서성거린다.

그러나 기업의 임원이나 고위간부들 가운데 첫 직장부터 주연이었던 사람들이 과연 몇 명이나 될까? 부모에게 경영권을 물려받은 몇몇 사람들을 제외하고는 대부분 조연으로 직장생활을 시작한다. 직장인들만 그런 게 아니다. 전문직 종사자는 물론이고 스포츠계나 연예계에서 활동하는 사람들도 마찬가지다.

2016년 개봉했던 영화 〈대배우〉는 20년차 무명 배우의 이야기다. 이 영화에서 주인공은 아동극 〈플란다스의 개〉에서 파트라슈 역할을 맡고 있는 연극배우다. 그는 극단생활을 같이 했던 동료가 잘나가는 국민배우가 된 것을 보고 자신도 언젠가 내로라하는 대배우가 되겠다고 생각한다. 그러나 그가 처한 현실은 꿈과 거리가 너무도 멀다. 그는 연극에서 대사가 한 마디도 없는 개 역할을 하고 있을 뿐이다.

이 영화에서 처음으로 주연을 맡은 오달수는 한국의 대표적 '조연 전문 배우'다. 그가 출연한 영화를 본 관객이 1억 명을 넘을 만큼 오랫동안 수많은 영화에서 조연이나 단역으로 출연했다. 그런 점에서 이 영화는 오달수의 자전적 영화라고 볼 수도 있다. 영화계에서 오랫동안 조연으로 활동하다 주연으로 변신한 사람은 오달수만이 아니다. 유해진과 곽도원도 오달수만큼이나 오래 조연으로 지냈다. 이들 역시 최근 조연 전문 배우를 넘어서 주연배우의 영역을 넘나들고 있다.

사장이 되는 사람들의 세 가지 특징

———

그렇다면 직장에서 어떤 사람들이 이른바 주연에 해당하는 사장이나 임원이 될까? 단적으로 말하자면 '최고경영자를 꿈꾸는 사람'이다. 물론 꿈꾸지 않고 "어찌어찌하다 보니 최고경영자가 됐다"고 말하는 사람도 있다. 그러나 그것은 대개 겸손의 말일 뿐이다. 물론 이들이 모두 신입사원 때부터 사장이 되겠다고 다짐한 것은 아니다. 직장생활을 계속하던 중 어느 순간부터 사장의 꿈을 꾸기 시작했다.

꿈을 꾼다는 것은 막연하게 희망을 품고 있다는 뜻이 아니다. 그 꿈을 실현하기 위해 준비를 하고 삶을 바꾼다는 의미다. 기업의 사장이 되겠다고 꿈꾸는 것도 마찬가지다. 단순하게 직장에서 최고의 자리에 오르겠다는 것이 아니라 자신이 맡은 일과 활동하는 영역에서 주인이 되겠다는 포부를 세운 것이다. 단지 주어진 일을 성실하게 수행하는 차원을 넘어서 그 일을 주도하면서 책임지고 완성하겠다고 마음을 먹은 셈이다.

주인이 되겠다고 생각하면 그 순간 모든 게 달라진다. 책임감 때문이다. 그 전까지 자신은 참여자 중 하나이고 도와주는 사람이었다. 따라서 언제든지 큰 부담 없이 그만둘 수 있었다. 그런데 주인이 되는 순간 주도자이자 책임자로 신분이 바뀐다. 내가 주인인데 누가 대신 일해주길 기대할 것이며, 누구에게 책임을 미룰 수 있겠는가? 주인이길 포기하지 않는 한 적당히 할 수도 없고 쉽게 중단할 수도 없다.

얼마 전 늦깎이로 창업한 지인을 만났다. 그는 신문사에서 기자로 일하다 퇴직한 뒤 작은 출판사를 차렸다. 그는 창업하면서 이익을 많이 낼 가능성이 없기 때문에 손해 보지 않는 게 가장 중요하다고 생각했다. 자신이 좋아하는 책을 내는 것만으로 즐거움을 느낄 수 있기를 바랐다. 그런 만큼 비용을 최소화하는 데 주력했다. 사무실 규모를 줄이고 직원도 많이 두지 않았다. 아무리 자신이 좋아하는 내용이어도 팔리지 않는 책은 내지 않겠다고 다짐했다. 그러나 이렇게 목표와 비용을 포함해 모든 것을 최소화했는데도 적자가 계속돼 어려운 상황에 처해 있었다.

"큰돈을 벌 생각이 아니었기 때문에 열심히 하면 유지할 수 있을 거라고 생각했다. 그런데 막상 해보니 그렇지 않다. 예상보다 많은 돈이 들어간다. 반면 책은 너무 안 팔린다. 무엇보다 힘든 것은 내가 혼자 다 해야 한다는 것이다. 직원들이 몇 있지만 그들은 정말 직원일 뿐이다. 열심히 해도 쉽지 않은데 적당히 일한다. 속이 상하지만 어쩔 수가 없다. 그들이 자기 몫을 다하지 않아 생긴 구멍을 열심히 메우고 있다. 그래서 재미도 있지만 힘들기도 하다. 내 시간과 에너지와 돈을 다 쏟아 붓고 있는데 아직도 길이 안 보인다. 돌이켜 보면 기자로 일할 때가 참 편했던 것 같다."

주인이 된다는 것은 권한을 행사하는 만큼 책임을 진다는 뜻이다. 만약 내 지인이 주인이 아니었다면 벌써 출판사 문을 닫았을지도 모른다. 아니, 그 전에 출판사를 세우지도 않았을 것이다. 그가 주인이었기 때문에 주변의 만류에도 불구하고 출판사를 세울 수 있었고 지금도 어려움을 감수하고 있다. 직장인도 마찬가지다. 최고경영자가 되겠다고 생각하는 사람은 대개 자신이 하는 일과 속한 조직에서 책임자처럼 행동한다. 그렇게 행동하는 것이 몸에 배어 있다.

두 번째로 사장이 되는 사람들은 기다릴 줄 안다. 일시적으로 어려움이 닥쳐도 목표가 분명하기 때문에 쉽게 흔들리지 않는다. 나는 쉽게 직장을 옮기고 회사를 들락거리는 사람들이 그곳에서 주연배우의 꿈을 꾸는 경우를 보지 못했다. 주연을 하고 싶고 주연을 할 계획을 갖고 있다면 그렇게 쉽게 떠나기가 어렵다. 자신을 영화나 연극에 잠깐 등장하는 단역배우라고 생각하기 때문에 훌훌 털고 떠날 수 있는 것이다.

자신이 주연이거나 앞으로 주연이 되겠다고 생각하는 사람들은 웬만한 어려움에 흔들리지 않는다. 파도를 견디고 넘어서야 원하는 곳에 도달할 수 있다는 것을 잘 알기 때문이다. 목적지에 도달하려면 그런 어려움은 감내해야 한다고 생각한다. 이렇게 인내심은 직장에서 리더로 성장하기 위한 필수 요소 중 하나다. 기다릴 줄 모르는 사람, 기다리기 힘들어하는 사람은 절대 조직의 수장이 될 수 없다.

마지막으로 사장이 되는 사람들은 무척 유연하다. 모든 사람들과 잘 어울린다. 어느 곳에 갖다 놔도 잘 적응한다. 그래서 사람들이 따르고 그를 좋아한다. 그들이 유연성을 잘 발휘하는 것은 목표가 분명하기 때문이다. 유연성은 원칙이 분명한 사람에게서 자주 발견할 수 있는 특성이다. 그들은 가려는 곳을 결정하면 뛰어넘든 돌아가든 방식은 신경 쓰지 않는다. 그들에게 중요한 것은 목적지를 향해 가고 있는지 여부다. 그들이 다른 사람들과 잘 어울리는 것도 본디 타고난 성향이 그래서가 아니다. 의식적으로 자신의 모습을 바꾼 것이다.

반대로 목표와 원칙이 불분명한 사람일수록 과정과 방법에 집착하게 된다. 이루려는 것이나 도달하려는 곳이 명확하지 않으면 과정이나 방법에 더 큰 의미를 둘 수밖에 없다. 그렇지 않으면 삶이 유지되기 어렵고 성과를 만들기가 쉽지 않기 때문이다. 자율성도 마찬가지다. 신념이 확고한 사람일수록 다른 사람들에게 폭넓은 자율성을 부여한다. 자신에 대한 믿음에서 다른 사람들을 관대하게 대할 수 있는 여유가 우러나는 것이다.

인생극장에서 조연은 없다

많은 현자들이 "인생극장에서 조연은 없다"고 말했다. 자기 삶의 주인은 바로 자신이라는 것이다. 그럼에도 불구하고 많은 사람들이 인생극장에서 조연처럼 행동하려 한다. 주연을 맡는 데 따른 책임이 부담스럽기 때문이다. 주연을 맡으면 위험을 떠안아야 한다. 실패의 책임을 고스란히 뒤집어쓸 수도 있다. 신입사원이 직장생활 초기에 버거워하는 것도 이 때문이다. 학생 때는 주연으로서 조명을 받으면서도 책임은 부모가 졌다. 그런데 직장에서 부모 역할을 해주는 사람은 없다. 조명을 받은 만큼 자신이 책임을 져야 한다. 게다가 책임을 지기 싫다고 해서 인생극장의 주연이 바뀌는 것도 아니다. 단지 영화가 형편없어질 뿐이다. 그러니 인생극장을 잘 운영하려면 주연에 걸맞은 책임을 감당해야 한다.

직장에서도 마찬가지다. 책임을 피하면 조연으로 전락하게 된다. 반대로 "나는 이곳에서 승부를 보겠다"고 다짐하면서 책임 있는 자세를 취하면 당당하게 주연으로 나설 수 있다. 그러니 아무리 책임이 무겁고 직장생활이 힘들어도 스스로 조연으로 전락하는 선택은 하지 말아야 한다. 자신이 상황의 조연이 되는 사태는 어떻게든 피해야 한다. 자신을 조연으로 만들면서 책임감에서 빠져나오는 타협은 금물이다.

—— 66 ——
이직은 경력발전을 위해
꼭 필요하다고 판단할 때 해야 한다.
상황에 밀려 하지 말고
분명한 목적을 갖고 계획적으로 해야 한다
—— 99 ——

회사를 옮기는 것만이
해답일까

"직장을 옮겨야 할까, 그대로 있어야 할까? 하루에도 열두 번씩 생각이 바뀐다. 옮기려면 새 직장을 찾아야 하는데 마음처럼 쉽지 않다. 또 좋은 직장을 찾더라도 잘 적응할 수 있을지 자신이 없다. 그렇다고 남아 있자니 답답하다. 연봉은 성에 안 차고 일만 계속 늘어 스트레스가 갈수록 심해진다. 게다가 능력 없는 상사는 부하직원들을 힘들게 한다. 상사만 생각하면 당장 사표를 내고 싶다. 어떻게 해야 할까?"

인터넷상에서 어떤 직장인이 자신의 답답함을 토로한 글이다. 이 사람과 똑같지는 않겠지만 많은 직장인들이 이직을 고민한다. 지금 다니고 있는 직장을 평생직장이라고 생각하는 사람은 거의 없다. 언젠가 떠날 것이라고 생각하는 사람들이 회사를 가득 채우고 있는 것이다. 특히 30대 직장인들 중 상당수가 이직을 기정사실화한 채 언제 떠날지를 고민한다. 더 좋은 조건을 제시하는 직장이 있으면 언제라도 달려갈 태세다.

문제는 인식하고 있지만 해답은 모른다

30대 직장인들의 이직 고민이 심한 것은 더 좋은 직장과 더 나은 커리어에 대한 갈증이 그만큼 강하기 때문이다. 이들은 회사생활에 대해 나름 식견을 갖고 있다. 그러다 보니 자신이 처해 있는 상황과 직면한 문제에 대해서도 대체로 잘 파악하고 있다. 그러나 해법까지 알고 있는 것은 아니다. 이처럼 문제는 인식하고 있지만 해답을 모르기 때문에 고민이 계속될 수밖에 없다. 이들은 도대체 어디서 해법을 찾아야 하는 걸까?

내가 아는 사람이 몇 년 전 서울 근교의 집을 전세 낸 적이 있다. 그는 오래전부터 전원생활을 꿈꿔왔는데, 마침 지인이 갑자기 외국지사로 발령 나면서 그에게 교외의 주택을 빌려준 것이다. 집 열쇠를 넘겨받을 당시만 해도 그는 전원생활을 조금 경험해본 뒤 문제가 없으면 아예 그 집으로 이사할 생각도 했다. 아이들도 다 커서 굳이 도심에 살 필요가 없었고 집주인이 싸게 팔겠다며 적극 권유했기 때문이었다.

전세를 얻은 첫해, 그는 집에 많은 관심을 기울였다. 틈만 나면 가서 정원수의 잔가지를 쳐내고 마당 잔디밭의 잡초도 뽑았다. 집 한구석에 작은 밭을 일궈 이런저런 채소도 심었다. 그런데 시간이 흐르면서 문제가 생겼다. 우선 울타리 용도로 심었던 나무들이 자라면서 전망이 나빠졌다. 울타리나무는 햇볕을 가려 마당의 잔디를 시들게 했다. 생각 같아선 나무를 모두 베어내고 싶었다. 빽빽한 울타리를 걷어내면 논밭과 마을은 물론 산까지 한눈에 들어올 것 같았다.

그러나 그는 집주인이 아니었다. 집주인은 알아서 하라고 말했지만 애써 심어놓은 울타리를 베어내기가 쉽지 않았다. 그는 정원에 일본식 정원수 대신 감나무와 대추나무를 심고 싶었다. 그러나 그 집에 살기로 결정하지 않은 상태에서 함부로 나무를 심기가 쉽지 않았다. 이렇게 고민하는 사이 울타리나무의 키는 계속 높아졌고 그늘 때문에 마당엔 잔디 대신 잡초가 자리 잡기 시작했다. 설상가상으로 앞집이 2층으로 증축한다는 소리까지 들렸다. 주인도 아닌 그가 나서서 "시야를 가리는 것은 이웃을 생각하지 않는 이기적 행동"이라고 만류하기 어려웠다. 그렇게 시간이 흘렀고 그는 결국 그 집으로 이사하겠다는 생각을 접고 말았다. 더 이상 그가 꿈꾸던 집이 아니었기 때문이다.

세입자처럼 행동하는 직장인들

직장생활도 마찬가지다. 직장을 잠시 머무는 곳이라고 생각하면 할 수 있는 일은 많지 않다. 자신이 주인도 아니고 오래 일할 곳도 아니기 때문에 주도적으로 나설 필요성을 못 느끼는 것이다. 울타리를 베어내지 못할 뿐 아니라 길게 보고 감나무나 대추나무를 심기 이려운 세입사나 마찬가지 상황이다. 그러나 평생직장, 적어도 10년 이상 다닐 직장이라고 생각한다면 어떨까? 지금처럼 직장생활을 할까?

많은 사람들이 경영진이나 상사와 동료 때문에 직장을 옮긴다. 현재 회사는 연봉구조나 직급체계, 평가방식이 자신과 맞지 않고 심지어 성장을 저해한다고 생각한다. 현재 직장에 더 머무르는 것은 자신의 발전을 포기하는 셈이라고 단정한다.

물론 이직 사유의 상당 부분은 경영진과 상사, 동료에게 있다. 그러나 이는 절반만 맞는 말이다. 이직 원인의 태반은 본인 스스로가 제공한 것이기 때문이다. 이직자의 상당수는 애초에 현 직장에서 장기근속하겠다는 결심이 분명히 서 있지 않다. 그래서 조건이 좋은 직장이 나타나면 언제든 옮기겠다고 생각한다. 그러다 보니 문제가 생기면 정면으로 맞서서 해결하기보다 자신이 피해를 입지 않는 한 가급적 피한다. 이렇게 대처하다 보니 시간이 갈수록 떠나야 할 요인은 자꾸 더 늘어난다. 아무리 잘 지은 집도 세입자가 살면 빨리 망가지기 마련이다. 주인처럼 관리하지 않기 때문이다.

이직이 잦은 직장인들은 세입자처럼 행동한다. 현 직장은 언젠가 떠나야 할 곳이고 자신은 이곳에 잠시 머무르는 사람이라고 생각한다. 앞에서 말한 지인도 처음부터 전원생활을 잠시 경험할 요량으로 그 집에 살다 보니 세입자처럼 행동하게 됐다. 그가 만약 그곳에서 살기로 작정했다면 집을 사지 않았어도 울타리나무를 베어냈을 것이다. 앞집이 2층으로 증축하는 것 역시 어떻게든 막았을 것이다. 그러나 그곳에 거주하겠다는 생각이 간절하지 않았기 때문에 그가 원하지 않는 방향으로 집 주변 환경이 바뀌는 것을 그저 방치했다.

이직은 인테리어가 아니라 집을 바꾸는 일

처음부터 마음에 딱 드는 집을 찾을 수 있을까? 곁에서 보기에 마음에 들었어도 막상 안을 들여다보면 생각이 바뀌는 경우가 적지 않다. 그런 점에서 내가 살 집은 직접 가꾸고 만들어나가야 하는 것이다. 처음부터 완성된 것을 찾기는 어렵다. 집이 마음에 들기까지 상당한 공을 들여야 한다는 얘기다. 기업들이 이직이 잦은 사람을 꺼리는 이유도 그가 집을 가꾸기보다 마음에 드는 집을 찾아다니는 사람일 가능성이 크기 때문이다. 이런 사람들은 스트레스 내성이 약하고, 조직 적응력이 부족하며, 희생정신이 없다는 소릴 듣는다. 기업은 웬만하면 이직이 잦은 사람을 뽑지 않으려 한다. 금방 또 옮길 가능성이 크기 때문이다.

"절대 이직하지 말라는 것이냐"고 반문하는 사람이 있을지도 모르겠다. 이직은 불가피하고 꼭 필요한 것이기도 하다. 사회구조와 직장환경이 변하는 상황에서 평생직장을 주장하는 것은 불합리하다. 요즈음 새내기 직장인들 가운데 한 직장에서 평생 근무하는 사람은 공무원이나 교원 등을 제외하면 찾아보기 어려울 것 같다. 그만큼 이직은 당연한 것이 됐다.

문제는 언제 옮기느냐는 것이다. 원론적으로 말하자면 이직은 경력발전을 위해 꼭 필요하다고 판단할 때 해야 한다. 상황에 밀려 하지 말고 분명한 목적을 갖고 계획적으로 해야 한다는 것이다. 현 직장이 마음에 들지 않는다거나 다른 직장이 근무하기에 좀 더 좋은 조건이라는 이유만으로 이직하는 것은 바람직하지 않다. 상황에 따라 직장을 옮기는 것은 경력발전에 도움이 되지 않을 뿐 아니라 또 다른 이직으로 이어질 가능성이 크다.

직장인들이 뚜렷한 목적을 갖고 이직하는 경우 중 하나가 경력 10년을 전후한 이직이다. 대개 직장생활을 10년 정도 하면 매니저급이 된다. 대기업의 경우 차장으로 승진하거나 승진을 앞둔다. 차장급은 충분한 실무 경험을 토대로 실무 책임자 역할을 하는 위치다. 그래서 대기업들은 차장부터 승진을 꼼꼼하게 관리하기 시작한다. 큰 잘못이 없으면 과장까지는 대부분 승진시키지만 차장부터는 까다롭게 심사해 승진자 수를 대폭 줄인다.

따라서 차장 승진이 늦어지거나 좋은 평가를 받지 못한 채 승진했다면 이직을 진지하게 고려해봐야 한다. 그 상태가 이어지면 임원이 되기 어렵기 때문이다. 임원이 되지 못하면 정년까지 안정적인 직장생활을 이어가기가 쉽지 않다. 그러므로 현 직장에서 임원이 될 수 없다고 판단되면 임원이 될 수 있는 곳으로 옮기는 게 좋다. 규모가 작은 곳이라도 임원이 될 수 있는 곳으로 가야 한다. 물론 부장 재직 때 열심히 해서 평가를 바꿀 수도 있다. 그러나 그런 경우는 매우 드물다. 차장으로 승진할 즈음이면 임원이 될 수 있는 사람이 사실상 정해진다. 열심히 노력한다고 해서 상황을 바꾸기가 어려워지는 것이다.

이 시기를 놓치면 다른 곳으로 이직하기 힘들어진다. 기업이 시니어를 영입해 임원으로 승진시키는 경우는 상당히 드물다. 영입한 사람이 기업이 추구하는 가치와 경영철학을 수용하는지, 기업문화에 잘 적응하는지 파악하려면 시간이 걸리기 때문이다. 영입한 직원이 임원이 되려면 일정 기간의 근무가 필요한데, 시니어로 입사하면 승진 시기를 놓쳐 임원이 되기가 쉽지 않다.

이렇게 계획적으로 옮기는 경우가 아니라면 가급적 이직은 자제하는 게 좋다. 이직은 집 안의 인테리어를 교체하는 게 아니라 집 자체를 바꾸는 일이다. 문이 고장 났다고 집을 바꾸지는 않는다. 직장은 단순히 일만 하고 월급을 받는 장소가 아니다. 직장에는 문화가 있고, 동료와 관계가 녹아 있으며, 고객과 사업 파트너가 있다. 수많은 관계가 집중된 곳이다. 따라서 직장을 바꾸면 이 모든 것을 바꿔야 한다. 그런데 문화나 관계는 쉽게 바꿀 수 있는 게 아니다. 상당한 시간과 비용, 노력을 투입해야 한다. 특히 나이가 들수록 투입비는 기하급수적으로 늘어난다. 나이 들어 이직 한 사람들이 직장생활에 어려움을 겪는 것도 이 때문이다.

그런 점에서 상황을 따라가는 이직은 신중해야 한다. 경력발전을 고민하고 있는 30대 직장인이라면 더욱 그렇다. 이직은 경력관리에서 쓸 수 있는 몇 장 안 되는 카드다. 만약 경력발전에 꼭 필요한 이직이 아니라면 힘들어도 견뎌야 한다. 견디다 보면 어느새 관리자가 돼서 부하직원의 고민을 함께 나누는 자신을 발견하게 될 것이다.

"

기업은
나이 든 신입사원도 그렇지만,
나이에 비해 낮은 위치에 있는 직원도
선호하지 않는다.

"

기업은 나이 든
신입사원을 뽑지 않는다

헤드헌팅회사에서 일하다 보니 취업 시기를 놓쳤거나 경력이 단절된 사람들로부터 문의를 자주 받는다. 대학 졸업 뒤 시험을 준비했거나 대학원을 다니느라 취업이 늦어진 사람들이 대부분이다. 또 해외여행이나 봉사활동을 하고 집안일을 돕느라 늦어진 사람들도 있다. 출산이나 육아, 아이들의 학교 뒷바라지, 남편이나 아내의 해외근무 때문에 직장을 그만둔 경우도 많다.

이들이 헤드헌팅회사에 문의하는 이유는 취업이 뜻대로 되지 않기 때문이다. 자신들은 나이가 좀 많은 것을 빼고 특별히 약점이 없는 것 같은데 기업들의 반응이 탐탁지 않은 것이다. 이들은 "나이가 많으니 직급이나 직책, 연봉을 특별히 배려해달라는 것도 아니고 다른 지원자들과 동일한 잣대로 평가해주면 되는데 기업들이 왜 부정적인지 모르겠다"고 답답해한다.

이렇게 기업의 문을 두드리다 지친 늦깎이 취업 희망자들 중 상당수는 나이 제한이 없을 것 같은 공기업으로 방향을 돌린다. 공무원시험 응시자들이 많은 이유 중 하나도 나이 제한이 없기 때문이다. 민간기업, 특히 대기업들이 나이를 '스펙'의 하나로 간주하다 보니 취업 시기를 놓친 사람들이 대거 공공분야로 몰리고 있는 것이다.

기업은 왜 나이를 따질까

왜 기업들은 나이 든 사람들을 뽑지 않으려 할까? 도대체 나이가 무슨 상관인가? 나이가 많다는 것은 그만큼 세상 경험을 많이 해서 더 지혜롭다는 뜻일 수도 있지 않나? 다른 사람에 뒤지지 않기 위해 열심히 할 준비도 돼 있으니 매력적이지 않을까? 특히 석·박사학위를 받았거나 자격증을 땄거나 외국어 능력을 키웠다면 오히려 추가비용을 들여서라도 뽑아야 하지 않을까?

유감스럽게도 기업이 바라보는 시각은 완전히 다르다. 기업들은 기본적으로 나이 든 신입사원은 안 뽑으려 한다. 법에 위배되고 사회적 구설수에 오르기 싫기 때문에 연령 제한을 명시하지 않을 뿐이지, 대부분의 기업들은 내부적으로 채용에 나이 제한을 두고 있다. 전통적으로 대기업들은 대졸 신입사원 채용에서 남성은 28세, 여성은 26세를 상한선으로 간주해왔다. 그런데 최근 어학연수와 인턴 등으로 취업 시기가 늦어지는 것을 감안해 나이 제한을 조금씩 완화하고 있다. 그러다 보니 신입사원의 평균연령이 높아지는 추세다. 그러나 기업들 사이에서 여전히 남성은 32세, 여성은 30세가 절대 넘으면 안 되는 선으로 자리 잡고 있다.

기업이 나이 든 신입사원을 좋아하지 않는 가장 큰 이유는 조직적응이 어렵다는 것이다.

"나이가 많다고 대접을 받겠다는 생각은 추호도 없다. 같이 입사한 다른 사람들처럼 대해주면 된다. 연봉도 직급도 직책도, 같이 입사한 사람들과 똑같이 대우해달라. 절대 섭섭해하거나 불만을 갖지 않겠다."

나이 든 신입사원들이 지원서나 면접 과정에서 이구동성으로 하는 말이다. 그러나 입사 이후에도 이런 마음가짐을 계속 유지하는 사람들은 많지 않다. 신입사원으로 입사한 뒤 일정 기간이 지나면 업무와 조직문화에 익숙해지면서 주변이 보이기 시작한다. 상사나 동료의 모습이 조금씩 드러나고, 그들의 역할과 권한, 책임과 보상도 알게 된다. 그러다 보면 마음속에서 의문이 싹튼다.

'왜 나보다 능력이나 성과가 부족한 사람을 선배로 모셔야 할까? 단지 입사가 나보다 빠르다는 이유로 나이 어린 사람의 지시를 계속 받아야 하나?'

이런 생각이 들기 시작하면 업무에 몰입하지 못하고 동료들과 관계도 원활하지 않게 된다. 조직 안에 녹아들어가 업무에 매진해야 성과도 나고 성장할 수 있는데, 그렇지 않으니 대열에서 뒤처질 수밖에 없다.

상사도 나이 든 신입사원만큼이나 만족스럽지 못한 것은 마찬가지다. 회사는 나이와 무관하게 업무를 맡기고 보상하기로 하고 나이 든 신입사원을 뽑았다. 그러나 같은 신입사원이긴 하지만 나이가 있으니 뭔가 다른 점이 있을 것이고, 나이가 들어 지식과 경험에서 앞서 있으니 업무능력이나 성과도 남다를 것이라고 기대한다.

　이렇게 생각하는 것은 당사자나 조직구성원 모두가 직원을 업무경력이 아니라 나이로 판단하는 전통적 관념이 사회 전반에 폭넓게 존재하기 때문이다. 그래서 나이 든 신입사원들은 자신의 눈높이를 졸업한 뒤 제때 직장에 들어간 자기 나이의 사람들에게 맞춘다. 자신의 역할과 권한과 보상을 이들과 비교하는 것이다. 직장에서도 조직구성원들이 경력이 아니라 나이에 맞춰 자신을 대하길 기대한다. 조직구성원들 역시 동료나 선후배를 경력보다 나이를 기준으로 판단하는 것이다. 그러다 보니 나이 든 신입사원에게 자연스럽게 경력사원 같은 업무 능력과 성과를 기대한다.

　특히 연공서열의 유교적 문화가 아직도 남아 있는 기업에서 직장인들은 자기보다 나이가 어린 상사와 함께 일하는 것을 어려워한다. 아무리 업무경력이 많고 성과를 잘 내도 나이 어린 사람이 자신보다 직급이 높은 것을 받아들이기가 힘들다. 마찬가지로 상사들도 자신보다 나이가 많은 부하직원과 일하는 것을 거북해한다. 아무리 깍듯이 대해줘도 나이 많은 부하직원에게 업무를 지시하고 업무결과에 대해 피드백을 주는 것이 불편하다. 그래서 대부분의 직장인들은 같은 값이면 자기보다 나이 어린 직원이 와주길 기대한다.

　직장동료들도 사정은 비슷하다. 같은 또래로 말이 통하는 동료와 일하고 싶지, 한참 나이 많은 사람과 일하는 것을 원하지 않는다. 따라서 입사동기라도 나이 차이가 많이 나면 잘 어울리지 못한다. 아무리 같이 어울리려고 노력해도 생각과 문화가 달라 모임에 끼어들기가 쉽지 않다.

최대한 빨리 나이에 맞는 직급과 직책 찾아가야

사정이 이렇다 보니 웬만큼 노력하지 않으면 나이 든 사원들이 조직에 적응하기가 쉽지 않다. 십중팔구는 얼마 지나지 않아 조직을 떠난다. 남아 있는 사람의 직장생활 만족도도 높지 않다. 옮길 곳이 있다면 언제라도 가겠다는 식이다. 이런 사정을 잘 알고 있는 기업들이 나이 든 신입사원을 뽑지 않으려 하는 것은 당연하다. 업무 몰입도가 떨어지고 오래 다닐 가능성이 없는 직원을 뽑아 훈련시킬 '바보기업'은 없기 때문이다.

이처럼 기업들은 신입사원이 특별한 기술이나 탁월한 업무능력을 갖고 있어 조직적응의 어려움을 상쇄하고도 남을 만큼이라면 모를까, 그렇지 않을 경우 대체로 나이 든 신입사원은 기피한다. 특히 여성의 경우 나이 든 신입사원은 조만간 결혼하고 출산해 육아에 매달릴 가능성이 크다고 보기 때문에 채용을 더 꺼린다.

문제는 자의 반, 타의 반으로 취업 시기를 놓쳐 뒤늦게 기업의 문을 두드리는 사람들이 늘고 있다는 것이다. 아무리 기업이 뽑지 않는다고 해도 취업을 포기할 수는 없기 때문이다. 그래서 기업마다 나이 든 응시자들 비중이 커지고 있다. 그러나 현실적으로 이들은 대부분 서류면접에서 탈락하거나 대면 면접에서 쓴잔을 마시게 된다.

그렇다면 취업 시기를 놓친 나이 든 취업 희망자들은 어떻게 해야 할까? 결론부터 말하면 중소기업으로 방향을 돌려야 한다. 앞서 밀한 내로 대기업은 내부적으로 나이 제한 규정을 두고 있다. 웬만해서 기준을 바꾸거나 예외를 두지 않으려 한다. 기업의 채용 담당자들은 졸업 뒤 공백이 긴 사람들의 이력서는 아예 들여다보려고도 하지 않는다. 나이 든 지원자들이 혹시나 하고 대기업에 지원서를 내고 기다리지만 결국 시간만 허비하는 셈이다. 반면 중소, 중견기업들은 인재가 부족하기 때문에 인재확보를 위해 연령제한 규정을 유연하게 적용한다. 유능한 적임자라고 판단하면 나이가 많아도 뽑을 가능성이 크다. 특히 중소, 중견기업의 경우 대기업에 비해 공채보다 상시채용 비중이 월등히 높다. 따라서 자신을 원하는 기업을 잘 찾아낸다면 취업에 성공할 가능성이 상대적으로 높다.

물론 중소, 중견기업의 경우 대기업에 비해 보상이나 복리후생이 뒤진다. 그러나 중소, 중견기업은 승진이 빠른 데다 업무능력과 성과에 따라 파격적 승진도 가능하다. 그런 만큼 취업이 늦은 사람들은 대기업보다 중소, 중견기업을 선택하는 편이 더 유리할 수 있다. 특히 중소, 중견기업 직원들은 같은 경력의 대기업 직원에 비해 업무범위가 넓어 기업이나 업계 전체를 조망하는 능력도 빠르게 습득할 수 있다. 이를 토대로 창업을 할 수도 있다. 또 임원이 될 가능성도 훨씬 크다.

한 가지 덧붙이고 싶은 것은 나이 든 신입사원이라면 최대한 빨리 자신의 나이에 맞는 직책과 직급을 찾아가야 한다는 것이다. 즉 나이에 걸맞은 역할을 해야 한다. 그렇게 해야 직장생활의 만족도가 높아져 장기근속할 수 있다. 나이는 많지만 신입사원이니 신입사원처럼 행동하겠다고 생각하면, 직장생활이 순조롭지 못하게 된다. 따라서 최대한 빨리 자신의 나이에 맞는 자리에 올라가야 한다.

출발이 늦었다면 빨리 따라잡을 수 있는 곳을 선택해야

물론 이렇게 되려면 입사 초반에 상당히 힘들게 노력을 기울일 각오가 되어 있어야 한다. 동기생들을 앞서는 유일한 방법은 더 많이 노력하는 것이다. 더 많이 배우고 더 많은 시행착오를 겪으면서 더 빨리 습득해 더 많은 성과를 내는 수밖에 없다. 그렇게 해서 나이에 맞는 직급과 직책을 찾아야 한다. 그렇지 않으면 나이 든 신입사원의 한계를 벗어날 수 없다. 기업은 나이 든 신입사원도 그렇지만, 나이에 비해 낮은 위치에 있는 직원도 선호하지 않는다.

능력만 있으면 언제라도 원하는 회사에 들어갈 수 있다는 생각은 착각이다. 연봉이나 직급에 대한 눈높이를 낮추면 얼마든지 취업할 수 있다는 생각도 옳지 않다. 기업은 적임자를 제대로 대우하면서 쓰고 싶어한다. 유능하지만 나이가 많기 때문에 싸게 쓰는 것을 선호하지 않는다. 그렇게 뽑은 사람은 결국 조직적응에 실패해 떠난다는 것을 잘 알고 있기 때문이다. 따라서 출발이 늦었다면 가급적 빨리 따라잡을 수 있는 직업과 직장과 직무를 선택해야 한다. 그리고 그곳에서 전력투구해 나이에 적합한 위치까지 올라가야 한다.

66

"나도 능력이 있다"라고
주장하는 사람보다
"나는 지식은 물론이고
그 분야의 성공 경험을 갖고 있기 때문에
내가 맡으면
이러저러한 결과물을 만들 수 있다"라고
설득력 있는 근거를
제시하는 사람을 데려오는 게 맞다.

99

초보 리더들이
흔히 하는 실수

"세상이 변하는 것처럼 사람도 시간이 지나면 변해."
"말도 안 돼. 모든 게 변해도 사람은 절대 안 변해."

사람이 변하느냐를 놓고 이런 논쟁이 벌어지곤 한다. 그러나 사람마다 경험이 워낙 다르기 때문에 이 논쟁은 대개 합의점을 찾지 못하고 끝난다.

2006년 브루스 윌리스가 주연한 영화 〈식스틴 블록(16 Blocks)〉에서 두 주인공도 사람의 변화 가능성을 놓고 치열하게 다툰다. 브루스 윌리스가 열연한 잭 모슬리는 한때 잘나갔지만 나오된 채 의욕 없이 살고 있는 형사다. 동료의 배신 때문에 괴로워하는 그는 "날씨도 변하고 계절도 변하지만 사람은 절대 안 변해"라고 단언한다. 이에 반해 흑인 죄수 에디 벙커는 "소매치기였던 척 베리도 결국엔 좋은 사람이 됐다"면서 "사람은 변한다"고 맞선다. 에디 벙커는 모든 희망을 포기한 잭 모슬리와 달리 희망의 끈을 놓지 않는다.

이 영화를 감독한 리처드 도너는 "모든 걸 가졌다가 인생을 포기하게 된 한 남자가 그 무엇도 가져본 적 없지만 항상 희망을 잃지 않는 청년을 만나면 어떻게 될까 궁금해 영화를 만들었다"고 밝혔다. 그는 이 영화에서 "사람은 변할 수 있다"는 메시지를 강하게 전달하고 있다. 영화 후반에 이르러 잭 모슬리는 지난날의 잘못을 반성하며 자신이 포함된 경찰의 부패를 고발한다. 2년 뒤 죗값을 치르고 출소한 그는 에디 벙커로부터 약속했던 생일 케이크를 받는다. 그 케이크에 "사람은 변할 수 있다(People can change)"라는 글이 새겨져 있다.

사람은 쉽게 바뀌지 않는다

많은 사람들이 변화 때문에 울고 웃는다. "사람이 어떻게 저렇게 변할 수 있지"라며 놀라기도 하고, "사람 참 안 바뀌네"라며 탄식하기도 한다. 사람이 변해도 너무 변했다고 실망하기도 하고, 화석만큼이나 변하지 않는 게 사람인 것 같다며 혀를 차기도 한다.

그런데 직장에서 사람의 변화 가능성은 단순한 논쟁거리나 감탄의 대상으로 그치지 않는다. 나는 종종 "사람이 변할 것"이라는 가능성에 기반해 다른 사람들과 관계를 맺고 일을 추진하다가 어려움에 부닥치는 초보 리더들을 접한다. 30대 전반은 직장인들이 초보 리더로 변신하는 시기다. 이들은 상사의 지시를 받고 일하다 처음으로 부하직원이나 후배를 맞이

하게 된다. 일부 앞서가는 사람들은 30대 후반이 되면 부서장을 맡기도 한다. 30대는 이렇게 팔로워에서 리더로 전환하는 시기다.

초보 리더들은 대부분 후배나 부하직원이 자기 뜻대로 움직여주지 않아 마음고생을 한다. 후배나 부하직원도 당연히 자기처럼 생각할 것이라고 예상했는데 현실은 그렇지 않은 것이다. 당황한 초보 리더들은 열변을 토해가며 그들을 설득한다. 그들을 자신이 원하는 사람으로 바꾸려고 애를 쓰며 가르친다. 초보 리더들은 후배나 부하직원이 상황을 모르거나 잘못 알고 있어서 자신의 기대와 다르게 행동하는 것이라고 생각한다. 따라서 내용을 정확히 안다면 언행이 바뀔 것이라고 믿고 가르치려 든다.

그러나 초보 리더들의 노력에도 불구하고 후배나 부하직원이 이런 기대에 부응하는 경우는 그리 많지 않다. 안타깝게도 'People can change'는 영화에서나 통한다. 직장생활 경험이 많은 리더들은 사람은 변하지 않는다고 전제하고 사람들과 관계를 맺고 업무를 추진해야 한다는 점을 잘 알고 있다. 기업에서 비즈니스는 불확실하거나 가변성이 강한 것은 가급적 피하려는 속성을 갖고 있기 때문이다. 실제로 기업들은 가능성만을 가지고 일을 추진하지 않는다. 성과로 평가받고 성과를 내야만 하는 조직에서 가능성에 마냥 기대를 걸 수 없기 때문이다.

변화 가능성에만 매달리는 얼치기들

초보 리더들은 교육훈련에도 불구하고 후배나 부하 직원들이 바뀌지 않으면 선택의 기로에 서게 된다. 후배나 부하직원이 자신이 원하는 모습으로 바뀔 때까지 계속 가르쳐야 할까, 아니면 무의미한 에너지 낭비를 그만두고 다른 직원으로 교체해야 할까? 어떤 길이 옳은 걸까?

2013년 한국경영자총협회가 국내 기업 335곳을 조사한 결과 기업들이 대졸 신입사원을 교육훈련하는 기간은 평균 18.3개월이었다. 이 기간 동안 소요되는 비용은 1인당 평균 5,960만 원이었다. 특히 대기업은 평균 교육기간이 23.1개월이나 됐다. 이처럼 신입사원을 뽑아서 실무에 투입할 수 있는 직원으로 키우기까지 어마어마한 시간과 비용이 들어간다.

문제는 이렇게 공을 들여 뽑고 교육한 신입사원 가운데 상당수가 본격적으로 능력을 발휘하기도 전에 회사를 떠난다는 사실이다. 한국경영자총협회가 2016년 6월 305개 기업을 대상으로 조사한 결과에 따르면 대졸 신입사원의 27.7%가 1년도 되기 전에 퇴사했다. 특히 300인 미만 기업의 경우 신입사원의 1년 미만 퇴사율은 32.5%나 됐다. 이뿐 아니라 많은 조사에서 신입사원의 절반 이상이 3년 안에 회사를 떠나는 것으로 나타나고 있다.

기업 입장에서 보면 이렇게 신입사원을 뽑아 훈련하는 것은 매우 비효율적인 인재 확보 방식이다. 투입하는 시간과 비용에 비해 성과가 너무 적다. 일부 대기업 임원들은 "신입사원을 뽑아 4,000~5,000만 원씩 연봉을 주면서 교육하는 것은 미친 짓"이라고 비판하기도 한다. 그래서 기업들은 갈수록 신입사원 채용을 줄이고 있다. 또 신입사원에 대한 교육시간과 비용도 축소하고 있다. 대신 비용을 들여서라도 경력사원 채용을 늘리는 추세다.

물론 원하는 경력사원은 적시에 뽑기도 어렵거니와 조직적응에 실패할 가능성이 신입사원보다 상대적으로 높다. 또 신입으로 입사해 성장한 직원보다 주인의식이 부족하다는 평가도 있다. 그러나 이런 점을 감안하더라도 경력사원을 제대로 선발해 업무에 투입하는 게 훨씬 효율적이다. 적임자를 찾으려면 비용과 시간이 많이 들지만 신입사원을 뽑아서 훈련하는 비용보다는 훨씬 적게 든다.

그러므로 적성에 맞지 않거나 자질이 부족한 직원들을 가르치느라 너무 많은 시간과 비용을 쓰지 말고 적임자를 찾아나서는 게 합리적이다. 변화 가능성에 언제까지고 매달릴 것이 아니라 기회를 주되 변하지 않으면 교체하는 쪽으로 방향을 잡아야 하는 것이다. "나도 능력이 있다"라고 주장하는 사람보다 "나는 지식은 물론이고 그 분야의 성공 경험을 갖고 있기 때문에 내가 맡으면 이러저러한 결과물을 만들 수 있다"라고 설득력 있는 근거를 제시하는 사람을 데려오는 게 맞다.

절박하지 않으면 변하지 않는다

면접에서 "입사하면 열심히 배울 것"이라고 입사 이후 계획을 설명하는 지원자들을 만나곤 한다. 의욕과 겸손의 표현이긴 하겠지만 면접관 입장에서 그리 듣기 좋은 답변은 아니다. 기업은 학교가 아니기 때문이다. 학교에서야 열심히 배우는 것만으로 충분하지만 기업에서는 턱없이 부족하다. 기업이 원하는 것은 성과지, 학습이 아니나. 기업은 기본적으로 비용을 지불해가면서 직원을 가르치고 싶어하지 않는다. 가르친다고 해서 잘 따라온다는 보장이 없고, 설령 열심히 배운다고 해도 장기근속하면서 회사에 기여할 것이라고 기대하기도 어렵기 때문이다. 따라서 입사 지원자들이 열심히 배운다는 것은 채용의 필요조건일 뿐이지 충분조건은 아니다.

채용 담당자들은 입사 지원자로부터 이런 답변을 기대한다.

"회사에 들어가 그 일을 맡고 싶다. 의욕만으로 일하려는 것이 아니다. 나는 그 분야의 경험도 풍부하고 지식도 축적돼 있다. 성과를 잘 낼 수 있는 자격을 갖추고 있다. 그러니 나를 뽑아달라. 회사가 원하는 결과를 만들어내겠다."

기업이 교육훈련을 강조하는 것은 사람을 근본적으로 바꾸기 위한 것이 아니다. 그 사람의 기술이나 기능을 개발해 잠재역량을 최대한 발휘하도록 만들기 위해서다. 선천적으로 타고난 자질이나 역량을 짧은 시간 안에 바꾸는 것은 불가능하다. 힘들긴 하지만 습관은 적절한 교육훈련을 통해 바꿀 수 있다. 그러나 습관이 바뀌었다고 사람까지 바뀌는 것은 아니다. 습관 하나 바꾸기도 어려운데 사람을 바꾸는 것은 얼마나 어렵겠는가? 따라서 초보 리더들도 교육훈련을 통해 사람을 바꾸려 하지 말고, 차라리 그 시간에 더 좋은 인력을 찾는 게 옳다. 이것이 훨씬 효율적이고 시간을 줄이는 방법이다.

그런데도 교육훈련을 통해 사람을 근본적으로 바꾸겠다고 생각하는 초보 리더들이 적지 않다. 이들은 "사람은 다 비슷비슷하기 때문에 교육훈련을 어떻게 하느냐에 따라 성과가 달라질 수 있다"고 믿는다. 특히 일부 리더들은 누가 오더라도 그들을 교육훈련해 원하는 결과를 만들어낼 수 있다고 장담한다. 그러나 이런 의욕이 기대했던 성과를 만들어내는 경우는 상당히 드물다.

물론 사람이 바뀌는 경우도 있다. 바로 절박할 때다. 사람은 기본적으로 잘 변하지 않지만 아주 절박한 상황에 처해 필요하다고 느끼면 변하기도 한다. 특히 의지를 가지고 스스로를 바꾸면 예상보다 변화 속도가 빨라진다. 따라서 후배나 부하직원이 변하기를 바란다면 그가 절박함을 느끼게 만들어야 한다. 스스로 변화의 필요성을 절감하도록 해야 한다는 것이다.

영화 〈식스틴 블록〉을 제작한 리처드 도너 감독도 사람은 자각하면 변화가 가능하다고 말한다.

"〈식스틴 블록〉은 변화할 수 있는 인간의 능력에 관한 이야기다. 지금의 삶이 마음에 들지 않는다면 삶을 바꾸면 된다. 나이가 들었다고 해도 자신을 변화시킬 수 있는 능력은 누구에게나 있다. 단지 그렇게 하려는 의지가 없을 뿐이다. 나 역시 여전히 도전하고 싶은 것이 많이 남아 있다. 그걸 통해서 내 삶의 변화를 맞이하고 싶다. 그렇기 때문에 인생은 살아갈 가치가 있다."

"

부하직원들이
상사의 말을 잘 따르지 않는
가장 중요한 이유는
근본적으로 상사가 싫기 때문이다.

"

부하직원이
따라오지 않는 이유

내가 아는 기업의 40대 임원은 예전의 자기 행동을 생각하면 창피해 죽겠다고 말하곤 한다. 일반 직원으로 근무하던 시절 자신의 언행이 떠오를 때마다 손발이 오그라들 정도로 부끄럽다는 것이다.

"당시에는 몰랐는데 지금 보니 상사에게 무례하게 굴고 회사 정책에 대해 사사건건 불만을 터트렸던 것 같습니다. 너무 부끄럽습니다."

그가 이런 얘기를 자주 하는 것은 자신이 부서의 책임자가 된 뒤 부서를 이끌면서 부하직원들의 행동이 치기 어린 자신의 젊은 시절과 똑같다고 생각하기 때문이다.

"어쩌면 그렇게 제가 젊었을 때 하던 말과 행동을 그대로 하는지 모르겠어요. 그들과 이야기할 때마다 '내가 저랬구나'라고 생각하니 얼굴이 화끈거립니다. 그런 저를 데리고 일해야 했던 상사들의 심정이 어땠을지 생각하면 정말 면목이 없습니다.

다른 사람들처럼 그도 역시 일반직원이었을 때는 전혀 모르고 지내다가 부서의 책임자가 되자 갑자기 많은 것들이 눈에 들어왔다. 지금까지 눈에 크게 띄지 않았던 주변 사람들이 보이기 시작한 것이다. 특히 일반직원과 조직책임자의 관점이 이렇게나 다를 줄은 상상도 못했다. 같은 사안에 대해 부하직원과 상사는 전혀 다르게 해석하기 때문이다.

믿지 못하면 따르지 않는다

20대 후반에 직장생활을 시작해서 몇 년 일하다 보면 후배가 생긴다. 30대 중후반이 되면 작은 조직의 책임자가 된다. 일부 승진이 빠른 사람들은 조직이나 부서의 책임자 위치에 오르기도 한다. 혼자가 아니라 조직구성원들과 함께 일해야 한다는 뜻이다. 당연히 주어지는 성과목표도 커진다. 따라서 이때부터 자신이 책임져야 할 성과는 자신의 개인적 능력이나 노력이 아니라 조직구성원들의 참여에 의해 좌우된다.

문제는 이들이 자신의 뜻대로 움직여주지 않는다는 점이다. 특히 부하직원들이 자신의 마음을 몰라줄 때는 속이 탄다. 내 욕심을 채우기 위한 것이 아니라 모두 잘되자고 하는 것인데 엉뚱한 논리를 내세워 이리저리 딴죽을 거니 야속하기만 하다. 뜻을 모아 전력투구해도 될동말동한데 따라오지 않거나 옆길로 새고 있으니 속이 부글부글 끓는 것이다. 어떨 때는 확 쏴붙이고 싶다. 그러나 분위기만 냉랭해질까 봐 참고 또 참으면서 어르고 달래기를 계속할 수밖에 없다. 앞서 말한 임원의 심정도 그러할 것이다.

그런데 직원들은 왜 상사의 지시를 잘 따르지 않을까? 다 좋자고 하는 일인데 왜 직원들은 불만을 품고 딴소리를 하는 걸까?

아마도 상사의 지시가 옳지 않다고 생각하기 때문일 것이다. 젊은 직원들은 경험이 부족해 숲을 보지 못하고 나무만 보고 판단하는 경향이 있다. 회사의 각종 정책이나 결정을 자신의 관점에서만 바라보는 것이다. 젊은 직원들은 자신의 정보가 부족해 판단이 부정확할 수 있다고 생각하지 않는다. 회사가 잘못된 결정을 했는데도 상사가 회사의 결정을 따르라고 강요만 한다고 생각한다. 상사가 경영진이나 임원을 만나 회사의 잘못된 결정을 바로잡도록 노력해야 하는데, 상사가 윗사람의 눈치만 보면서 부하직원만 다그치고 있다고 불평한다.

상사가 주문하는 것이 '모두에게 좋은 일'이 아니기 때문일 수도 있다. 일반직원들 입장에서 보면 상사의 지시대로 할 경우 모두가 좋은 결과를 얻는 게 아니다. 어떤 경우 오히려 나빠질 수도 있다. 내 일도 아닌 상사의 일을, 어쩌면 자신에게 좋지 않을 수도 있을 일을 앞장서서 해야 할 이유는 없다. 상사의 눈 밖에 나지 않을 정도만 하거나 아예 '잔소리 듣고 말지'라고 생각하면서 안 하게 된다.

그러나 부하직원들이 상사의 말을 잘 따르지 않는 가장 중요한 이유는 근본적으로 상사가 싫기 때문이다. 상사가 싫다 보니 그와 관련된 모든 것이 싫어진 것이다. 사실 상사의 말이 틀린 것은 아니지만, 그가 싫기 때문에 그의 말을 따르고 싶지 않다. 상사에 대한 신뢰와 존중이 없는 것이다. 상사가 틀렸다고 생각하거나 상사의 말을 따라봐야 자신들에게 이익이 될 게 없다고 생각하는 것은 모두 상사에 대한 불신에서 비롯된다.

권위가 없으면서도 권위적인 상사들

직장에서 크고 작은 조직의 책임자가 되면 자신이 맡은 성과에만 관심을 쏟게 된다. 이 과정에서 자칫하면 부하직원들은 성과를 달성하기 위해 존재하는 사람들이 되고 만다. 상사들은 부하직원들이 왜, 어떻게 직장생활을 하고 있는지는 안중에 없이 오로지 성과에만 매달린다. 이 과정에서 끊임없이 잔소리하고 다른 조직이나 직원과 대놓고 비교한다. 때로 회사에 대한 충성심과 업무량을 의심하면서 인사권을 내세워 압박한다. 약점을 들춰내면서 성과부진을 비판하기도 한다. 부하직원들의 감정을 건드리는 이와 같은 상사의 언행은 상사에 대한 신뢰와 존경을 사라지게 한다.

특히 상사의 말과 행동이 일치하지 않을 때 직원들은 모든 문제의 원인을 상사에게 돌린다. 상사를 존경하지 않거나 불신하는 것을 넘어서 상사에 대한 적대적 감정까지 갖게 된다. 이런 상황에서 상사의 얘기가 아무리 옳다고 해도 직원들이 상사의 말을 따르기는 어렵다. 부하직원들은 상사가 하는 얘기를 들을 가치가 없다고 생각해 귀를 닫는다. 상사의 지시도 이른바 '너 좋으라고 하는 일'로 치부해 외면한다.

대부분의 상사는 부하직원들의 생각을 잘 모른다. '개구리 올챙이 시절 모른다'는 옛말처럼 회사가 부여한 성과를 달성하는 데 여념이 없다 보니 부하직원으로 일하던 시절을 다 잊은 것이다. 상사 밑에서 일할 때 느꼈던 서러움도, '나는 상사가 되면 저러지 말아야지'라고 했던 다짐도 까맣게 잊는다. 오로지 조직의 성과를 책임져야 하는 조직관리자의 입장에서만 직원들을 바라본다. 그러다 보니 부하직원들이 왜 저렇게 근시안적으로 보는지 답답하고 '저렇게 행동하면 안 될 텐데'라면서 걱정한다.

따라서 부하직원들이 자신의 얘기를 잘 듣지 않고 자신의 뜻대로 움직이지 않는다면 우선 직원들이 자신을 어떻게 보고 있는지부터 파악해야 한다. 만약 자신에 대한 신뢰와 존경이 없다면 이 상황을 어떻게 개선해야 할지 방법을 찾아야 한다.

물론 부하직원들을 따라오도록 강제할 수 있다. 그래도 따라오지 않으면 그들을 다른 부서나 회사 밖으로 내보낼 수 있다. 그러나 이렇게 하면 기대했던 성과를 거두기가 힘들어진다. 조직에 부여된 과제는 결코 혼자서 이루기 어렵기 때문이다. 다시 말해 부하직원들의 적극적 참여 없이 주어진 성과를 만들어낸다는 것은 불가능하다. 따라서 조직의 책임자로서 원하는 성과를 만들어내려면 어떻게든 부하직원들의 자발적 참여를 이끌어내야 한다.

방법은 한 가지뿐이다. 진정성을 보여주는 것이다. 경영 컨설턴트 마렌 레키는 『부하직원이 당신을 따르지 않는 10가지 이유』라는 책에서 부하직원들이 상사를 따르지 않는 중요한 이유 중 하나로 상사가 인간적인 모습을 보여주지 않는 것을 꼽는다. 부하직원들은 권위가 없으면서도 권위적인 상사의 모습에서 염증을 느낀다는 것이다.

실수를 인정하는 순간 특별한 힘이 생긴다

따져보면 상사는 부하직원보다 잘못을 훨씬 더 많이 저지른다. 업무 범위는 넓고 성과책임은 크다 보니 본의 아니게 실수하게 되는 것이다. 그렇지만 대부분의 상사는 자신의 과오를 솔직하게 인정하거나 사과하지 않는다. 권위가 무너질까 우려하기 때문이다. 따라서 상황 탓으로 돌리거나 이런저런 이유를 들어 자신의 행동을 정당화하고 자신에게 책임이 없는 것처럼 행동한다. 혹시 잘못했다고 생각하더라도 그것을 공개적으로 밝히는 경우는 거의 없다. 잘못했다고 스스로 반성할 뿐이지, 그것을 여러 사람 앞에서 이야기하지 않는다.

그러나 상사도 솔직해질 필요가 있다. 실수를 인정하고 사과하는 순간 상사는 특별한 힘을 갖게 되기 때문이다. 이 특별한 힘은 부하직원들의 마음과 귀를 열고 상사를 신뢰하게 만든다. 부하직원들은 상사가 자신의 잘못을 인정하고 사과하는 것을 보면서 자신의 잘못을 돌아본다. 이렇게 상사에게서 진정성이 느껴질 때 상사에 대한 부하직원의 신뢰와 존경이 싹튼다.

당신이 정말 괜찮은 상사인지 묻는다면 어떻게 답할까? 자신 있게 "그렇다"고 답할 수 있는 사람은 많지 않을 것이다. 대체로 부하직원의 문제는 상사의 문제다. 따라서 부하직원을 바꾸려면 상사부터 변해야 한다. 부하직원들이 상사를 믿지 않는다면 십중팔구 상사 역시 부하 직원을 믿지 않는다. 상사의 비판 강도가 높아질수록 부하직원들의 거짓말은 늘어나고, 상사의 개입이 잦아질수록 부하직원들의 업무 몰입도는 떨어진다.

겉으로 위엄을 세운다고 해서 결코 엄하게 보이고 권위가 서는 것은 결코 아니다. 또 서로 어려움 없이 허심탄회하게 대한다고 해서 권위가 사라지는 것도 아니다. 권위를 내세워 밀어붙이지 말고 부하직원의 사정에 알맞게 조언을 해준다면 신뢰와 존경은 다시 살아날 것이다. 상사가 오늘날 이 자리에 있게 된 것은 부하직원의 직간접적 도움 때문이라는 것을 제대로 인식하고 있다면 부하직원의 신뢰와 존경이 성과와 함께 되돌아오는 것은 시간문제다.

무엇보다도 부하직원들이 상사와 관계에서 진정성을 느끼게 하려면 부하직원이 무엇을 원하고 어떤 생각을 하는지 꼼꼼하게 파악해야 한다. 부하직원들은 자신의 강점과 약점, 좋아하는 것과 싫어하는 것을 알고 있는 상사에게 진정성을 느낀다. 부하직원의 능력을 정확하게 파악하고 이를 토대로 부하직원에게 걸맞은 기대를 피력해보라. 머지않아 부하직원은 그 기대에 부응하는 성과를 만들어낼 것이다. 부하직원은 믿고 기다려주면 상사가 기대하는 만큼 성장한다.

> 66
>
> 직장 스트레스의 근원은
> 상사가 아니라
> 직장의 구조나 업무 시스템이다.
>
> 99

끔찍한 상사,
대책 없는 부하

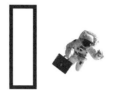

50대 초중반의 갱년기 여성들에게 자주 나타나는 증상 가운데 화병이 있다. 울화병(鬱火病)이라고도 하는데 억울한 감정이 쌓이고 쌓여 마침내 그 분노가 불같이 폭발하는 질환을 뜻한다. 화병은 우울감, 식욕저하, 불면 같은 우울 증세뿐 아니라 금방이라도 죽을 것 같은 공포, 호흡곤란, 불규칙한 심장박동, 몸 전체의 통증, 명치에 뭔가 걸려 있는 느낌 등 다양한 신체증상을 동반한다. 억눌러왔던 우울과 분노가 신체증상으로 나타나는 것이다.

중년 여성들에게 화병이 자주 나타나는 이유는 그들의 분노가 사회적으로 용납되지 않기 때문이다. 한국의 여성들은 아내와 엄마, 며느리로 살아가는 과정에서 끊임없는 스트레스에 노출되지만 이 감정을 배출하지 못하고 억누르면서 몇 십 년씩 혼자 속으로 삭여왔다. 이렇게 억눌린 감정은 갱년기에 접어들면서 걷잡을 수 없이 터져 나온다. 한의학에서는 이 분노의 감정을 '화(火)'라는 개념으로 설명한다.

스트레스를 부르는 그 이름 직장상사

그런데 직장인들 가운데 '제2의 화병'을 이야기하는 사람들이 많다. 전통적 개념의 화병이 가부장적 가족문화의 산물이었다면, 또 다른 화병은 가부장적 기업문화의 부산물이다. 전통적 개념에서 화병의 원인 제공사가 남편이나 시어머니였다. 그런데 최근 화병을 잉태하고 키우는 사람은 단연코 직장상사다. 과거 화병이 주로 50대 갱년기 여성들에게 나타났다면, 제2의 화병은 20~30대 직장여성들에게 많이 발생한다.

직장상사가 만들어내는 스트레스는 많은 젊은이들을 좌절하게 만들고 업무의욕을 잃게 한다. 각종 조사에서 직장인들이 회사를 떠나는 가장 큰 요인이 상사와 갈등이다. 직장인들이 일이나 회사의 비전이 맞지 않아 회사를 옮기는 경우는 드물다. 대부분 사람과 관계에서 생기는 상처 때문에 회사를 옮긴다. 상사를 생각만 해도 기분이 나빠지고 화가 치밀어 오르고 일하기 싫어진다는 직장인들이 어디 한두 명인가.

직장인이라면 누구나 한두 번쯤 직장생활을 힘들고 팍팍하게 하는 상사들이 사라진다면 얼마나 좋을까 상상한다. 2011년 개봉한 〈스트레스를 부르는 그 이름 직장상사(Horrible Bosses)〉는 그런 상상을 영화로 만든 미국식 코미디 영화다. 이 영화에 등장하는 고등학교 동창 세 남자는 직장상사로부터 끊임없이 인격적 모욕을 당한다. 이들의 상사는 다소 과장돼 있지만 직장인들이 만날 수 있는 끔찍한 상사의 상징적 존재다. 부하직원의 공을 가로채는 치졸한 꼼수로, 남성성을 처참하게 깔아뭉개는 성희롱으로, 정상적 생활이 어려울 정도의 코카인 남용으로 직장생활에 충실하려는 직장인들을 시도 때도 없이 괴롭힌다.

이들 세 명은 상사들이 죽이고 싶을 만큼 밉지만 퇴근 뒤 맥줏집에서 상사에 대한 험담을 하며 스트레스를 푼다. 그러나 점점 심해지는 스트레스를 견디다 못한 이들은 마침내 미운 직장상사에게 복수하기로 결심한다. 죽이기로 도원결의를 한 것이다. 다소 상투적인 이 영화가 2014년 속편을 낼 정도로 흥행에 성공한 것은 그만큼 직장인들의 상사 스트레스가 공감을 불러일으켰기 때문이다.

직장에서 상사는 이제 모든 부하직원들의 공분의 대상이 될 만큼 미운 존재가 됐다. 상사 스트레스는 심장마비나 심장질환 가능성을 60% 높이고 결혼생활과 가족에게도 부정적 영향을 미친다. 30대 직장인들은 회사에서 상사가 어떤 존재인지, 상사와 관계가 직장인들의 진로에 어떤 영향을 미치는지 경험을 통해 잘 알고 있다. 이 때문에 상사 문제는 심각한 고민거리다. 스트레스를 마냥 감수할 수도, 그렇다고 상사에 정면으로 맞설 수도 없는 답답한 상황에 처해 있는 직장인들이 많다. 떠날 각오를 하고 한판 붙을 수도 없고, 상사의 횡포와 모욕을 계속 감당할 수도 없는 이들은 해법을 찾지 못해 괴로워한다.

상사가 아니라 직장 구조와 업무 시스템이 문제다

직장생활은 업무가 아니라 사람과 관계가 결정한다. 하는 일보다 누구와 어떻게 일하느냐가 핵심이다. 존경하는 선배와 일할 수 있다면 좋겠지만, 이것은 일반 직장인들이 쉽게 만나기 힘든 행운이다. 생각보다 많은 직장인들이 맘에 안 드는 상사와 일하며 힘들어한다. 그렇다면 상사를 피할 방법은 없을까? 이들의 코를 납작하게 만들 수는 없다고 해도 이들과 마주치지 않고 직장생활을 할 수는 없는 걸까?

결론부터 말하면 없다. 직접 창업하거나 부모로부터 회사 경영권을 물려받아 사장이 되지 않는 한 상사의 존재를 무시하고 직장생활을 할 수 있는 길은 없다. 상사가 없는 회사는 존재하지 않고 존재할 수도 없기 때문이다. 상사는 피할 수 있거나 자기 마음대로 선택할 수 있는 사람이 아니다. 물론 상사를 이길 수 있다. 통쾌하게 한 방 먹일 수도 있다. 그러나 그것은 한순간일 뿐이다.

기본적으로 회사는 상사 편에 서게 된다. 상사는 부하직원에 비해 지식과 경험과 정보 면에서 앞서 있다. 대부분 업무능력을 인정받은 사람이다. 이들은 문제와 결점이 있더라도 다른 강점으로 회사가 원하는 성과를 만들어낸다. 따라서 웬만한 실수가 아니면 쉽게 자리를 뺏기지 않는다. 부하직원이 상사를 이기기 어렵다는 뜻이다. 그러니 상사와 대적하는 것은 결코 현명한 방법이 아니다. 백전백패는 아니더라도 백전구십패일 가능성이 크다.

물론 떠날 각오가 돼 있으면 대적할 수 있다. 상사의 문제를 정면으로 지적하고 잘못을 공개적으로 파헤칠 수 있다. 떠나기로 결심한 마당에 무슨 일인들 못할까? 경우에 따라서 이런 정면 대응으로 상사가 자기 잘못을 깨닫거나, 나쁜 상사를 직장에 더 이상 나오지 못하게 만드는 '쾌거'를 이룰 수도 있다. 그러나 최악의 상사 한 명을 제거했다고 직장생활이 활짝 펼까? 다음에 만날 상사는 존경할 수 있다고 장담할 수 있을까?

상사와 갈등 때문에 부서나 직장을 옮겼던 사람들은 대부분 회사도 상사도 다 거기서 거기라고 말한다. 나쁜 상사를 벗어나 좋은 상사를 만날 수 있다는 기대로 회사를 옮기고 부서를 바꿨지만 상황은 달라지지 않았다는 것이다. 어느 회사, 어느 부서에든 '팔뚝에 닭살 돋게 하는 아첨꾼' '공과 사를 구분하지 못하는 닭대가리' '또라이와 쌍벽을 이루는 제2의 또라이'는 존재한다. 여우를 피하려다 호랑이를 만난 직장인들도 적지 않다. 반대로 직장생활을 잘한다는 얘길 듣는 직원, 조직에서 인정받고 빠르게 승진하는 직원이 상사 험담을 하는 경우는 많이 보지 못했다.

두 그룹은 상사에 대한 관점이 근본적으로 다르다. 전자는 상사를 자신을 위한 존재라고 생각한다. 형이나 오빠, 언니처럼 여긴다. 그래서 자신에게 잘 대해주지 않는 상사는 문제가 있다고 생각한다. 자신이 무엇을 어떻게 하든 가만히 놔두는 상사만이 인격자다. 그러나 이렇게 생각하는 사람은 상사에게 '대책 없는 부하직원'일 가능성이 크다. 일도 잘 못하면서 불평불만만 늘어놓기 때문에 할 수만 있다면 내쫓고 싶은 존재다. 밉기만 한 부하직원에게 따뜻한 말이나 격려와 칭찬을 해줄 상사가 세상에 얼마나 될까.

이에 반해 후자는 기본적으로 상사를 성과를 이끄는 리더로 간주한다. 자신을 포함한 부하직원은 상사를 도와 성과를 만드는 존재다. 상사가 부하직원들을 배치하고 역할을 부여하는 것은 성과를 만들기 위한 조처일 뿐이다. 그 상사 역시 다른 상사의 부하이고 그의 지휘를 받아야 한다. 상사는 자기처럼 성과를 내야 하는 또 다른 의미의 직장인이다. 그가 부하직원을 힘들게 하는 것은 성과를 내기 위해서다. 이렇게 직장 스트레스의 근원은 상사가 아니라 직장의 구조나 업무 시스템이다. 한 사람의 문제로 치부할 수 없다. 따라서 누가 그 자리에 와도 정도의 차이가 있을 뿐 근본은 다르지 않다.

상사가 성공해야 나도 성공한다

직장인들이 상사와 갈등이나 스트레스를 줄이려면 상사에 대한 생각부터 바꿔야 한다. 상사가 나를 위해 무엇을 해줘야 하는지 생각하지 말고 상사를 도와 어떤 성과를 어떻게 내야 할지 고민해야 한다. 상사를 부하직원의 입장에서만 바라보지 말고 '상사가 성공해야 나도 성공한다'는 관점에서 대하도록 노력해야 한다.

세계적 경영학자이자 컨설턴트였던 피터 드러커는 "상사를 100% 파악해 그에게 맞추라"고 조언한다. 상사는 부하가 하기 나름이기 때문에 상사가 자신과 맞지 않으면 부하직원이 맞춰야 한다는 것이다. 아첨하고 비위를 맞추라는 게 아니라 성과를 얻을 수 있도록 진심으로 도우라는 얘기다. 피터 드러커는 "상사의 실적을 올려주라"고까지 말한다.

상사는 괴물도 악마도 아니다. 고의로 부하직원을 괴롭히는 보스는 거의 없다. 그럴 정도로 한가하지도 않다. 상사가 자신을 막 대하고 괴롭힌다면 거기에 반드시 이유가 있다. 그러니 먼저 왜 그러는지 이유를 파악해야 한다. 상사가 어떤 상황에 처해 있고 무엇을 원하는지 알아야 왜 자신을 그렇게 대하는지 가늠할 수 있기 때문이다. 더 나아가 상사를 깊이 이해하면 자연스럽게 그를 돕고, 그에게 애정 어린 조언을 할 수도 있다.

린다 힐 하버드대 교수는 "나쁜 보스 밑에서 적응하려면 먼저 자기 보스가 어떤 유형인지 알아야 하고, 내가 저 자리에 있다면 어떨까, 왜 저런 행동을 할까 따져봐야 한다"고 말한다. 나쁜 상사는 좋은 보스가 되는 법을 모를 뿐이며 보스 역시 나와 같은 평범한 사람이라는 것이다.

성공적인 직장생활을 해나가는 사람들은 대체로 상사와 좋은 관계를 맺고 있다. 그들도 처음부터 자신을 잘 대해주는 좋은 상사를 만났던 것은 아니다. 그들에게도 상사는 불편하고 부담스러운 존재였다. 그러나 그들은 상사를 도와 성과를 만들면서 그 과정에서 신뢰의 관계가 구축됐다. 자신을 돕는 부하직원을 외면할 상사는 없기 때문이다.

> 나쁜 상사는 부하직원의 문제를
> 제대로 지적하지 않는 상사다.

똥은 치울 수 없으면
피해야 한다

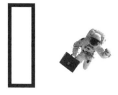

직장생활을 하다 보면 크고 작은 난관에 봉착하게 되는데, 이 난관 가운데 하나가 사람이다. 어쩌면 직장인들에게 가장 어려운 장애물이 사람일지도 모른다. 많은 직장인들이 "일보다 사람 때문에 힘들다"고 이야기할 만큼 직장에서 인간관계는 직장인들의 업무의욕과 성과에 지대한 영향을 미친다.

그런데 직장 내 인간관계 가운데 가장 어려운 것이 상사와 관계다. 오죽하면 "직장상사가 천사면 직장도 천국이고, 악마면 직장도 지옥"이라고 말할까.

직장의 만족도에 영향을 미치는 여러 요소 가운데 상사의 영향력이 압도적 1위를 차지한다. 직원에게 직속 상사는 회사나 업무 자체보다도 만족도에 더 큰 영향을 미친다. 아무리 회사가 좋고 직무가 적성에 맞아도 매일 얼굴을 보고 하루 중 가장 많은 시간을 함께 보내는 상사가 싫은데 무슨 소용이 있겠는가?

최근 사회적으로 문제가 됐던 서울남부지검 검사의 자살도 직속상사 때문이었다. 이 검사의 직속상사였던 부장검사는 수시로 막말을 했다. 술자리를 제대로 잡지 못했다고 뒤통수를 치고, 퇴근 뒤 술자리로 불러내 모욕을 줬다. 폭언과 폭행, 업무 외의 부당한 지시는 반년 가까이 하루가 멀다 하고 이어졌다. 상사의 인격모독과 괴롭힘이 얼마나 심했으면 서른셋의 젊은 엘리트 검사가 자살이라는 극단적 선택을 했겠는가.

나쁜 상사, 치울 수 없다면 피하는 것이 상책

직장인들에게 좋은 직장상사를 만나는 것은 가장 큰 행운이다. 반대로 나쁜 상사를 만나는 것은 최악이다. 나쁜 상사 밑에 있다면 제 아무리 유능한 직원이라도 오래 버티기 어렵다. 다른 부서로 옮기지 않으면 십중팔구 회사를 떠나게 된다. 특히 유능한 직원일수록 나쁜 상사 밑에 남아 있지 않는다.

어떤 조사를 보면 직장인의 90%가 상사 때문에 직장을 떠날 생각을 했다. 심지어 나쁜 상사는 부하직원을 아프게 만든다. 부하직원에게 굴욕감을 느끼게 하고 지치게 만든다. 2008년 스웨덴의 한 조사에 따르면 10년간 직장에서 상사의 관리를 잘 받지 못했다고 대답한 3,000명 가운데 20~40%가 심장병을 갖고 있었다.

그런데 좋은 상사를 만나기란 참 어렵다. 모든 행운이 그렇듯 확률이 높지 않다. 반대로 몇 십 년 동안 직장생활을 하면서 한두 번쯤 나쁜 상사를 만난다. 만약 나쁜 상사를 만났다면 직장생활의 최대위기에 직면했다고 봐야 한다. 어떻게 해야 할까?

결론부터 이야기하자면 정면으로 대응해 자신에게 피해를 주지 않도록 만들거나 최대한 부닥치지 않도록 피해야 한다. 똥은 치우거나 피해야지 가까이에 두고 적당히 지낼 일이 아니다. 나쁜 상사는 똥과 같다. 치울 수 없으면 피해야 한다. 잘못 건드렸다가 낭패를 당할 수 있기 때문이다. 그런 점에서 '나쁜 상사는 일단 들이받고 봐야 한다'는 생각은 매우 위험하다. '똥이 무서워서 피하나, 더러워서 피하지'라는 옛말을 가볍게 들을 일이 아니다.

잘못을 지적하는 상사가 좋은 상사

가끔 직장에서 섣불리 '똥상사'와 맞서려다 큰코 다친 사람들의 얘기를 듣는다. 이들은 한결같이 상사와 맞섰던 자신들의 '만용'을 후회했다. 쉽게 치울 수 있을 것이라고 생각하고 달라붙었다가 치우는 과정에서 만신창이가 돼 결국 직장을 떠났기 때문이다. 어떤 사람은 치우지도 못하고 망신만 당한 뒤 쥐 죽은 듯 지내고 있었다.

나쁜 상사는 정말로 단숨에 치울 수 있다는 확신이 없으면 차라리 피해야 한다. 직장생활을 오래 한 사람들은 "악질상사는 희귀동물 바라보듯 불쌍히 여기며 비위를 맞춰주는 게 좋다"고 권한다. 속이 터지더라도 꾹 참고 견뎌야 한다는 것이다. 시간과 에너지를 낭비하는 느낌이 들겠지만 부닥치지 않도록 멀리 피해 다니는 게 상책이다. 치울까, 아니면 피할까를 결정하는 기준은 순전히 비용이다. 따라서 어떤 것을 선택하는 게 비용이 덜 드는지를 잘 판단해야 한다.

그런데 상사가 똥인지 된장인지 구분하기가 어렵다. 자신의 직장상사가 본질적으로 나쁜지, 아니면 일시적으로 자신이 관계를 잘못 맺거나 상사의 언행을 잘못 해석해 나쁜 상사라고 착각하고 있는지 정확하게 판단하기가 쉽지 않다. 가끔 자신의 성장발전에 큰 도움을 줄 수 있는 보석 같은 상사를 똥상사로 잘못 판단해 후회하는 직장인들이 있다. 나중에 보니 자신의 성공에 관심을 갖고 배려하면서 최대한 도우려는 상사였고, 그의 밑에서 일하면 한 단계 도약할 수 있었는데 기회를 스스로 걷어찼다는 것이다. 그만큼 상사에 대한 판단은 결코 섣불리 내려선 안 된다. 힘들어도 지켜보면서 천천히 판단해야 한다.

구글의 임원이었던 킴 스콧이 구글에서 일하게 된 것은 하버드 대학교 경영대학원 동창생인 셰릴 샌드버그의 도움 덕분이었다. 스콧은 구글에 재직하고 있던 셰릴 샌드버그에 연락해 그의 조언을 듣고 구글에 이력서를 보냈다. 당시 회장이었던 에릭 슈미트는 스콧의 지원서를 보고 마음이 동해 그를 채용했다.

그런데 출근 첫날 킴 스콧은 상사를 대하고 매우 당황했다. 그의 직속상사는 다름 아닌 샌드버그였다. 더구나 샌드버그는 그를 살갑게 대하지 않는 듯했다. 한번은 스콧이 회장을 비롯한 회사의 최고경영자들에게 프로젝트 진행상황을 보고했다. 보고가 끝나자 에릭 슈미트 회장은 만족스러운 반응을 보였다. 스콧도 속으로 자신이 보고를 잘했다고 생각했다. 그러나 샌드버그의 평가는 달랐다. 샌드버그는 특히 그가 발표할 때 "음" 하는 군말이 많다며 고칠 것을 요구했다. 스콧이 대수롭지 않게 받아들이자 샌드버그는 "그런 소리를 낼 때마다 너는 너무 멍청해 보여"라고 독설을 퍼부으면서 스피치 강사에게 훈련을 받아 고치라고 지시했다.

스콧은 당황했다. 자신이 보고를 잘했다고 느꼈고 회장의 만족스러운 반응까지 확인한 상황이었다. 그런데 샌드버그는 모욕적인 표현까지 써가며 자신의 보고를 평가절하했다. 아무리 자신의 직속상사이고 입사에 도움을 준 대학원 동창이지만 너무한다는 생각이 들었다.

보통의 직장인이라면 샌드버그를 나쁜 상사로 규정했을 것이다. 그의 지적에 반발하면서 그의 조언에 귀를 닫았을 가능성이 크다. 그와 관계를 재정립하고 그와 맞서거나 홧김에 회사를 뛰쳐나왔을지도 모른다. 그러나 스콧은 샌드버그의 지적이 자신을 보살피려는 마음에서 비롯됐다고 생각했다. 그는 샌드버그의 권유대로 스피치 강사의 교육을 받아 발표습관을 고쳤다. 그는 이것을 계기로 샌드버그를 훌륭한 상사의 표상으로 삼기로 했다.

샌드버그처럼 부하직원의 문제점을 지적하고 개선을 요구하는 상사를 나쁜 상사로 취급하는 부하직원들이 적지 않다. 자신을 잘 대해주지 않는다는 이유만으로 상사를 똥으로 간주하는 것이다. 그렇게 한번 나쁜 상사로 규정하고 나면 그때부터 그의 모든 언행은 부당한 것이 되고 만다. 고정관념이 만들어진 것이다.

그러나 더 나쁜 상사는 부하직원의 문제를 제대로 지적하지 않는 상사다. 그런 상사 밑에서 일하면 편할지는 몰라도 성장하기 어렵다. 자신의 문제가 무엇인지 알 수 없기 때문에 개선할 수 없다. 배우는 것도 없고 성과도 내지 못한다. 스콧도 "만약 샌드버그가 내게 솔직하게 지적해주지 않았다면 나는 내 잘못을 아직 고치지 못했을 것"이라고 말한다. 그의 직설적인 지적을 받고서야 자신의 문제점을 바로 볼 수 있었고 개선해야겠다고 생각하게 된 것이다.

나와 관계가 나쁘다고 나쁜 상사는 아니다

직장생활을 하다 보면 정말 나쁜 상사를 만날 때가 있다. 소름이 끼칠 정도로 모질고 악독한 상사도 있다. 떠난 지 한참이 지났는데도 그를 생각하면 숨이 막히고 기분이 나빠지는 상사가 영화에만 등장하는 게 아니다. 그러나 꼼꼼히 따져보면 그렇게 나쁜 상사는 드물다. 사람들이 함께 모여 일하는 직장의 특성상 그렇게 나쁜 사람은 자리를 유지하기 어렵다. 따라서 직장인들이 이야기하는 나쁜 상사는 대개 자신하고만 나쁜 관계를 맺은 상사일 가능성이 크다. 본성이 나쁜 사람이라기보다 자신과의 관계가 꼬였을 뿐이다. 이런 상사는 다른 사람들로부터 좋은 평가를 받기도 한다. 그들과 관계는 나쁘지 않기 때문이다.

이것은 직장인들이 이야기하는 나쁜 상사란 대부분 관계를 맺는 사람이 누구냐에 따라 달라지는 상대적 존재라는 뜻이다. 그 상사가 나쁜 게 아니라 자신과 관계가 나쁠 뿐이고, 자신이 그를 본성이 그릇된 악질상사로 규정했을 뿐이다. 그리고 그렇게 관계를 맺게 된 원인도 상당 부분 자신에게 있다. 직장에서 상사와 관계가 나쁜 것은 상사보다 부하가 나쁜 경우가 많다.

따라서 어떤 상사를 나쁜 상사로 규정하기 전에 그 사람의 본성이 나쁜 것인지, 아니면 단순히 그와 관계가 나쁜 것인지 따져볼 필요가 있다. 또한 나쁜 관계의 원인이 자신에게 있는 것은 아닌지 냉정하게 생각해봐야 한다. "내가 너의 이름을 부르기 전에 너는 하나의 몸짓에 지나지 않았다"는 김춘수의 시구처럼 원래 나쁜 상사가 아니라 관계가 나빠지면서 그를 나쁜 상사로 규정한 것인지도 모른다. 관계란 얼마든지 개선할 수 있으므로 관계가 악화한 원인이 사라지면 나쁜 관계는 금방 바뀐다. 상사와 관계가 개선된다면 나쁜 상사도 좋은 상사로 바뀔 수 있다는 얘기다.

하나 덧붙이자면 직장에서 착한 상사가 반드시 좋은 상사는 아니다. 오히려 착한 상사는 무능한 상사일 가능성이 크다. 부하직원에게 좋은 소리만 하면서 업무를 제대로 할 수 있을까? 오히려 쓴소리를 하는 상사가 좋은 상사일 수도 있다. 스콧도 상사로서 자신의 실패 경험을 고백한 적이 있다.

"좋아하는 직원을 하나 데리고 있었는데 그의 업무능력은 상당히 떨어졌다. 그렇지만 나는 그가 성과가 부진해 걱정할 때마다 그를 안심시켰다. 기분이 상할까 봐 한 번도 그의 무능력을 지적하지 않았다. 그런데 결국 나는 그를 해고해야 했고, 회사를 떠나는 그로부터 왜 내게 솔직하게 이야기해주지 않았느냐는 원망을 들어야 했다."

66

동맹은 상호 이익이 있고,
관계를 맺는 조건이 확실하며,
독립적 주체일 때
성립되고 유지된다.

99

가족 같은
회사에 대한 환상

'가족 같은 회사.'

상상만 해도 흐뭇하다. 얼마나 멋진가. 임원들은 아버지나 어머니처럼 따뜻하게 나를 감싸주고 직속 상사는 형이나 언니처럼 나를 보살펴줄 것 같다. 이런 회사가 있다면, 이런 회사에 다니고 있다면 얼마나 행복할까? 업무에서 실수를 하거나 성과가 부진해 상사로부터 질책을 받은 날이면 더욱더 가족 같은 회사를 떠올리게 된다. 상처를 어루만져주고 어려움을 덜어주는 상사가 한없이 그립다. 가족 같은 회사에서 형과 동생 같은 관계로 편안한 분위기 속에서 일할 수는 없을까?

직원들만 이런 생각을 하는 게 아니다. 가끔 "우리 회사는 가족 같은 회사"라고 기업문화를 자랑하는 경영자들을 만나게 된다. 직원들이 가족 같은 분위기에서 일하고 있다고 설명하면서 사람들에게 입사를 권유하는 경영자들도 있다. 이들은 직원들을 가족처럼 대하기 때문에 직원들의 근무 만족도가 높다고 자랑한다. 언론도 '가족 같은 회사'를 정과 인간미가 넘치는 곳으로 묘사한다. 그런 회사를 이끄는 경영자는 따뜻한 경영자로 평가받는다. 많은 예비 경영인들이 훗날 기업가가 되면 가족 같은 회사를 만들겠다고 생각한다.

회사는 가족이 아니다

이렇게 가족 같은 회사는 경영자나 직원 모두가 동경한다. 그런데 정말 가족 같은 회사는 직원들의 만족도가 높을까? 직원들은 성과를 잘 내고 회사는 잘 성장할까? 결론부터 말하면 그렇지 않다. 유감스럽게도 실제 상황은 정반대다. 가족 같은 회사를 표방하는 회사 직원들의 만족도는 높지 않고 성과도 부진하다. 성장이 정체돼 시장에서 퇴출되는 기업이 적지 않다.

이유는 간단하다. 가족과 회사는 목적과 운영 원리가 근본적으로 다르기 때문이다. 회사는 19세기 독일 사회학자 페르디난트 퇴니스가 제시한 '게젤샤프트'에서 출발했다. 구성원의 이익을 위해 계약으로 구성된 이익공동체라는 뜻이다. 반면에 가족은 '게마인샤프트'다. 혈연이나 지연과 같은 인연에 의해 구성된 공동체다.

이렇게 회사와 가족은 본질적으로 다른 집단이다. 따라서 '회사는 또 하나의 가족'이라는 주장은 시대착오적이다. 가족 구성원들이 사랑을 기반으로 서로에게 무한의 책임을 지고 있다면, 회사 직원들은 이익을 토대로 각자 한정된 책임을 질 뿐이다. 따라서 이익과 책임의 균형이 깨지면 관계는 금방 무너진다.

가족 같은 회사에서 직원들은 경영자와 동료가 자신을 보호하고 관용을 베풀기를 기대한다. 경영진들도 보상에 인색하지 않고 늘 솔선수범한다. 직원들이 자식이니 그렇게 행동하지 않는 게 오히려 이상하다. 당연히 직원들은 그런 경영진을 존경한다. 가족이라면 응당 기대할 법하다. 그렇다면 경영진이나 상사의 입장은 어떨까? 십중팔구 직원들이 업무를 자기 집안일처럼 생각하길 기대할 것이다. 집안일인데 소홀히 할 리 없기 때문이다. 열심히 하니 성과도 나쁠 수 없다.

유감스럽게도 현실은 그렇지 않다. 정반대인 경우도 허다하다. 특히 기업의 경영상황이 나빠지면 기업 구성원들은 서로에게 희생과 양보를 기대한다. 경영진은 사정이 좋아질 때까지 직원들이 고통을 분담하길 원한다. 보상이나 복리후생이 후퇴하는 것을 감수하면서 성과를 개선하기 위해 업무에 더 많이 투입할 것을 기대한다. 가족이니까 그 정도의 희생과 헌신을 요구하는 것은 당연하다. 반대로 직원들은 경영상황이 나빠져도 회사가 보상이나 복리후생만큼은 최대한 유지해주길 원한다. 경영진들이 부모처럼 헌신하고 희생해서 빨리 상황을 타파하길 바랄 뿐이다.

이렇게 기업의 경영상황이 악화하기 시작하면 기업의 구성원들은 각자 자신들의 이익을 지키는 데 관심을 쏟게 된다. 경영상황이 나빠질수록 구성원들은 상대방이 이익을 양보하길 기대할 뿐 자신의 이익이 침해를 당하는 것을 싫어한다. 그러다 이익이 훼손돼 책임과 균형이 흔들리면 직원들은 회사를 떠나거나 회사가 직원들을 내보내는 방식으로 헤어진다.

가족 같은 회사는 없다

'가족 같은 회사'는 대개 중소기업에서 듣는 말이다. 가족 같은 분위기는 직원들 사이의 유대감이 좋은 작은 회사에서나 가능한 얘기다. 그러나 최근 조선이나 해운, 철강, 석유화학, 건설, 중공업 같은 제조업에서 벌어지는 일들은 한국을 대표하는 제조 대기업들이 아직도 가족 같은 회사를 벗어나지 못했음을 보여주고 있다. 덩치는 한참 커졌지만 여전히 창업 초기의 가족 같은 분위기가 기업 내부에 남아 있었고, 이것이 회사를 위기에 처하게 만든 중요한 요인이기도 했다.

다시 말해 이미 침몰했거나 현재 침몰 위기에 직면해 있는 한국기업들에는 책임과 권한을 냉정하게 따지는 합리적 문화가 자리 잡지 못한 것이다. 가족경영이 이어지다 보니 경영자들은 적자가 심화하는데도 원망을 들을까 봐 임직원을 내보내지 못했다. 직원들도 가족 같은 동료에 대한 배신이라고 생각해 다른 직장으로 옮기지 못했다.

경영사정이 악화한 기업의 경영진과 직원의 관계는 참 냉랭하다. 경영진은 회사가 얼마나 잘해줬는데 이런 상황에서 고통분담을 거부할 수 있느냐고 배신감을 토로한다. 반대로 직원들은 우리가 얼마나 고생했는데 상황이 조금 나빠졌다고 이렇게 대접할 수 있느냐고 분개한다. 서로에게서 경영악화의 원인을 찾으며 상대방에게 책임을 추궁한다. 이는 가족이라면 찾아보기 어려운 분위기다.

가족과 기업은 목적과 운영원리가 다르다. 따라서 가정에서 가족을 기업의 임직원들처럼 대할 수 없듯 기업에서도 임직원들이 서로를 부모나 형제처럼 대하면 안 된다. 집안일을 회사 업무처럼 처리할 수 없는 것처럼 회사 업무를 집안일같이 다룰 수 없다. 책임과 권한이 분명하지 않고 성과와 보상이 명확하지 않은 기업은 성장할 수 없다. 가족 같은 기업이 세계적 대기업으로 발전하지 못하는 것은 당연하다. 친구 사이의 동업이 대부분 깨지고, 동창회나 종교단체가 운영하는 기업이 성장의 한계에 직면하는 것도 이 때문이다. 친구나 친목단체가 갖고 있는 특성이 합리적 기업 문화 정착을 어렵게 만드는 것이다.

그런 점에서 링크드인 창업자 리드 호프만의 얘기는 새겨들을 만하다. 그는 "가족 같은 회사는 없다"고 단언한다. 그는 예비 창업자들에게 "스타트업은 좋은 팀을 만드는 것이 무엇보다 중요하다"면서 "그러려면 회사를 가족처럼 운영하지 말아야 한다"고 강조한다. 가족이 아니라 스포츠구단처럼 운영하라는 것이다. 그는 "회사를 키우려면 절대 가족같이 운영하면 안 된다"고 설명한다. 프로구단이 우승하기 위해 끊임없이 유능한 선수들을 영입하는 것처럼 회사도 좋은 성과를 내려면 '가족처럼' 지낼 사람이 아니라 유능한 인재를 모아야 한다는 얘기다. 그러면서 자신의 저서 『Alliance』에서 회사는 가족이 될 수 없는데도 경영자나 직원 모두 거짓말을 하고 있다고 주장한다. 회사는 직원의 충성심을 요구하면서 그 대가로 고용보장은 약속하지 않는다. 직원들도 애사심을 내세우지만 더 좋은 기회가 생기면 뒤도 돌아보지 않고 회사를 옮긴다. 그런데도 양쪽은 가족 같은 회사라는 거짓말로 관계를 맺고 있기 때문에 회사와 직원 모두 안 좋은 상황에 처하게 된다. 회사는 능력 있는 직원들을 잃고, 직원은 자신의 능력을 100% 발휘할 수 없게 된다. 그는 따라서 회사와 직원의 관계를 '동맹'의 개념으로 봐야 한다고 주장한다. 동맹은 상호 이익이 있고, 관계를 맺는 조건이 확실하며, 독립적 주체일 때 성립되고 유지된다.

우리는 팀이지, 가족이 아니다

호프만의 주장은 한국인의 관점에서 보면 참 인간미가 없다고 느껴진다. 그러나 이것이 솔직한 말이다. 우리 주변에 가족 같은 회사라고 말하면서 무자비하게 직원을 해고하거나 직원의 미래에 무관심한 기업이 얼마나 많은가? 가족 같은 회사라고 입버릇처럼 말하다가 더 많은 연봉을 찾아 불나방처럼 날아간 직원들이 부지기수 아닌가? 따라서 회사는 성과를 위해 직원의 업무능력이 필요하고, 직원은 자신의 성취를 위해 직장을 다니고 있다고 터놓고 말하는 게 좋다. 가족이랍시고 직원들에게 적은 연봉에 야근과 특근을 요구하거나, 가족이라며 특별한 대우를 요구하다 훌쩍 회사를 옮기는 행동을 줄이려면 좀 더 솔직해야 한다.

미국 온디맨드 비디오 스트리밍 서비스의 선두 기업인 넷플릭스(Netflix)는 "우리는 팀이지, 가족이 아니다(We're a team, not a family)"라고 분명하게 밝히고 있다. 가족 같은 사적 관계가 아니라 공적 관계가 더 효율적이라고 믿고 지향한다는 것이다.

회사와 직원은 계약을 맺고 있지만 '이익공동체'로 이익을 공유한다. 이익은 단지 금전적인 것만이 아니다. 회사는 직원에게 일을 주지만 그 일에 얼마나 최선을 다할지는 전적으로 직원에게 달려 있다. 또 자기 일에 최선을 다하는 것은 회사에만 이득이 되는 게 아니다. 직원들도 자부심과 성취감, 자신감을 갖게 된다. 회사가 직원들에게 좋은 업무 여건을 제공하기 위해서 최선을 다하는 것도 회사의 이익뿐 아니라 직원 개개인에게도 도움이 된다.

다시금 강조하지만 세상에 가족 같은 회사는 없다. 가족과 회사는 목적이 너무 다르기 때문에 같은 운영원리를 적용할 수 없다. 이익창출을 목적으로 하는 기업에서 가족 같은 분위기를 기대한다는 것은 모순이다. 따라서 조금 팍팍하고 인간미가 부족해 보여도 직원들은 자신의 성과에 합당한 보상을 받고 기업은 직원들의 보상에 맞는 수준으로 업무를 맡겨야 한다. 특히 직원들은 가능하다면 성과와 보상, 권한과 책임이 분명한 기업에서 일해야 한다. 그래야 만족도가 높아지고 개인의 성장과 발전을 기대할 수 있다.

PART 02

직장수업

그래 봤자 직장, 그래도 직장!

66

내가 선택한 직장에
가치를 부여하고
내 인생의 가치로 받아들이면
그 시간은 고스란히
내 인생이 된다.

99

그래 봤자 직장,
그래도 직장!

"그래 봤자 바둑."

재일교포 프로 바둑기사인 조치훈 9단이 한 말이다. 바둑 한 판 이기고 지는 것은 세상에 아무런 영향을 미치지 않는다. 당연히 아무도 알아주지 않는다. 이기면 짜릿하고 지면 우울할 뿐이다. 그러니 바둑에 죽기 살기로 매달리는 것은 어리석다. 목숨을 거는 것은 정말 바보 같은 짓이다.

"그래 봤자 직장."

직장생활을 하다 보면 이런 생각이 들 때가 있다. 입사한 지 몇 년이 지나면 좁디좁은 취업문을 뚫고 진입했다는 안도감, 그리고 낯선 환경으로 인한 불안감에서 벗어나게 된다. 그런데 직장생활에 익숙해지기 시작하면 조금씩 매너리즘에 빠진다. 이런 상황에서 야근이나 주말 근무에 상사의 부당한 업무지시까지 겹치면 '이렇게까지 해가며 직장을 다녀야 하나'

라는 회의에 빠지게 된다. 아무리 열심히 해도 알아주는 사람이 없고 몇 번씩 개선을 요청해도 반영되지 않는 직장은 구성원들을 무기력하게 만든다. 많은 직장인들이 "그래 봤자 직장"이고 "그래 봤자 회사"라는 자조적 푸념으로 자신들의 한계를 토로하곤 한다.

나는 사람들이 직장에 너무 얽매일 필요가 없다고 생각한다. 어떤 직장인들은 회사를 자신의 전부인 것처럼 여긴다. 그러다 보니 회사에서 벌어지는 작은 사안에도 크게 휘둘린다. 외부 사람들이 보면 별것 아닌 문제인데도 전전긍긍하는 경우가 많다. 이들을 보면 그렇게까지 직장생활에 아등바등할 필요가 있을까 싶은 생각이 든다. "그래 봤자 직장" 아닐까? 만약 부닥친 문제가 너무 복잡하고 풀기 어렵다면 회사를 옮기면 그만 아닐까? 회사의 모든 문제를 떠안고 즐거움이 하나도 없는 표정을 지어가며 직장생활을 계속할 필요가 없다는 얘기다. 직장은 한 곳만 있는 게 아니다. 셀 수 없이 많다. 또 직장을 떠난다고 죽는 것도 아니다. 그러니 가능성이 없다면 떠나는 것도 방법이다.

그래 봤자 바둑, 그래도 바둑!

"그래도 바둑."

바둑은 일반인들에게 별 의미가 없을지 몰라도 조치훈에게 가장 소중한 존재였다. 세상 사람들이 뭐라고 생각하든 바둑은 그에게 전부나 마찬가지였다. 그가 바둑 없이 사는 것은 상상도 할 수 없다. 그의 삶에서 바둑을 빼놓고 할 얘기도 별로 없다. 그런 점에서 그가 바둑 한 판 한 판에 열과 성을 다하는 것은 충분히 이해할 만했다.

그러나 그런 사정을 감안해도 일본인들은 조치훈이 종종 "바둑을 둘 때 목숨을 건다"고 말하는 것을 받아들이기 어려웠던 모양이다. 지금도 그렇지만 당시 일본에서 재일교포는 주류사회에 진입하지 못한 채 주변을 맴도는 존재였다. 그래서 그가 목숨 운운하는 것에 대해 일본인들은 "바둑 조금 잘 둔다고 시건방지다"는 부정적 시각으로 바라봤다. 그런데 이런 시각은 한순간에 바뀌었다.

1986년 1월 《요미우리신문》이 주최하는 기성전 대국을 열흘 앞두고 조치훈은 심각한 교통사고를 당했다. 오른쪽 다리의 정강이뼈가 부러지고 왼쪽 다리와 왼쪽 손목에 골절상을 입은 전치 25주의 중상이었다. 그러나 조치훈은 혼수상태에서 깨어난 뒤 대회에 참가하겠다는 뜻을 밝혔다. 의사가 만류했으나 그는 생각을 바꾸지 않았다. 그는 총 일곱 번의 대국 가운데 첫 번째 대국은 기권패했지만 두 번째 대국에서 완승했다. 왼팔과 몸에 깁스를 하고 붕대를 감은 채 휠체어에 앉아 바둑을 두면서도 그는 초인적인 집중력을 발휘했다.

기성전에서 4 대 2로 지긴 했지만 '휠체어 대국'으로 불릴 만큼 바둑을 대하는 그의 자세는 사람들에게 강한 인상을 남겼다. 그가 왜 바둑을 둘 때 목숨을 건다고 이야기하는지 알게 된 것이다. 당시 일반인들에게 기성전은 신문사들이 주최하는 여러 바둑대회의 하나였다. 바둑계 인사들에게도 수많은 바둑대회 가운데 하나에 지나지 않았다. 일반인늘 눈에 비친 기성전 대국은 그가 건강과 바꿀 만큼 심각한 것이 아니었다. 그러나 기성전 타이틀 보유자인 조치훈은 그 대국을 결코 포기할 수 없었다. 그는 당시 이렇게 말했다.

"무슨 일이 있어도 나는 바둑을 둘 것이다. 기권이란 없다. 기권하느니 차라리 바둑판 앞에서 죽겠다. 나의 머리와 두 눈, 오른팔은 멀쩡하다. 이것은 바둑을 두라는 하느님의 계시다."

모두가 조치훈이 기권할 것이라고 생각했지만 그는 보란 듯 대국장에 나타났고 매 대국마다 최선을 다했다. 당시 도전자인 고바야시도 그의 투혼을 높이 사면서 이렇게 말했다.

"나는 졌다. 그를 꺾지 못했다. 나는 영원히 이 부끄러운 승리 때문에 괴로워할 것이다."

그래 봤자 월급쟁이, 그래도 직장인!

———

"그래도 직장."

직장생활의 매너리즘은 회의감으로 이어져 자존감마저 흔든다. 특히 30대 중반이 될수록 이런 상황은 더 심해져 업무의욕을 잃는 상황으로 번지기도 한다.

"그래 봤자 직장인데 전전긍긍할 게 뭐람. 적당히 하자. 그러다 문제가 생기면 직장을 옮기면 된다. 회사에 충성하고 업무에 매진한다고 해서 나에게 남는 게 없지."

정말 그런가? '그래 봤자 직장'이지만 '그래도 직장'이지 않을까?

가끔 직장생활을 너무 가볍게 생각하는 사람들을 접하게 된다. 직장을 일한 대가로 월급을 받는 곳으로만 바라보는 것이다. 현대인들에게 직장은 자신의 가치를 실현하고 행복한 삶을 유지하는 데 없어서는 안 될 존재다. 그런데도 일부 직장인들은 삶의 중심을 직장 밖에 두면서 직장은 그런 활동에 필요한 것을 얻는 보조적인 것으로 여긴다. 이들은 가족이나 종교단체, 봉사단체 같은 친목단체를 자기 삶의 근거지로 삼는다. 업무를 제외하면 가급적 회사의 다른 일에 얽히지 않으려 한다. 이들에게 직장의 주인은 대주주나 경영자 혹은 임원과 간부다. 자신은 그냥 일해주고 월급을 받는 사람일 뿐이다.

얼핏 보면 이렇게 하는 것이 직장생활을 잘하는 방법처럼 보인다. 우선 회사 내의 문제에 관여하지 않고 책임을 지지 않으니 스트레스가 적다. 또 자신에게 주어지는 일만 하기 때문에 자기가 하고 싶은 일을 할 수 있는 여유도 있다. 문제는 이렇게 직장생활을 계속하면 뒤처질 수밖에 없고 어느 정도 시간이 지나면 그만두게 된다는 점이다. 그런 사람을 계속 고용하는 기업은 없기 때문이다. 나는 아직까지 그런 가치관을 갖고 있는 사람들이 직장생활을 잘하고 오래 하는 경우를 보지 못했다.

사람이 어떤 일에 집중하면서 그 일의 중심에 서려는 것은 그 일이 가치가 있다고 믿기 때문이다. 가치에 대한 확신은 수많은 어려움을 극복하는 데 필요한 핵심 에너지다.

직장생활에 잘 적응하지 못하고 업무에서 좋은 성과를 내지 못하는 직장인들 가운데 상당수는 직장의 가치를 잘 모르거나 인정하지 않는다. 가치를 못 느끼는 일에 시간을 보내고 관심을 쏟는 사람은 없다. 직장의 가치를 소중하게 생각하지 않는다면 자기 생활의 중심을 직상에 두기 어렵다. "그래 봤자 너는 월급쟁이일 뿐이야"라는 자기비하에서 벗어날 수도 없다. 자신이 직장에서 최선을 다하고 있다는 사실에 의미를 두지 않는 직장인에게서 성과를 기대하는 것은 어불성설이다.

내가 가치를 추구하는 곳은 직장일 수밖에 없다

직장이 무슨 가치가 있느냐고 치부해버리는 사람들은 직장에서 보내는 시간만큼 인생을 허비하는 것이다. 반면 내가 선택한 직장에 가치를 부여하고 내 인생의 가치로 받아들이면 그 시간은 고스란히 내 인생이 된다.

조치훈 9단이 교통사고로 몸을 가누지 못할 상황에서도 깁스를 한 채 휠체어를 타고 대국장에 나타난 것은 그가 바둑에서 자기 삶의 가치를 찾았기 때문이다. 그래서 남들이 "그래 봤자 바둑"이라고 이야기하더라도 자신은 "그래도 바둑"이라고 생각한다. 그가 매번 바둑을 둘 때 목숨을 걸 정도로 열과 성을 다하는 것도 이 때문이다. 누가 뭐래도 그에게 바둑은 자기 삶이고, 자기 세상이고, 자기 일이다. 누가 알아주고 인정해주지 않아도 자신이 소중하고 가치가 있다고 생각하기 때문에 대국이 끝나면 탈진할 정도로 바둑에 열정을 쏟는 것이다.

물론 조치훈이 바둑에 가치를 부여하는 것과 똑같이 모든 직장인들이 직장생활에 가치를 두라고 얘기하는 것은 억지스럽게 느껴진다. 그러나 현재의 직장이 아무리 자신의 의지만으로 선택한 게 아니더라도 직장을 소중하게 생각하지 않는다면 직장생활은 어렵고 힘들고 지겨울 수밖에 없다.

세상에 순수하게 자신의 의지만으로 결정했다고 할 수 있는 일이 과연 얼마나 될까? "직장생활은 내 의지와 무관한 것이어서 가치를 둘 수 없고 최선을 다할 필요가 없다"라고 말하는 것은 변명에 불과하다. 누가 뭐래도 현재 다니고 있는 직장은 자신이 선택한 것이다. 남이 강요한 게 아니다. 궁극적 최선은 아니더라도 차선이라고 생각해 스스로 내린 자신의 결정이다.

　많은 직장인들이 고된 업무, 상사나 동료의 비수 같은 말 때문에 힘들어한다. 직장생활에 회의를 느끼거나 한없이 초라한 자신의 모습에 낙담하기도 한다. 그래도 우리는 직장생활을 적당히 할 수 없다. 조치훈에게 가치를 실현하는 곳이 바둑이었다면, 직장인들이 자신의 가치를 추구하는 곳은 자신이 몸담고 있는 직장이기 때문이다. 직장만이 가치를 추구하는 곳은 아니지만, 직장생활에 가치를 부여해야 내 삶이 쌓일 수 있다. 조치훈처럼 목숨을 걸지는 않더라도 직장생활에 최선을 다해야 자기 바둑을 후회 없이 끝낼 수 있다.

66

회사의 평가 기준에 따라
생각하고 행동하는
직원이 좋은 점수를 받는다.

99

나는 몇 점짜리
직원인가

기업마다 인사고과 철이 되면 사내 분위기가 묘해진다. 직원들은 인사고과에 민감하게 반응한다. 연봉과 성과급, 승진이나 직책, 직무에 직접 영향을 미치기 때문이다. 한 해 업무성과에 대한 평가이자 앞으로 업무, 사내 위상이나 진로에 큰 영향을 주는 인사고과에서 마냥 자유로운 사람은 많지 않을 것이다.

인사고과가 끝나면 십중팔구 여기저기서 불만의 목소리가 터져 나온다. 인사고과의 부당함이나 상사의 불공정한 평가를 성토하는 글이 온라인상에 줄지어 올라오기도 한다.

"나는 최선을 다했고 상당한 성과를 거뒀다. 그런데 인사고과는 예상 밖이다."

"크게 잘못한 게 없는데 내 평가는 왜 항상 바닥일까?"

"내 동료는 적당히 일하고 성과도 별로인데 내가 그 사람보다 나쁜 평가를 받은 이유를 모르겠다."

그런데 이런 반응은 인사고과 시기에만 나오는 게 아니다. 많은 직장인들이 왜 자신을 몰라주는지 답답해한다. 특히 업무지식과 경험이 쌓이면서 업무의욕이 높아진 30대 직장인들은 자신의 가치와 성과를 몰라주는 상사와 조직에 심하게 답답함을 느낀다.

'왜 저 사람이 먼저 승진하지? 내가 저 사람보다 못한 게 뭐야?'

이런 의문은 자신의 능력을 알아주지 않고 성과를 인정해주지 않는다는 불만과 뒤엉켜 업무의욕을 떨어뜨린다. 어떤 이들은 자기 스스로에게 내리는 평가와 타인의 평가가 다른 것 때문에 힘들어하다가 회사를 떠나기도 한다.

내가 남보다 유능하다는 착각

사람들은 자기 자신을 잘 안다고 생각한다. 그러나 그렇지 않은 경우도 많다. 스스로를 가장 잘 알고 있는 사람은 자신이지만 가장 모르는 사람도 자기 자신이다. 자신에 대한 평가 때문에 고민하는 사람들 중 상당수도 이렇게 스스로를 잘 모른다. 착각하는 것이다. 그러다 보니 스스로 생각하고 있는 자신과 남들이 보는 자신 사이의 괴리가 크다. 이들은 자신의 업무능력이 뛰어나고 열심히 노력해 많은 성과를 냈으며 잘못한 적이 없다는 주장을 펼친다. 그런데 자세히 살펴보면 이들의 주장이 사실과 다른 경우가 많다. 그렇게 믿고 싶고 그런 평가를 간절히 원하다 보니 자신도 모르게 다른 평가를 내리고 있는 것이다.

헤드헌팅회사에서 인재를 평가하고 추천하는 일을 하다 보니 직장인들이 이와 같은 착각에서 벗어나도록 도와야 할 때가 종종 있다. 현실을 정확하게 파악하라는 뜻에서 냉정하게, 때론 집요하게 이런 질문을 던진다.

"당신은 정말 남들에 비해 유능한가?"

"당신은 동료보다 열심히 했고 훨씬 많은 성과를 거뒀나?"

"당신은 전혀 잘못한 것이 없나? 설령 잘못했어도 심각한 수준이 아니어서 넘어갈 수 있는 정도인가?"

"당신은 누가 봐도 90점, 아니 100점짜리 직원인가?"

심리 치료사인 매릴린 케이건과 닐 아인번드는 『내가 말하는 진심, 내가 모르는 본심』이라는 저서에서 대부분의 사람들은 스스로 생각하는 만큼 그렇게 진실하지도, 친절하지도 않다고 말한다. 그런데도 사람들이 그렇게 생각하는 것은 진실을 목격했을 때 상처받을 마음을 보호하려는 '방어기제(defense mechanism)'가 작동하기 때문이라는 것이다.

방어기제는 사람들을 착각에 빠지게 하는 요인 중 하나다. 자신의 능력과 성과를 과대평가하고 잘못과 약점은 과소평가하도록 왜곡한다. 상황을 자신에게 유리하게 인식하고 해석해서 착각을 조장하는 것이다.

방어기제는 정신분석의 창시자인 지그문트 프로이트가 만들고 그의 딸인 안나 프로이트가 체계화한 개념이다. 인간은 자신이 위협받거나 상처받을 상황에 맞닥뜨리면 무의식적으로 자신을 속이거나 상황을 다르게 해석해 자신의 마음을 보호한다는 것이다.

방어기제 가운데 대표적인 것이 부정과 합리화다. 부정은 사실을 있는 그대로 받아들이기 힘들 때 인정하지 않으려는 태도다. 애써 보거나 들으려 하지 않고 지각한 것을 왜곡해서 회피한다. 지각하더라도 인지하는 과정에 공상이 들어가 현실을 다르게 받아들인다. 합리화는 자존심이 상하거나 죄책감을 느끼지 않으려고 현실을 왜곡하는 것이다. 원하는 행동을 하지 못하고 원하는 결과를 얻지 못했을 때, 그럴듯한 이유를 찾아내 상처받는 것을 방지한다. 이솝 우화 「여우와 신 포도」에 등장하는 여우처럼 생각하고 행동하는 것이다. 간절히 바라는 것을 이루기 어려운 상황에서는 그것의 가치를 낮추고, 인정하고 싶지 않은 것을 인정해야만 하는 상황에서는 그 가치를 높이기도 한다.

이 같은 방어기제는 무의식적으로 일어나는 현상으로 의도적인 망각이나 거짓말, 변명과 다르다. 외부 상황을 접할 때 생기는 심리적 상처를 줄이고 갈등에 잘 적응하도록 하기 때문에 심리학자들은 정신건강에 도움을 준다고 말한다. 그러나 방어기제는 갈등 자체를 바꾸는 것이 아니라 자신을 속이고 관점만 다르게 만들기 때문에 사회생활에 적응하기 어렵게 만들기도 한다. 따라서 직장인들은 방어기제가 지나치게 작동해 착각에 빠지지 않도록 경계할 필요가 있다.

나를 평가하는 것은 회사이지, 내가 아니다

———

직장생활에서 착각에 빠지는 것을 피하는 방법 중 하나는 회사의 평가기준을 정확하게 이해하는 것이다. 착각의 상당 부분은 평가기준이 다른 데서 비롯된다. 내가 생각하는 것과 남들이 생각하는 평가기준이 다르면 당연히 평가결과도 달라진다. 업무능력과 성과에 비해 평가가 나쁘다고 착각하는 직장인들 중 일부는 평가기준을 자기 마음대로 정한다. 회사에 임직원 평가기준이 있는데, 이 기준이 아니라 자신이 생각하는 기준으로 평가하는 것이다.

이런 사람들은 회사가 뭐라고 생각하든 관계없이 자기 마음대로 생각하고 행동하는 경향이 있다. 자기가 판단하는 대로, 혹은 자기에게 유리한 대로 움직인다. 예를 들어 성실성이 중요하다고 강조하고 있는 회사에서 "성실이 뭐가 중요해, 창의성이 중요하지"라며 창의성 중심으로 행동하는 식이다. 이럴 경우 회사를 위해 열심히 일했고 일정한 성과를 거뒀더라도 조직에서 좋은 평가를 받기 어렵다.

대입 논술시험 강사들이 수험생들에게 입이 닳도록 하는 얘기가 있다. "논술시험은 자기 생각을 쓰는 게 아니라 출제자가 원하는 답을 쓰는 것이다." 글을 잘 쓰는 학생들이 생각보다 좋은 점수를 받지 못하는 것도 이 점을 간과하기 때문이다. 경험이 많은 강사들은 글을 매끄럽게 쓰고 설득력 있게 논리를 전개하기보다 우선 출제자가 무엇을 원하는지에 관심을 집중해야 한다고 역설한다. 세계적 피겨스케이팅 선수들은 어떻게 구성하고 연기해야 높은 점수를 받는지를 잘 알고 있다. 채점 기준을 명확히 알고 있기 때문에 그 기준에 맞춰 연습한다. 자기 마음대로 연습하고 경기하는 선수는 초보이거나 경기를 즐기는 아마추어다.

직장생활도 마찬가지다. 회사의 평가기준에 따라 생각하고 행동하는 직원이 좋은 점수를 받는다. 무턱내로 열심히 한다고 좋은 평가를 받는 게 아니다. 혼자 생각해 일하는 것은 평가를 더 나쁘게 만들 뿐이다. 직원에 대한 평가기준은 대개 회사의 전략적 목표와 일치한다. 회사가 추구하는 가치와 비전을 구체화한 것이고, 그 가치와 비전을 가리키는 방향등 역할을 한다. 회사는 평가기준을 통해 직원들에게 그 방향으로 가라고 신호를 보내고 있는 것이다.

따라서 회사가 이 길을 잘 따라오는 직원을 높게 평가하는 것은 너무도 당연하다. 회사의 평가기준을 소홀히 하거나 무시하는 직원이 성과를 내고 성장하는 경우는 매우 드물다. 선생님이 시험문제로 내겠다고 몇 번씩 강조한 것을 무시하고 자기 생각대로 시험을 준비하는 학생과 다를 게 없다.

평가 기준에 동의할 수 없다면 떠나는 게 좋다

———

물론 회사의 평가기준에 전적으로 동의하기 어려울 수도 있다. 동의하지 않은 상태에서 따르는 것만큼 고역도 없다. 만약 직원 평가기준이 무엇이고 그 배경과 목적을 충분히 이해했는데도 동의할 수 없다면 한시라도 빨리 다른 길을 찾아나서는 게 현명하다. 회사가 추구하는 가치와 비전, 최고경영자의 경영철학에 동의하지 못한 채 직장생활을 하는 것은 비극이다. 성과를 제대로 낼 수 없고 회사와 본인 모두 불만족스러운 상황에 처하는 것은 시간문제이기 때문이다. 세상은 넓고 할 수 있는 일은 많다. 자신에 대해 좋은 평가를 하지 않는 기업에 남아 속앓이를 하면서 황금 같은 시간을 보낼 이유는 없지 않을까?

나는 사람들에게 입사하기 전 회사가 추구하는 가치와 창업자나 최고경영자의 경영철학을 꼼꼼하게 살피라고 권한다. 아무리 브랜드가 잘 알려져 있고 보상 수준이 높으며 근무여건이 좋아도 가치와 비전에 동의할 수 없다면 입사하지 말아야 한다. 상처를 입고 떠날 가능성이 높기 때문이다. 반대로 회사에 입사했다면 최대한 빨리 그 회사의 직원 평가기준을 파악하고 숙지하는 게 좋다.

한발 더 나아가 그 회사에서 임원이 되고 경영자로 자리 잡고 싶다면 일만 하는 것으로는 부족하다. 그 정도로는 최상의 평가를 받기 어렵다. 일 잘하는 사람이란 말은 들을 수 있지만 그런 사람은 회사에 많다. 앞서 나가려면 회사가 무엇을 원하는지 알고, 그것을 최우선으로 해야 한다. 논술시험에서 시험관이 원하는 글을 쓰고 면접장에서 면접관이 원하는 답을 하는 것과 마찬가지다.

욕심이 없는 사람은 사업책임자가 되기는 어렵다. 나는 임무가 주어져야만 움직이는 사람이 경영자까지 오르는 것을 본 적이 없다. 회사에서 탁월한 평가를 받고 임원이 되는 사람은 직원 평가기준을 정확히 파악해서 본인은 물론이고 자신이 속한 조직 전체가 그에 걸맞게 움직이도록 노력한다.

나는 몇 점짜리 직원일까? 자기 기준이 아니라 회사의 직원 평가기준으로 따져볼 일이다.

66

천천히 함께 가야
멀리 갈 수 있다.

99

자기주도
증후군

연말연초 정기인사 시즌이 되면 경영진들은 매번 같은 고민에 빠진다.

'이 사람을 승진시켜 조직의 성과관리 책임을 맡길까, 아니면 리더로서 충분히 훈련될 때까지 좀 더 경험을 쌓게 만들어야 할까?'

리더십 평가결과에 따라 인사를 하면 그만이지, 고민할 게 무엇이냐고 반문할지 모른다. 그러나 생각보다 결론을 내리기가 쉽지 않다. 고민의 대상이 되는 사람들은 대체로 리더가 되려는 욕구가 강하다. 업무에 관한 지식과 경험을 갖추고 있고 성과도 잘 내는 편이다.

문제는 너무 자기중심적이라는 데 있다. 이들은 지신이 맡은 일에만 관심을 갖는다. 자기가 주도하는 것에만 지나치게 집착한다. 다른 사람이 이끄는 일에 전혀 관심을 두지 않는다. 때로는 다른 사람의 업무와 성과를 폄하하기까지 한다. 이들을 승진시키지 않고 놔두자니 업무의욕을 잃을 가능성이 크다. 크진 않겠지만 조직의 성과에도 부정적 영향을 미칠 게 분명하다. 그렇다고 승진시키자니 자기중심적 성향 때문에 조직운영에 어려움이 예상된다.

민간기업뿐 아니라 정부부처나 공공단체에도 이런 사람들이 적지 않다. 업무능력이나 성과가 탁월하고 고속승진을 해온 사람들 중에 특히 많다. 이들의 성장 과정을 살펴보면 한결같이 팔로워로서 훈련이 부족한 것으로 나타난다. 뛰어난 능력 덕에 동료들보다 빠르게 승진했지만, 부하직원이나 동료로서 일에 동참하는 훈련은 충분히 받지 못한 것이다. 그러다 보니 누구와 함께하거나 다른 사람 밑에서 일하는 것을 귀찮고 피곤하고 힘든 일이라고 생각하는 경향이 있다.

이런 상태에 놓인 사람들의 상당수는 30대다. 이들은 수년간의 직장생활을 통해 업무능력과 성과를 인정받은 사람들이다. 어떤 업무를 맡기든 충분히 해낼 수 있다는 자신감이 넘쳐난다. 이처럼 강한 자신감과 업무의욕 때문에 자기중심적 성향이 더해진 사람들은 자기가 주도하지 않는 상황을 견디기 힘들어한다. 회사가 경험을 더 쌓으라는 뜻으로 다른 사람 밑에서 일하게 하거나 돕는 역할을 부여하면 크게 낙담한다. 이들에게 자신이 하지 않거나 자신과 관련돼 있지 않은 일은 큰 의미가 없다.

받는 자, 주는 자, 주고받는 자

미국 펜실베이니아 대학교 경영대학원 교수인 애덤 그랜트는 사람들을 세 부류로 나눈다. 첫 번째 부류는 '테이커(Taker, 받는 자)'다. 이들은 다른 사람으로부터 받는 이익에 집중한다. 두 번째는 '기버(Giver, 주는 자)'다. 자신이 다른 사람에게 어떤 도움을 줄 수 있는지에 관심을 쏟는 부류다. 세 번째는 '매처(Matcher, 주고받는 자)'다. 철저하게 준 만큼 받으려 하는 사람들이다.

그렇다면 이 셋 중에 어떤 부류가 가장 높은 위치에 오를까? 그랜트는 『기브앤테이크』라는 책에서 "정답은 기버"라고 말한다. 주는 자는 신뢰와 신용을 쌓는 데 시간이 걸리지만 성공을 돕는 관계를 만들고 궁극적으로 명성을 얻는다. "베풂은 100미터 달리기에는 쓸모가 없지만 마라톤 경주에서는 진가를 발휘한다"는 말처럼 성공은 대체로 기버에게 돌아간다.

애덤 그랜트의 연구 조사에 따르면 테이커는 이익을 얻기 위해, 매처는 이익을 주고받기 위해 사람들과 관계를 맺는다. 이에 반해 기버는 상대가 누구든 진심으로 돕는다. 그래서 넓고 탄탄한 인맥을 갖게 된다. 이들은 탄탄한 인맥을 통해 지속적으로 타인을 돕고 이들에게 도움 받은 사람이 또 다른 사람을 돕는 선순환구조를 만들어간다.

특히 기업에서 기버는 조직의 성과를 만들어내고 성장을 돕는다. 이들은 조직을 이롭게 하는 것을 1차 목표로 삼아 자신의 이익보다 회사 전체의 이익을 우선시한다. 그 결과 조직원의 존경을 얻는 것은 물론이고 테이커가 맹렬하게 뿜어내는 경쟁심리도 무장해제시킨다. 양보를 일삼는 기버와 경쟁할 필요를 못 느끼기 때문이다.

그러나 기버가 이타적인 것만은 아니다. 이들 역시 야심이 만만치 않다. 다만 이들은 자신의 이익만큼 상대방의 이익에도 관심을 기울인다는 점에서 테이커나 매처와 다르다. 기버는 자신과 상대방 모두에게 이로운 기회를 찾는다. 시간이 걸리더라도 남을 밀어 떨어뜨리는 게 아니라 파이를 키우는 방식으로 모두에게 이로운 방법을 찾아낸다. 그 결과 타인의 질투나 시기를 받지 않고 사랑과 존경의 대상이 된다.

애덤 그랜트의 주장처럼 실제로 조직에서 최고의 위치에 오른 사람들의 상당수가 기버의 성향을 띤다. 그러나 강력한 성취 욕구에 사로잡혀 있는 30대 직장인 가운데 기버가 되려는 사람은 많지 않다. 유능한 보스는 조직의 전면에 서서 강하게 이끄는 리더십만 갖추고 있는 것은 아니다. 조직구성원들과 함께 보스를 따르고 동료나 후배의 성취를 돕는 팔로우십도 갖추고 있다. 팔로우십이 부족한 보스는 단기간에 작은 성과를 낼수는 있어도 장기간에 걸쳐 큰 성과를 만들지는 못한다. 조직구성원들로부터 신뢰와 존경을 받지 못하기 때문이다.

리더가 되려면 팔로우십을 익혀야 한다

중국 국가주석 시진핑은 "하방 7년이 나를 키웠다"고 말한다. 하방이란 중국 문화혁명 당시 행해진 사상개조운동으로 지식인과 당 간부를 농촌으로 보내 육체노동을 시킨 것이다. 당시 1,600만 명의 지식인이 하방을 당했는데, 시진핑과 그의 아버지 시중쉰도 마찬가지였다. 시중쉰은 중국 국무원 부총리 겸 비서장을 지낸 고위 정치인이었다. 문화혁명 때 반당집단으로 몰려 숙청된 그는 허난성으로 하방된 뒤 옥살이를 했다. 시진핑 역시 그때 시골로 쫓겨났다. 그는 10대 초반의 어린 나이에 밥도 제대로 먹지 못하며 고된 노동에 시달렸다. 그는 결국 넉 달 만에 도망쳐 베이징 집으로 돌아왔다. 화들짝 놀란 어머니는 시진핑을 당국으로 데려가 자수시켰다. 시진핑은 다시 베이징 학습반에 편입돼 하수관을 매설하는 중 노동을 해야 했다.

시진핑의 삶이 바뀐 것은 다시 한 번 자발적 하방을 결심하고부터다. 그는 비겁한 삶을 사느니 최말단 농민들과 함께하겠다는 각오로 산시성 옌촨으로 향했다. "민중의 바다에서 헤엄치지 못하면 죽는다"고 다짐하면서 아버지의 고향에서 7년 동안 최하층 농민들과 함께 생활했다. "농민들은 1년 내내 제대로 된 밥 한 끼 먹지 못해도 견디고 사는데, 왜 나는 힘들어 하는가"라며 자신을 질책했다. 그는 나중에 "그때 나는 무엇이 실질적인 일이고, 누구를 민중이라고 하는지 알게 됐다"고 회고했다. 피폐한 농촌에서 초근목피로 생존하는 농민들과 함께하는 과정에서 사람과 세상을 이해하게 된 것이다.

당시 시진핑이 익힌 것이 팔로우십이었다. 그는 당 고위간부의 아들로서 엘리트주의와 특권의식에서 벗어나 평범한 농민 입장에서 인생이나 정부와 당을 바라보게 됐다. 세계를 빈민이나 서민의 관점에서 바라보기 시작했다. 그들이 어떤 생각을 하고 있고 어떤 희망을 갖고 있는지 알게 되자, 자연스럽게 자신이 무엇을 해야 할지도 깨닫게 됐다.

조직에서 리더로 성장하려면 조직원들의 입장에서 볼 수 있어야 한다. 자기중심적으로 접근해서는 조직원의 생각을 읽을 수도, 그들의 마음을 살 수도 없다. 조직을 원하는 곳으로 이끌기 어렵다. 따라서 리더로 성장하려면 충분한 팔로워 훈련을 받고 경험을 쌓아야 한다.

경영자들이 자식에게 경영권을 물려주기 전에 다른 기업에서 직장생활을 하게 하거나 신입사원부터 단계를 밟아 올라오도록 하는 것도 이런 사정 때문이다. 직원들의 생각을 읽고 그들과 함께 성과를 만들어나가려면 그들과 같은 처지에 있어봐야 한다는 것이다. 팔로워 경험이 없는 리더들은 부하직원의 정서는 아랑곳하지 않고 "공격 앞으로"만 외칠 가능성이 크다.

천천히 함께 가야 멀리 간다

———

미국 프린스턴 대학교의 프렌티스 교수는 '자기중심적 사고(self-serving bias)'를 매사에 자신을 더 긍정적으로 보는 편향적 사고라고 규정한다. 자기중심적 사고는 인간의 생존본능에 가까운 기본심리다. 즉, 내가 살아남기 위해 주변의 모든 상황을 나에게 유리하게 만들어 위험을 감소시키는 것이다. 자기중심적 사고는 어린아이들에게서 잘 나타난다. 아이들은 자신이 경험한 것을 남들도 똑같이 경험했다고 생각한다. 자신이 갖고 싶은 장난감은 남들도 갖고 싶어하고, 자신이 슬프면 남들도 슬프고, 자신이 배가 고프면 남들도 배가 고플 거라고 생각하는 것이다.

자기중심적 사고는 이처럼 미성숙한 이들의 사고방식이다. 하지만 놀랍게도 고위직에 오르려는 사람들에게서도 많이 볼 수 있다. 노스웨스턴 대학교 캘로그경영대학 심리학과 교수인 갤린스키는 연구를 통해 자기중심적 사고가 사회적 지위가 높고 권한이 커질수록 강해진다는 사실을 확인했다.

우리는 종종 유능한 사람들이 조진조퇴하는 것을 목격한다. 주변에는 아무런 관심 없이 오로지 자기 일에만 집중하던 사람들이다. 이들은 상대방을 배려한다고 하면서도 사실은 자신에게 이익이 되는 일을 먼저 한 뒤 상대방을 도우려 한다. 겉으로 배려하는 척하면서 실상은 자신에게 이익이 되는 방향으로 이끈다. 다른 사람을 위한다고 하지만 자신의 이익을 전제로 움직인다. 이들에게 세상은 자신을 중심으로 움직이는 것이기 때문이다.

반대로 직장인들 가운데 늦은 승진에, 다른 사람 밑에서 일하는 현실에 실망하는 사람들도 있다. 그러나 길게 보면 팔로워 훈련을 충실하게 받는 것이다. 오히려 중장기적 성장에 유리할 수 있다. 내가 주도하지 않더라도 조직 전체를 위해 타인의 성과를 돕는 경험은 아무리 중요성을 강조해도 지나침이 없다. 빨리 간다고 멀리 가는 것은 아니다. 천천히 함께 가야 멀리 갈 수 있다.

"

회사가 추구하는 것은
기본적으로 성과이고,
직원의 전문성 강화는
성과를 확대하기 위한
하나의 방안일 뿐이다.

"

이런 일 시키실 거면
저를 왜 뽑았습니까?

얼마 전 중견기업에 다니는 직원의 하소연을 들은 적이 있다. 그는 회사가 자신의 가치를 잘 모르고 일할 여건을 만들어주지 않아 이직을 심각하게 고민하고 있다고 말했다. 그는 전 직장에서 부서의 업무를 지원하는 업무비서를 담당하다 법무로 전문경력을 쌓고 싶어서 몇 달 전 직장을 옮겼다. 그런데 예상했던 것과 달리 회사의 법무업무는 많지 않았다. 그러다 보니 이전 회사에서처럼 잡다한 업무를 맡는 본부의 업무비서 역할을 같이 맡게 됐다.

참다 못한 그는 상사에게 법무담당자로 뽑은 것이 아니냐고 따져 물었다. 그의 상사는 "법무업무가 늘어날 것에 대비해 법무업무를 주로 맡으면서 본부의 업무비서 역할도 할 수 있는 사람을 뽑은 것"이라고 설명했다.

상사의 설명에도 그는 회사가 왜 자기를 뽑았는지 이해할 수 없다고 주장했다.

"잘못 뽑았어요. 업무비서를 주로 하면서 법무업무도 할 수 있는 사람을 뽑았어야 했는데 저를 뽑았으니 참 답답합니다. 법무업무를 할 수 있는 곳으로 옮겨야 할지, 아니면 법무업무 비중이 커질 때까지 기다려야 할지 고민입니다."

나는 그 회사의 임원과 잘 알고 지내는 사이라서 얼마 뒤 다른 일로 이야기를 하다가 그 직원에 대해 물어봤다. 그런데 임원의 말은 달랐다.

"법무담당자로 뽑았어요. 그런데 그 친구는 법무경력을 쌓고 싶어 그런지 순전히 법 관련 업무만 맡으려고 해요. 법무업무라는 게 다른 업무와 연결되는 것이 많잖아요. 업무를 제대로 하려면 다른 업무도 같이 해야 하는데 법 관련 일만 고집하니 일처리가 잘 안 돼요. 또 동료 직원들이 바쁘거나 휴가로 자리를 비울 때 그들의 업무를 맡아줘야 하는데 법무가 아니라고 외면합니다. 그러다 보니 부서장이나 동료 직원들이 불편해해요. 아무래도 법무담당자를 다시 뽑아야 할 것 같습니다."

누구를 위한 전문성 강화인가

전문성의 중요성에 대한 인식이 확산되면서 기업에서 이렇게 자기 업무의 전문성을 고집하는 사람들을 종종 만나게 된다. 이들은 전문분야에 대한 지식을 늘리고 경험을 쌓고 싶어한다.

자기 분야에 대한 전문성을 강화해야 성장 발전할 수 있다는 확고한 믿음을 갖고 있기 때문이다. 그래서 가능하면 전문성을 강화하는 쪽으로 경력을 이어가려고 한다. 이들은 틈이 날 때마다 책을 보고 강의를 들으며 전문분야의 지식을 늘리려고 한다. 일부 직원들은 자격증을 취득하고 네트워크를 구축하기 위해 그 분야의 사람들을 적극적으로 찾아다니기도 한다.

이 같은 전문성 강화 노력은 30대 직장인들에게서 특히 많이 나타난다. 20대는 직장 구하기에 급급해 자신의 진로나 전문영역에 대해 크게 신경 쓰지 못한다. 그런데 입사해 적응하느라 정신없이 몇 년을 지내다 어느 순간 덜컥 겁이 난다. '이렇게 아무 생각 없이 직장생활을 하다가 직장을 잃으면 어떡하지?' 주위에서 구조조정으로 아무런 준비 없이 직장 문을 나서는 사람들을 볼 때마다 자신만의 차별적 경쟁력을 갖고 있지 않으면 자신도 언젠가 저렇게 될 것이라는 생각을 하게 되는 것이다.

그래서 30대에 접어들면서 상당수의 직장인들이 전문성을 고민하고 전문성 확보에 조바심을 낸다.

물론 회사는 이런 이들이 고맙다. 직원들의 직무 전문성이 강해지면 회사의 생산성이 개선되기 때문이다. 직원들의 근무 만족도도 높아지고 궁극적으로 회사 가치가 커진다. 회사로선 만류할 이유가 전혀 없다.

그런데도 현실에서 회사 간부들은 직원들의 전문성을 향한 행보를 마뜩해하지 않는다. 일부 상사들은 노골적으로 불편한 시선을 보내기도 한다.

기업들이 직원들의 전문성 쌓기에 호의적이지 않은 이유는 전문성 쌓기가 회사가 아니라 자기 경력의 발전만을 목적으로 하기 때문이다. 직장인들은 자신의 전문성 강화가 회사에 도움이 된다고 주장하지만, 이를 액면 그대로 받아들이는 기업은 거의 없다.

직원들의 전문성 강화 노력이 업무에 도움이 되기도 하지만 대개 업무와 큰 관련이 없다. 처음부터 업무를 위해 자기계발을 한 게 아니기 때문이다. 자기계발 자체가 목적이고 업무는 뒷전인 경우가 많다. 그러니 기업들은 장기적 관점에서 간접적 효과까지 감안한다면 모르되 단기적으로 직접적 효과만을 따진다면 직원들의 전문성 추구가 그리 달갑지 않은 것이다.

직원들의 전문성 강화 노력은 때로 업무 집중을 방해하기도 하고 조직운영에 걸림돌로 작용하기도 한다. 직원들이 업무와 관련 없이 자신의 경력에만 관심을 갖게 되면 회사는 조직운영에 상당한 어려움을 겪는다. 회사가 원하는 것은 성과인데 직원들이 추구하는 것은 성과가 아니라 전문성이기 때문이다. 회사는 직원들이 전문성을 강화하기 위해 노력하느라 업무에 차질이 빚어지는 것을 보고 있을 수만은 없다. 그러니 자연스럽게 직원에 대해 좋지 않은 평가를 하게 되는 것이다. 회사는 직원들의 전문성 집착에 따른 문제가 개선되지 않으면 결국 직원을 교체하게 된다. 전문성 강화가 직원의 경력발전에 도움이 되기는커녕 장애물이 되고 마는 것이다.

물론 회사가 직원들의 전문성을 키워주는 쪽으로 인력을 운영하면 된다. 실제로 많은 기업들이 직원들의 전문성을 길러주기 위해 애를 쓰고 있기도 하다. 하지만 직원들의 전문성 욕구를 모두 충족시켜줄 수는 없는 노릇이다.

회사가 추구하는 것은 기본적으로 성과이고, 직원의 전문성 강화는 성과를 확대하기 위한 하나의 방편일 뿐이다. 직원들의 전문성 강화 자체가 목적이 아니라는 얘기다.

1인 다역, 멀티 스페셜리스트를 선호한다

그런 점에서 직장인들은 전문성 강화에 나서기 전에 자신의 전문성 추구가 회사의 성과에 기여하는지 따져볼 필요가 있다. 만약에 회사의 성과 창출과 무관하거나 부정적 영향을 준다면 신중하게 판단해야 한다. 상사나 동료의 따가운 눈총을 피하기 어렵고 직접적 비난의 대상이 될 수도 있기 때문이다.

만약 자신의 전문성 강화 노력이 회사의 성과와 무관하다면 업무에 지장을 주지 않는 범위에서, 그것도 가능하면 드러내지 않고 조심스럽게 추진하는 게 좋다. 그리고 자신이 추구하는 전문성이 조직의 성과 창출과 맞물릴 때까지 기다려야 한다.

만약 기다릴 수 없다면 자신이 추구하는 전문성과 맡은 직무가 일치하는 곳으로 직장을 옮겨야 한다. 그렇지 않고 조직원들의 냉대를 감수하면서 전문성을 강화하려면 직장 내 왕따를 감수하겠다는 '만용'을 부려야 한다. 답답한 것은 이렇게 만용을 부리는 30대 직장인들이 적지 않다는 점이다. 이들은 너무 조급하게 전문성을 확보하려다가 보스와 동료들의 불편한 시선을 알아채지 못하거나 외면하고 있다.

앞서 말한 대로 직장에서 중요한 것은 성과다. 따라서 현실적으로 성과를 내는 데 중요한 것은 전문성이 아니라 전문능력과 일반능력의 조화다. 전문성이 중요하지만 전문성만으로 성과를 창출하는 데는 한계가 있다.

최근 들어 기업들은 전문성 위에 다양한 업무지식을 기반으로 연관직무까지도 담당할 수 있는 '멀티 스페셜리스트'를 선호하고 있다. 조직에서 전문가보다 멀티 스페셜리스트가 성과를 잘 내고 좋은 평가를 받는다.

구조조정이 진행될 때 대상에 오르는 사람은 전문성이 아니라 성과가 부족한 직원들이다.

기업에서 성과를 내려면 이렇게 전문성의 기반 위에 다양한 직무를 이해하고 실행할 수 있는 능력이 필요하다. 성과를 내는 데 전문성은 필요조건일 뿐이지, 충분조건이 될 수 없다는 뜻이다.

그래서 유럽의 기업들은 1인 다역(cross-functional)을 해낼 사람을 선호한다. JTI(JT International)의 글로벌 인력관리(HR) 책임자인 폰 알먼 부사장은 "직무순환을 통해 다양한 직무를 수행할 수 있는 인재를 육성하는 게 JTI 인재관리의 목표"라고 설명한다.

성과 없는 전문성은 도움이 안 된다

직장인들이 전문성을 쌓겠다고 특정 직무만 고집하는 것은 경력관리에 결코 도움이 되지 않는다. 직장에서 주어지는 직무를 성실히 수행하면서 각 직무에 필요한 지식을 습득하고 경험을 쌓아가는 게 효율적이다. 그렇게 장기적 관점에서 업무와 관련된 전문성을 키워야 다양한 직무능력을 함께 갖출 수 있다.

거듭 말하지만 직장생활에서 가장 중요한 것은 성과다. 전문성도 성과가 뒷받침되지 않으면 의미가 없다. 따라서 직장이나 직책을 선택할 때 전문성을 기르는 것도 중요하지만 내가 얼마나 성과를 낼 수 있는지 따져봐야 한다. 연봉이나 직급은 모두 성과에 뒤따라오는 것이기 때문이다.

또 기업들이 채용하고 승진시키고 전보하는 것도 모두 성과를 기준으로 한다는 점을 염두에 둬야 한다. 만약 열심히 준비하고 노력했는데도 입사에 실패하고 승진이 좌절되고 원하는 직책을 맡지 못했다면, 자신의 성과 창출 능력이 좋은 평가를 받지 못했다고 보면 된다. 따라서 성과 창출 능력을 개선하고 경영진이나 상사 또는 면접관을 설득한다면 자연스럽게 원하는 결과를 얻게 될 것이다.

그런데 기업마다 직책과 직무마다 성과에 대한 개념과 평가기준이 다르다. 따라서 좋은 성과를 거두려면 자신이 속한 조직이 어떤 성과를 추구하고 있는지 정확하게 파악하는 게 급선무다.

많은 직장인들이 자신의 성과를 조직이 알아주지 않는다고 불만스러워한다. 그런데 대개 조직은 그가 올린 성과를 모르지 않는다. 그들이 만든 성과가 조직이 원하는 성과가 아닐 뿐이다. 조직과 무관하게 자신이 추구하는 성과에 주력한 뒤 알아주지 않는다고 불만을 표시하는 '답답한' 직장인들이 의외로 많다.

66

좋아하는 일을 찾지 못해서가 아니다.
좋아하는 일이 있지만
그 일을 하는 게 쉽거나
편하지 않기 때문이다.

99

세상에 적당히 해서
되는 일은 없다

가끔 책이나 글에서 직장인들에게 "적당히 일하라"고 조언하는 것을 보게 된다. 죽기 살기로 일한다고 해서 달라지는 것은 없으며 삶만 피폐해질 뿐이라는 것이다. 심지어 어떤 사람들은 "대충 일하고 남은 시간을 즐기라"고 권하기까지 한다. 어차피 좋아하지 않는 일을 돈 때문에 하는 것이라면 잘릴 때까지 다니되 잘리기 전까지는 잘리지 않을 정도로만 적당히 일하라는 것이다.

어떤 사람은 한 걸음 더 나아가 직장과 인생에서 모두 성공하려면 직장생활의 패러다임을 바꿔야 한다고 주장한다. "직장에서도 노는 것부터 먼저 생각해야 한다"는 것이다. 일에 모든 에너지를 쏟아 붓는 바람에 미래를 준비할 여력까지 상실하는 바보가 되지 말고 받는 만큼만 일하라는 얘기다. 이들은 일 욕심을 내지 말고 회사에 미안하지 않을 정도로만 적당히 일하라고 충고한다. 그래야 직장에서는 성공하고 인생에서는 패배하는 일이 벌어지지 않는다는 것이다.

이런 주장을 듣고 있으면 직장생활을 몰라도 너무 모른다는 생각이 든다. 세상에 적당히 일하면서 다닐 수 있는 회사가 과연 존재할까? 요즘처럼 경쟁이 심한 상황에서 가늘고 긴 직장생활이 가능할까? 그런 회사라면 십중팔구 연봉이나 복리후생이 열악할 것이다. 대충 일하니 생산성이 낮을 수밖에 없기 때문이다. 만약 적당히 일하고도 많은 연봉과 높은 수준의 복리후생이 주어진다면 그 회사는 머지않아 위기에 처하게 될 것이다.

적당히 일할 수 있는 회사는 없다

한때 신의 직장이라고 여겨졌던 KT에서 2014년 한 해 동안 3만2,000명의 직원 가운데 약9,000명이 회사를 떠났다. KT가 이렇게 심각하게 감원한 것은 창사 이래 첫 적자를 기록했기 때문이다. 게다가 회사의 존속이 의문스러워질 정도로 경쟁력도 약해졌다. 당시 KT 직원 1인당 생산성은 경쟁사인 SK텔레콤의 6분의 1에 불과했다.

최근 문제가 되고 있는 조선과 해운업 역시 한때는 선망의 대상이었다. 높은 연봉과 만족스러운 복리후생, 정년 보장까지 어디 하나 나무랄 데가 없었다. 그러나 지금은 어떤가? 회사는 백척간두의 위기에 서 있고 직원들은 줄 지어 회사 문을 나서고 있다. 연봉이나 복리후생 문제는 차치하고 고용 안정조차 장담하기 어려운 상황이다.

이들 회사가 위기에 처한 것은 기본적으로 업황이 극도로 부진하기 때문이다. 그러나 모든 원인을 외부로만 돌리는 것은 비겁하다. 폭풍우를 맞는다고 모든 배가 침몰하는 것은 아니기 때문이다. 이런 상황에서도 폭풍우를 뚫고 목적지로 향하는 배들도 있다. 이런 배의 선장과 선원들은 평상시 배를 철저히 관리하면서 기상의 변화에 빠르게 대비해 왔다. 반면 침몰하는 배의 선장과 선원들은 기상 변화에 관심이 없었다. 즉, 적당히 일하는 사람들만 있었다.

세상에 적당히 일하면서 다닐 수 있는 직장이 있을까? 제대로 된 회사라면 그런 사람을 그냥 놔두지 않는다. 그렇게 일하는 사람이 있으면 회사가 존립할 수 없다는 것을 잘 알고 있기 때문이다. 과연 자신이 회사를 창업해 경영할 때도 '적당히'와 '잘리지 않을 만큼'을 고수할 수 있을까? 받는 만큼 일하고 대충 일하면서 남는 시간을 즐기겠다고 말하는 사람들을 고용하려 할까? 이렇게 주장하는 사람들은 필경 직장생활을 제대로 하거나 회사를 경영하거나 사업을 해본 경험이 없을 것이다. 치열한 경쟁 속에서 그렇게 일해도 회사가 유지된다고 생각한다면 현실을 몰라도 한참 모르는 셈이다.

그런데도 직장인들과 직장생활을 하려는 사람들 중에 여전히 이런 주장에 관심을 갖고 있는 사람들이 있다. 특히 30대 직장인들 가운데 아직도 이렇게 일할 수 있는 직장을 찾는 사람들이 종종 눈에 띈다. 이들은 좋아하는 일과 하고 싶은 일을 찾겠다며 이곳저곳을 기웃거린다. 그러나 이야기를 나눠보면 좋아하는 일이 아니라 편하고 쉬운 일인 경우가 대부분이다. 쉬우니까 편하고, 쉽고 편하니까 좋아할 뿐이다. 하고 싶은 일을 하겠다는 명분을 내세워 쉽고 편한 일만 찾는 것이다.

기업과 직원은 별개가 아니다

좋아하는 일을 하는 것은 모든 직장인들의 꿈이다. 그런데 그 꿈을 이루는 사람이 그리 많지 않은 것은 좋아하는 일을 찾지 못해서가 아니다. 좋아하는 일이 있지만 그 일을 하는 게 쉽거나 편하지 않기 때문이다. 좋아하는 일이지만 막상 일을 할 때 불편한 상사나 동료와 부딪칠 수 있다. 일이 좋다고 함께 일하는 사람까지 다 좋은 것은 아니다. 직장인들 가운데 "일도 좋고 회사도 좋지만 상사와 동료가 마음에 들지 않아 그만뒀다"고 이직 사유를 밝히는 사람들이 부지기수다. 사람과 관계만 어려운 것이 아니다. 고객이나 업무환경이 원하는 바와 다른 경우도 비일비재하다.

적당히 일한다는 게 현실적으로 불가능한데도 이런 주장이 계속되는 배경에는 '기업과 직원은 별개'라는 시각이 깔려 있다. 기업의 성장과 개인의 발전은 큰 관련이 없다고 생각하는 것이다. 그렇기 때문에 "열심히 일해봐야 회사만 좋다"는 말이 나온다. 이런 생각에 젖어 있는 사람들은 월급 받는 만큼만 일하면 되고 그 이상 노력하려 하지 않는다. 어쩌면 받는 것보다 적게 일하는 게 현명하다고 생각할지도 모른다.

정말 기업과 직원은 연관성이 별로 없을까? 기업은 공동의 이익을 위해 함께 모여 일하는 집단이다. 따라서 경영자들이 공동의 이익이 아닌 개인의 이익을 추구한다면 그 기업은 존속하기 어렵다. 경영자나 대주주가 자신들의 이익만 추구하다 경쟁력을 잃고 퇴출당한 사례는 수없이 많다. 기업의 핵심 경쟁력은 사람인 만큼 특정인의 이익을 추구하는 기업에 인재가 모일 리 없다. 어떤 기업이든 유능한 직원들이 들어오고 머무르지 않으면 몰락하는 것은 시간문제.

경쟁이 심해지면서 기업들의 수익 창출 능력은 갈수록 허약해지고 있다. 적자 상태의 기업이 많고 흑자기업도 이익률이 그리 높지 않다. 한국거래소가 연결재무제표를 제출한 12월 결산법인 514개를 분석한 결과 2016년 상반기 연결 기준으로 기업의 16%가 적자였다. 코스닥의 경우도 683개 기업 가운데 31% 기업이 적자였다. 일반적으로 상장기업이 일반기업에 비해 우량하다는 점을 감안한다면 기업들이 경영 상태가 상당히 좋지 않음을 알 수 있다.

기업들이 내는 이익도 그리 많지 않다. 거래소 상장기업들의 경우 영업이익률은 7.82%, 순이익률은 5.87%였다. 1,000원짜리 상품을 팔아 78원의 영업이익을 남겼고 실제 손에 쥔 것은 59원이라는 뜻이다. 코스닥기업들의 이익 구조는 더 취약해 영업이익률은 5.49%, 순이익률은 3.85%에 불과했다.

이렇게 기업들은 손익 맞추기에 급급하다. 조금만 삐끗하면 순식간에 적자가 날 정도로 빠듯한 살림이다. 한번 적자에 빠지면 헤어나기 어렵기 때문에 시장에서 퇴출될 가능성이 크다. 따라서 임직원들이 '받은 만큼 일하겠다'거나 '놀면서 적당히 일하면 된다'는 태도로 업무에 임한다면 그 기업의 미래는 불확실해질 수밖에 없다. 임직원들이 열심히 일해도 생존을 장담하기 어려운 상황인데 적당히 일하는 직원이 많다면 경쟁에서 뒤지는 것은 당연하다.

직장생활은 또 다른 자기계발

직장생활에 대해 진지해져야 하는 것은 직장의 주인이 바로 우리 자신이기 때문이다. 직장에서 적당히 일한다는 생각은 직장의 주인은 경영자이고 나머지는 손님이라는 논리에서 출발한다. 이 논리를 그대로 적용할 경우 우리가 손님처럼 직장생활을 하지 않으려면 창업을 하거나 공무원이 되는 수밖에 없다. 내가 주인이 아닌 이상 직장생활에서 손님 신분을 벗어날 길이 없기 때문이다. 창업을 하더라도 문제는 남는다. 그 회사에서 일하는 직원도 스스로를 손님이라고 생각할 것이기 때문이다. 그런 직원들이 회사를 유지하고 발전시킬 수 있을까?

직장의 주인은 사장이나 경영자만이 아니다. 그들만 주인이라면 기업이 성장 발전하는 데 필요한 에너지를 만들어낼 수 없다. 에너지는 사장이나 경영자만 만드는 게 아니다. 임직원 모두의 몫이다. 따라서 내가 적당히 일하면 기업이라는 공동체는 손상되고 기업에 기반한 국가경제의 건강성도 훼손될 수밖에 없다. 그러므로 한 기업에서 같이 일하는 직원들, 그 회사와 연결돼 있는 수많은 회사들, 그리고 회사 직원들의 가족과 소비자들을 생각하면 "적당히 일하라"는 조언은 너무도 말초적이고 이기적이다.

나는 직장에 올인하는 바람에 인생에서 패배했다는 분석에 동의하지 않는다. 그런 시각으로 보면 직장은 돈 버는 곳일 뿐이다. 그런 생각을 하는 직원은 절대 기업의 주인이 될 수 없다. 그들이 추구하는 진정한 가치는 늘 직장 밖에 있게 된다. 그들에게 일과 삶, 생산과 소비는 철저히 분리돼 있다. 직장은 생산만 하는 곳이고 생산은 노동일 뿐 즐거움을 줄 수 없다. 따라서 즐거움을 느낄 수 있는 소비처가 별도로 필요하다.

　그러나 즐거움은 소비에만 있는 게 아니다. 생산에도 성취하고 성장하고 주도하는 쾌감이 있다. 창조하고 만들고 쌓고 키우는 것은 큰 즐거움이다. 생산은 노동이고 즐거움은 소비에만 있다고 생각하는 것은 하나만 보고 열은 모르는 사람들의 얘기다. 특히 30대 직장인들에게 만들고 쌓고 키우는 것은 단순히 생계를 위한 경제활동을 넘어 자기계발과 실현 과정이다. 이들에게 직장생활에서 얻는 가치와 즐거움은 직장 밖에서 얻는 것에 못지않다. 그러니 직장생활은 절대 적당히 할 수 없다. 남을 위해서가 아니라 스스로를 위해서 최선을 다해야 한다.

66

고립에서 벗어나려면
도전을 감행하는 큰 용기,
많은 것을 포기하는
결단이 필요하다.

99

고독하되
고립되지는 말자

"늘 상대방의 안색을 살펴야 하는 생활은 이제 그만하고 싶다. 내가 하고 싶은 대로 하면서 내가 좋아하는 사람들과 어울리며 지낼 수는 없을까? 굳이 만나고 싶지 않은 사람들과 얽혀서 부대끼고 싶지 않다. 상대방이 쏟아내는 말과 행동에 연연하지 않고 조용히 나 홀로 삶을 살고 싶다."

이렇게 말하는 직장인들은 사람들과 섞이는 것을 피곤하고 불편해한다. 심지어 사람들에게 염증을 느낀다고 말하기도 한다. 그래서 할 수만 있다면 타인과 관계를 맺는 것을 최소화하면서 조용히 자기 혼자만의 삶을 살려고 한다. 세상에 맞추기 위해 억지로 자신을 바꾸기보나 있는 그대로, 주어진 그대로 살고 싶다는 것이다.

사실 이런 생각을 한 번도 안 해본 직장인들은 없을 것이다. 다른 일에 간섭하지 않고 나에게 주어진 일만 열심히 할 수 있다면 얼마나 좋을까?

생각만 해도 즐겁다. 남의 일에 간섭하고 싶지 않다는 것은 간섭받기 싫다는 뜻이기도 하다. 사람들은 가능하면 간섭하지도, 간섭받지도 않는 조용하고 독립적인 직장생활을 꿈꾼다. 최근 들어 '혼술'이니 '혼밥'이니 하는 말들이 유행처럼 번지고 있는 것도 이런 사정과 무관하지 않다.

고독을 선택한 사람들

———

직장인들이 이렇게 자신만의 삶을 꿈꾸면서 소통과 관계 맺기를 거리끼는 첫 번째 이유는 익숙하지 않아 불편하고 힘들기 때문이다. 한국사회에서 대가족의 공동체 문화가 사라지고 핵가족이나 1인가족의 개인주의 문화가 확산되면서 예전처럼 의무적으로 관계를 맺고 소통해야 하는 일이 크게 줄었다. 대신 컴퓨터나 모바일을 통해 자유롭게 생각을 나누고 의견을 공유하는 일이 늘어났다. 특히 젊은 세대에게 직접 대면하는 방식의 소통과 관계 맺기는 점점 더 낯설고 불편한 것이 되고 있다.

둘째는 소통과 관계에 대한 필요성을 크게 느끼지 못하기 때문이다. 가치관이 다양해지고 평생직장 개념이 사라지면서 직장에서 승진 욕구는 예전보다 훨씬 약해졌다. 소통과 관계 맺기는 자신의 역할을 확대하고 위상을 높여서 더 높은 직급과 직책을 획득하려는 사람들의 주된 관심사였다. 그런데 직급과 직책에 대한 관심이 약해지고 회사 조직도 수평적으로 바뀌면서 이에 대한 필요성이 감소한 것이다. 최근 직장인들 사이에서 어느 정도의 위상과 보상만 유지된다면 승진에 연연하지 않겠다고 이야기하는 사람들이 늘고 있다.

게다가 직접 얼굴을 맞대지 않고도 자신의 역할을 입증하고 능력을 드러낼 수 있는 방법이 많아졌다. 인터넷이나 SNS를 통해 지명도를 높인 사람들이 순식간에 저명인사로 떠오르는 것은 흔한 일이 됐다. 예전처럼 직접 만나거나 얼굴을 드러내지 않아도 존재를 알리고 공감대를 넓힐 수 있게 된 것이다. 소통이나 관계 맺기는 이제 필요에 따라 원하는 경우에 얼마든지 할 수 있다.

이렇게 다른 사람들과 얽히지 않고도 충분히 원하는 것을 얻고 행복한 삶을 영위할 수 있다 보니 점점 혼자 있는 시간이 늘어난다. 다른 사람의 일에 간섭하거나 자신의 일이 간섭당하는 것을 피하고 있는 것이다. 특히 직장생활을 경험한 30대 직장인들의 상당수는 직장생활에서 오는 소통과 관계에서 발생하는 소음을 피하고 싶어한다. 굳이 대화를 나누고 관계 맺지 않아도 될 사람이라면 가급적 마주치지 않으려는 것이다. 소통과 관계로 인한 피로가 누적된 직장인들은 독립적으로 일할 곳을 찾는다.

소통과 관계를 피하려는 직장인들은 기업문화를 상당히 바꿔놓고 있다. 우선 회식이나 동호회 등 직장 내 모임이 대폭 줄고 있다. 업무상 필요한 소통은 메일이나 메시지, 메신저로 대신한다. 감정이 섞여 다른 요소가 불필요하게 개입되는 것을 피하기 위해서다. 이에 따라 직장에서 상사나 동료와 인간적 관계는 사라지고 업무적 관계만 남는 상황이 벌어지고 있다.

문제는 이렇게 조직원들 사이의 관계가 변하면서 소통이 부진해서 업무 협조가 잘 이뤄지지 않는다는 점이다. 최근 기업 경영자들에게 가장 중요한 화두 중 하나가 '소통'인 것도 이런 사정 때문이다. 경영자들은 갈수록 시들해지는 직장 내 소통을 어떻게 활성화할지 고민하고 있다. 그들은 특히 직장 안에서 소통이 사라지고 고독을 즐기는 사람들이 늘면서 '고립주의'가 등장하지 않을까 우려한다. 고독이 지나치면 고립으로 이어질 수 있기 때문이다.

고립 증후군을 겪는 사람들

전문가들은 고독이 인간에게 꼭 필요한 것이라고 말한다. 고독은 혼자 있고 싶고 당분간 떨어져서 스스로와 대화하고 싶은 상태다. 미국의 철학자 한나 아렌트는 "인간에겐 생각하기 위해 고독이 필요하다"고 주장했다. 인간은 기본적으로 몸을 움직이는 동안 올바르게 생각할 수 없다. 따라서 생각을 하려면 육체활동을 멈추고 자신에게 말을 걸어야 한다. 아렌트는 이렇게 육체활동을 멈추고 자신에게 말을 거는 상태가 고독인데, 인간에게는 고독을 즐기려는 속성이 내재돼 있다고 강조했다.

고독은 인간에게 매우 필요한 감정이다. 사람들과 관계에서 오는 긴장과 피로는 사람들로부터 벗어나 고독해질 때 조금씩 해소된다. 고독을 느낄 때 복잡하게 얽혀 있던 관계의 실타래가 비로소 하나둘씩 풀린다. 강렬한 고독은 다시 사람에 대한 진한 그리움으로 바뀌어 가족이나 친구, 동료와 이웃에 대한 사랑을 만들어낸다. 타인과 관계를 맺는 사람들에게 고독은 필수불가결한 요소이기도 하다.

반면 고립은 다른 사람과 사귀고 어울리지 못하거나 도움을 받지 못해 외톨이가 되는 것을 뜻한다. 고독이 주체적 의사결정의 산물이라면 고립은 다른 사람에 의해 만들어지는 피동적 상황이다. 고독과 고립은 둘 다

홀로 있음을 뜻하는 말이지만, 고독은 혼자만의 주관적 심리상태이고 고립은 다른 사람들로부터 떨어져 있는 객관적 상태라는 점에서 전혀 다르다. 고립돼 있을 때 고독을 느끼지만 고독하다고 해서 반드시 고립돼 있는 것은 아니다.

고립이 문제가 되는 것은 심해질 경우 부정적 현상이 나타나기 때문이다. 대표적인 것이 '고립 증후군'이다. 이는 고립된 공간에서 생활했을 때 감정과 행동이 더 격해지는 심리 현상을 일컫는 말이다. 마치 좁은 공간에 함께 있으면 작은 자극에도 서로 민감하게 반응하게 되는 것과 같다. 이러한 현상은 남극에 파견된 연구원들과 군인들을 통해 많이 연구되었기 때문에 '남극형 증후군'이라고도 한다.

고립으로 인한 또 다른 문제는 '갈라파고스 증후군'이다. 갈라파고스 증후군은 세계시장의 추세와 동떨어진 채 자신들만의 표준을 좇다가 고립을 자초하는 것이다. 이 용어는 1990년대 이후 일본의 IT산업이 자국 시장에만 안주한 결과 세계시장에서 경쟁력을 잃고 고립된 현상을 설명하면서 사용되기 시작했다. 갈라파고스는 육지로부터 멀리 떨어져 있어 독자적으로 진화한 종들이 고유한 생태계를 형성하고 있었다. 그러나 육지와 교류가 시작돼 외부종이 유입되자 면역력이 약한 고유종들은 대거 멸종되거나 멸종위기를 맞았다.

일본 IT기업들은 1990년대부터 일본 시장에 특화한 독자적 기술과 서비스, 제품을 발전시키면서 국제표준과 세계시장의 흐름에서 벗어났다. 이로 인해 글로벌 영향력이 약해졌고 마침내 국내시장마저 빼앗기게 됐다. 세계 최첨단 수준의 기술력을 갖추고도 세계시장에 진출하지 못하고 국내시장마저 내주게 된 것이다.

또한 고립은 사람을 우울하게 만든다. 우울감은 사람을 무기력하게 만들고 미래에 대한 부정적 시각에 휩싸이게 한다. 수면과 식욕저하로 이어져 직장생활에도 큰 영향을 미친다. 특히 자신에 대한 부정적 평가를 유발해 자신감을 잃게 만든다. 그래서 우울증이 심해지면 정상적인 직장생활을 할 수 없게 된다.

고립은 이렇게 심각한 문제들을 불러일으킨다. 자칫하면 개인과 기업을 파국으로 몰아갈 수도 있다. 그래서 기업의 경영자들은 자신이 속한 기업이나 직원들이 고립되지 않도록 관심을 기울인다. 앞서 말한 대로 고독은 인간이 성장하는 데 중요한 역할을 하지만, 기업인들은 고독을 즐기는 직원을 우려의 시선으로 바라본다. 고독이 언제든지 고립으로 이어질 수 있기 때문이다. 경영자들은 이런 상황을 막기 위해 다양한 방법으로 직원들에게 소통과 관계 맺기를 장려한다. 때로 반강제적으로 소통과 관계의 장으로 직원들을 끌어내기도 한다.

고독은 즐기되 고립되지 말자

고독을 즐기되 고립되지 않아야 한다. 특히 한창 지식과 경험을 쌓고 인맥을 확대해 성장발전을 추구하려는 30대 직장인은 고독이 고립으로 이어지지 않도록 주의해야 한다. 30대는 외부와 교류하면서 끊임없이 지식과 경험을 빨아들여야 한다. 따라서 고립되면 외부의 에너지 공급이 차단돼 성장이 멈출 수 있다. 나는 가끔 30대에 고독을 즐기다 40대 이후 파국을 맞은 사람들을 만난다.

고독은 고립과 전혀 다른 것이다. 그런데 고독은 고립과 고속도로로 연결돼 있어서 잠깐 경계를 늦추면 순식간에 고립의 세계로 들어가게 된다. 한번 고립에 빠지면 헤어나기가 참 어렵다. 고립은 시야를 좁게 만들 뿐 아니라 남들의 시선을 느끼지 못하게 만든다. 그래서 책임지고 신경 써야 할 일이 줄어들고 일시적으로 마음이 편해진다. 그러나 그곳이 영원한 보금자리는 아니다. 그리고 고립에서 빠져나오는 과정이 여간 고통스러운 게 아니다. 고립에서 벗어나려면 도전을 감행하는 큰 용기, 많은 것을 포기하는 결단이 필요하다.

30대의 고독은 사람과 관계에서 오는 피로를 풀어주는 달콤한 차와 같다. 그러나 고립과 경계가 불확실해 고독을 즐기는 과정에서 고립되는 것을 알아채지 못할 때가 있다. 따라서 고독에 너무 취하지 않도록 조심해야 한다. 고독은 생각보다 중독성이 강하다.

"

기업인들에게 완성도와 속도는
선택의 문제가 아니라
둘 다 필수 불가결한 요소다.

"

느림은
미덕이 아니다

2015년 11월 부산 사하구의 한 전통시장에서 난데없이 원숭이 소동이 벌어졌다. 국제적 멸종위기 1급인 느림보 원숭이 '슬로로리스'가 잇따라 세 마리나 발견된 것이다. 전문가들은 이 원숭이가 동물원이나 연구실에서 탈출했을 가능성이 거의 없기 때문에 누가 밀수로 들여와 애완동물로 키우다가 버렸을 것이라고 추정했다.

슬로로리스가 국제적 멸종위기 1급으로 지정될 정도로 개체수가 급감한 것은 신체 조건이 매우 취약하기 때문이다. 우선 체구가 작다. 몸길이가 26~38센티미터, 몸무게가 375~2,000그램에 불과하다. 또 다른 포유류에 비해 체온이 낮다. 그래서 방글라데시와 인도, 태국, 보르네오, 필리핀 등 동남아시아의 따뜻한 열대우림 지역에서만 살고 있다.

그러나 슬로로리스의 가장 큰 약점은 느리다는 점이다. 이 원숭이는 지구에서 가장 느린 동물 중 하나다. 100미터를 가는데 세 시간이나 걸린다. 보통 하루에 150미터 정도 이동하는데, 사냥할 때나 위기에 처했을 때가 아니면 절대 빠르게 움직이지 않는다. 그러다 보니 숲이 무성한 곳에서 살아야 하고 먹이활동도 밤에 할 수밖에 없다. 느릿느릿 조심스럽게 나뭇가지를 이동하면서 먹이를 찾는데 위험에 처하면 도망치기 어려워 부동자세를 취한다. 슬로로리스는 먹이경쟁에서 밀리다 보니 주된 먹이도 냄새가 독하거나 몸에 가시가 돋아 있어서 다른 동물들이 거들떠보지 않는 곤충들이다.

슬로로리스뿐 아니라 지구상에서 느린 동물이나 물고기, 곤충은 대부분 멸종위기에 처해 있거나 이미 멸종되고 말았다. 기후가 변하거나 개발이 진행되면서 숲이 빠르게 줄어드는데 이런 상황에 대처하는 능력은 매우 취약하기 때문이다. 느림보 동물의 대표격인 나무늘보도 개체수가 빠르게 감소하고 있다. 남아메리카와 중앙아메리카의 열대우림 지역에서 살고 있는 나무늘보는 여섯 종이 있는데 이 가운데 갈기나무늘보는 이미 멸종위기종으로 지정돼 있다. 나머지 다섯 종도 멸종위기에 처할 수 있는 종으로 분류돼 있다.

이처럼 느림은 동물이나 물고기, 곤충의 생존에 부정적 요소로 작용한다. 단정적으로 말하기 어렵지만 느린 생물이 빠른 생물보다 도태할 확률이 높다. 그런데 느림은 직장생활에서도 결코 장점으로 작용하지 못한다. 아니, 무능에 가깝게 취급받는다. 직장에서 느림을 장점으로 꼽는 경우는 눈 씻고 봐도 드물다.

경쟁은 속도가 변수다

──────

직장에서 느림이 천덕꾸러기 취급을 받고 빠름이 추앙받는 것은 경쟁 때문이다. 한국은 좁은 국토에 상대적으로 많은 사람이 모여 살고 있다. 게다가 내수시장도 크지 않다. 기본적으로 경쟁이 심할 수밖에 없다. 그런데 경쟁은 필연적으로 속도를 요구한다. 가격이나 품질 못지않게 속도가 승패의 큰 변수로 작용한다.

한국의 대표 문화인 '빨리빨리'는 계절이 한 해에 네 번씩 바뀌는 기후의 영향도 있지만, 기본적으로 한국의 경제사회 구조에 뿌리를 두고 있다. 내가 생각하기에 한국 기업들의 최대 강점은 기술이나 품질이 아니라 영업과 마케팅이다. 한국 기업은 세계 어느 기업보다 시장 변화에 민감하고 시장의 요구에 빠르게 대응한다. 빠름은 산업화 후발주자인 한국기업이 짧은 시간에 선발 공업국가들과 어깨를 나란히 할 수 있게 된 핵심 경쟁력이다.

한국패션의 대명사와 같은 동대문패션상가는 속도가 얼마나 중요한지를 잘 보여준다. 동대문에는 현재 수만 개의 개인 디자이너 점포가 밀집해 있다. 한국을 넘어 세계 최대의 의류시장으로 자리 잡아 하루 방문객이 수십 만 명에 이른다. 이곳의 장점은 최신 유행하는 제품을 싼값에 구할 수 있다는 것이다. 수만 개의 점포가 치열하게 경쟁하는 과정에서 제품 가격은 최대한 낮아진다. 또 감각이 살아 있는 옷이 아니면 소비사들의 눈길을 끌 수 없기 때문에 가게 주인들은 유행에 극도로 민감하다.

동대문패션상가의 이런 장점을 가능하게 만드는 것은 속도다. 동대문에서 속도는 경쟁의 핵심 요소이자 생명줄이다. 이 줄을 놓치면 금방 도태된다. 동대문상가의 수많은 디자이너들은 인터넷이나 상가 등을 뒤져 수집한 정보를 토대로 옷을 디자인한다. 그런데 오전에 옷을 주문하면 그날 저녁에 옷이 만들어져 나온다. 어떤 옷이 고객의 눈길을 끈다 싶으면 다음 날 아침 가게마다 비슷한 옷이 걸려 있다.

경쟁과 속도는 국내 패션기업에만 존재하는 게 아니다. 세계 휴대폰시장에서 삼성전자와 애플, LG, 화웨이 등 각국의 대표 전자기업이 격돌하고 있다. 이 시장에서 기업들은 하루라도 빨리 신제품을 출시하기 위해 연구소와 공장을 24시간 가동한다. 제품의 개발 기간과 내구연한이 긴 자동차시장에서도 신기술에 기반한 신차 전쟁이 치열하게 벌어지고 있다. 게임이나 소프트웨어시장에서도 속도 경쟁은 이제 일상적인 일이 됐다.

속도와 완성도는 선택의 문제가 아니다

이렇게 비즈니스가 벌어지고 있는 곳이라면 어디든 경쟁이 벌어지고 있는데, 경쟁의 성패를 좌우하는 요소 중 하나가 속도다. 따라서 기업들이 속도를 중시하는 것은 너무도 당연하다. 빠른 판단과 의사결정, 빠른 실행과 평가는 직장인들에게 요구되는 기본 자질이다. 반대로 느림은 직장에서 좋은 점수를 받기가 어렵다. 판단과 실행이 느린 직장인들은 직장 내 경쟁에서 뒤처져 결국 대열에서 밀려날 가능성이 크다.

사정이 이런데도 적지 않은 직장인들이 직장에서 '느림의 미학'을 추구하려 한다. 빠르게 판단하거나 실행하지 않는 것을 큰 문제라고 생각하지 않는다. 일부 직장인들은 한발 더 나아가 느리게 판단하고 실행하는 게 옳다는 주장까지 펴기도 한다. 빨리 판단하고 실행하는 과정에서 잘못된 의사결정이 생겨날 수 있고 성과의 질이 나빠질 수 있다는 것이다. 이들은 따라서 조금 늦더라도 완성도를 높이는 게 중요하다고 강조한다. 속도보다 완성도가 중요하니 완성도를 높이기 위해 속도를 양보하는 게 옳다는 얘기다.

물론 '느리게 살기 철학'을 추구하는 생태주의자는 아니더라도 '느림의 비즈니스'로 일정한 성과를 거둔 사람들이 없는 것은 아니다. 빠른 속도와 생산성만을 강요받지 않고 자연과 환경, 인간이 조화를 이루며 여유롭게 사는 방법을 찾은 사람들이 적지 않다. 이들 중 일부는 '패스트패션'이나 '패스트푸드'와 반대 개념의 '슬로패션'이나 '슬로푸드'에 관심을 쏟고 있다. 자연 생태계와 전통을 보존하면서 천연 유기농사업을 하는 사람들도 많다.

속도에 관심이 없거나 속도의 중요성을 폄하하는 사람들은 종종 이렇게 말한다.

"업무의 완성도가 떨어진다면 속도가 아무리 빠른들 무슨 소용이 있는가. 그러니 다소 늦더라도 완성도에 치중해야 한다. 직장인들의 업무능력이나 성과도 당연히 속도가 아니라 완성도를 기준으로 평가해야 한다. 속도를 중시하는 기업문화는 지양하고 개선할 일이지, 권장하고 평가할 것이 못 된다. 기업들에게 필요한 것은 품질을 최우선으로 하는 장인정신이지, 속전속결이 아니다."

그러나 기업의 경영자나 임원은 이런 주장에 절대 동의하지 않는다. 기업은 완성도와 속도를 모두 원하기 때문이다. 다시 말해 높은 완성도를 요구하지만 그렇다고 속도를 포기하지는 않는다는 얘기다. 완벽한 제품과 서비스를 빨리 내놔야 시장에서 경쟁력을 가질 수 있기 때문이다. 기업인들에게 완성도와 속도는 선택의 문제가 아니라 둘 다 필수불가결한 요소다.

연습하고 노력하면 빨라진다

유능한 축구 선수는 공을 오래 가지고 있지 않는다. 몇 초 안에 판단해 필요한 곳으로 연결한다. 한발만 늦으면 상대 선수가 달려들기 때문이다. 베테랑 야구 선수는 고속으로 날아오는 공을 보고 걸러낼지 쳐낼지, 친다면 어느 방향으로 어느 정도의 힘을 가할지 빠르게 판단하고 방망이를 휘두른다. 직장인들도 마찬가지다. 시장에서 경쟁하려면 고객이 원하는 제품과 서비스를 완벽하게 만들 뿐 아니라 빨리 만들어야 한다.

기업들은 채용이나 승진에서도 느림을 걸러내고 빠름을 선택하고 있다. 많은 면접관들이 채용 과정에서 후보자가 느릴 가능성이 발견되면 감점한다. 면접관들은 느린 사람들의 업무성과가 좋지 않다는 것을 경험적으로 알고 있다. 기업 경영자가 보기에 판단과 실행이 느린 직장인들은 관심이 분산돼 있는 경우가 많다. 이것저것 생각이 많고 관심이 흩어지다 보니 업무에 집중하지 못하는 것이다. 따라서 느린 사람들이 기업에서 승진하고 주요 직책을 맡을 가능성은 많지 않다.

실제로 일을 잘하고 성과를 잘 내는 사람들은 대체로 판단과 실행이 빠르다. 이들 중 상당수는 말도 빠르고, 밥도 빨리 먹고, 걸음도 빠르다. 겉으로 말과 행동이 느린 것 같아도 실제 업무 추진 속도는 결코 늦지 않다.

빠른 사람들은 특별한 사안이 아니면 즉각 판단하고 실행한다. 반면 느린 사람들은 특별한 사안이 아니면 의사결정을 미룬다. 그렇게 되면 실행도 당연히 늦어진다. 특히 시스템으로 움직이는 조직에서 구성원 한 사람이 늦으면 조직 전체의 업무 속도가 떨어진다. 기업들이 한 사람의 느림도 용납하지 않는 것은 이 때문이다.

기업에서 성장하고 발전하려면 빠름을 익혀야 한다. 느림의 미학을 추구하는 슬로시티처럼 천천히 걷고 천천히 먹고 천천히 생각하는 것은 금물이다. 기업의 생리, 특히 한국 기업의 구조적 특성을 감안할 때 빠름은 직장인들이 갖춰야 할 필수불가결한 요소다.

어떤 사람들은 빠름이 타고난 성향의 문제라고 주장하기도 한다. 물론 태생적으로 조금 느린 성향의 사람들이 있을 수도 있다. 그러나 기본적으로 생각과 행동을 빠르게 하는 것은 교육과 훈련의 결과다. 자신의 의지와 연습에 따라 얼마든지 달라질 수 있다. 그러니 직장에서 업무 효율을 높이고 동료들과 관계에서 좋은 평가를 받고 싶다면 빠름이 몸에 배도록 노력해야 한다. 특히 조직에서 임원을 꿈꾸고 있다면 반드시 업무 처리 속도를 높여야 한다. 조직의 책임자가 느리면 조직 전체가 느려지기 때문이다.

―― 66 ――

회사는
직원을 교육시키는 곳이 아니다.
교육과 훈련을 받은 직원들이
업무를 통해 성과를 만드는 곳이다.

―― 99 ――

직원 교육이
없는 회사

2010년 개봉했던 〈더 컴퍼니 맨(The Company Men)〉은 구조조정 과정에서 회사에서 밀려난 사람들의 얘기를 다루고 있다. 영화에서 잘나가던 조선회사의 임직원들은 갑작스러운 구조조정으로 하루아침에 직장을 잃는다. 이들은 자신만만하게 여유를 부리면서 일자리를 찾아 나선다. 그러나 이들이 맞닥뜨린 현실은 예상과 너무 달랐다. 이들은 연거푸 재취업에 실패하면서 절망에 빠진다. 집과 차를 팔아 살림 규모를 줄여보지만 경제적 궁핍은 이들을 사회에서 고립시키고 가족 관계까지 파괴한다.

회사의 임직원들이 몇 십 년씩 근무하면서 확보한 지식과 경험은 다른 곳에서 큰 의미가 없다. 이들이 갖고 있는 지식과 기술은 이미 한물간 것이었다. 기업의 채용 담당자들은 그들이 받았던 절반 이하의 연봉으로도 최신의 지식과 기술을 갖고 있는 젊은 사람을 뽑을 수 있다고 주장한다.

결국 이들이 할 수 있는 일은 목수 같은 육체노동밖에 없다. 자신이 할 수 있는 게 아무것도 없다는 사실을 깨닫게 된 어떤 이는 결국 자살을 선택한다.

이 영화가 영화로만 느껴지지 않는 것은 최근 한국 사회의 현실 때문이다. 한국 경제는 최근 급격한 전환기에 놓여 있다. 조선, 철강, 기계, 자동차, 중공업, 화학은 물론이고 건설, 해운, 전자 등 한국 경제를 일구는 데 핵심 역할을 했던 제조업과 이와 관련된 산업이 급격하게 경쟁력을 잃었다. 이 과정에서 수많은 직장인들이 영화 속 주인공과 같은 상황을 맞고 있다. 이들이 갖고 있는 지식과 기술은 순식간에 의미를 잃었다. 이들의 가치를 인정해주는 곳은 찾아보기 어렵다.

기업의 구조조정은 어제오늘의 일이 아니다. 그러나 최근 벌어지고 있는 한국 제조업의 구조조정은 그 속도나 규모에서 전례가 없을 정도여서 충격이 이만저만이 아니다. 얼마 전까지만 해도 '제조업 왕국'을 함께 건설하고 그 영화를 누렸던 사람들은 밀려오는 구조조정의 쓰나미에 어찌할 바를 몰라 우왕좌왕하고 있다. 최근 헤드헌팅회사에 이들 분야의 기업에서 잘나가던 임직원들의 이력서가 줄을 잇고 있다.

기업의 구조조정 과정에서 임직원들이 겪는 문제는 누구에게나 닥칠 수 있다. 따라서 이런 상황을 피할 수 없다면 해법은 대비하는 것뿐이다. 누구나 언제든지 직면할 가능성이 크다면 그런 일이 벌어졌을 때를 대비해 대응력을 길러야 한다. 자신의 업무능력을 키우고 지식과 기술을 습득해 직무역량을 최상으로 유지해야 한다는 얘기다. 교육훈련에 직장인들의 관심이 쏠리는 이유도 여기에 있다.

주체적이지 않은 직원은 가르쳐도 소용없다

―――――

그런데 직원들을 대상으로 하는 교육 훈련을 전혀 하지 않는 경영자가 있다. 모리카와 아키라는 네이버의 일본 자회사 라인(LINE)의 전 CEO다. 그는 라인이 세계 230개국 4억 명이 사용하는 세계적 모바일 메신저로 성장하는 과정에서 큰 역할을 담당했다. 그의 경영방식은 여러 면에서 독특했다. 그중 하나가 직원을 대상으로 교육이나 연수를 실시하지 않는 것이었다. 그는 노골적으로 "직원을 교육하지 말라"고 역설한다.

그가 교육과 연수를 멀리한 것은 회사는 학교가 아니라는 소신 때문이다. 회사는 일하는 곳이지 교육기관이 아니기 때문에 회사가 나서서 교육이나 연수 프로그램을 운영할 필요가 없다는 것이다. 그는 『심플을 생각한다』라는 저서를 비롯해 각종 강연에서 이렇게 말해왔다.

"회사에 들어가는 목적은 그 회사에서 무언가 실현하고 싶은 것이 있기 때문이다. 우리는 그 생각에 공감할 수 있는 사람만 채용하고 있다. 그래서 우리 회사의 직원들은 주체적으로 공부하고 싶고, 성장하고 싶고, 배우고 싶어한다. 사실 직원들이 수동적 자세로 있다는 것 자체가 의아한 일이다."

모리카와 아키라는 일은 주어지는 것이 아니라 스스로 만드는 것이라 생각한다. 모든 것의 밑바탕에 주체성이 깔려 있다는 의미다. 그는 주체성이 없으면 절대로 일을 잘할 수 없고, 크게 활약할 수도 없다고 믿는다.

모리카와 아키라는 특히 회사에 들어오는 사람이라면 주체적으로 무엇인가를 실현하고 싶어하는 것이 정상이라고 생각했다. 그런데 교육은 기본적으로 수동적이다. '교육을 받는다'는 말에서 알 수 있듯이 피동적 개념이 내재해 있다. 그래서 그는 교육이란 말을 좋아하지 않는다. 물론 어릴 때 살아가는 데 필요한 지식이나 교양은 교육받아야 한다. 그러나 성인이 되고 직장에 들어와서까지 교육을 받아야 할 필요가 있을지에 대해서는 회의적이다.

그 역시 초기에 직원들을 대상으로 교육연수를 한 적이 있었다. 직원들의 기술력 향상을 위해 아주 충실한 프로그램을 만들어 운영했다. 그런데 의욕이 있는 직원은 교육에 열심이었지만 의욕이 없는 직원은 무관심으로 일관했다. 의욕이 없는 직원은 억지로 참가하긴 했지만 교육의 성과를 거두지 못했다. 반대로 의욕이 있는 직원은 자신에게 필요하다고 생각할 때 자율적으로 공부했다. 상사에게 묻고, 책을 읽고, 강연을 듣고, 학교를 다녔다. 그는 결국 교육 프로그램을 운영하는 대신 사원들의 자발적 학습을 지원하는 쪽으로 회사의 정책을 바꿨다.

회사는 교육의 의무가 없다

모리카와 아키라의 말처럼 직장인들 중 일부는 직장을 학교로 생각하는 경향이 있다. 입사 지원서에 "열심히 배우겠다"고 말하고 면접에서도 "잘 모르지만 열심히 공부하겠다"고 의지를 피력한다. 어떤 사람은 면접관에게 회사의 교육 프로그램에 어떤 것들이 있는지 물어보기도 한다. 입사한 뒤 회사가 교육을 안 시켜준다며 불만을 토로하는 직원들도 있다.

물론 성과를 내기 위해 열심히 배우고 싶다는 뜻으로 해석할 수도 있다. 배우지 않으려는 직원에 비해 백배 천배 낫다. 그러나 한편으로 답답하다. 엄밀히 말하면 회사는 직원을 교육시키는 곳이 아니다. 교육과 훈련을 받은 직원들이 업무를 통해 성과를 만드는 곳이다. 따라서 교육의 책임은 회사가 아니라 개인에게 있다. 회사가 직원을 교육하는 것은 좀 더 좋은 성과를 기대하기 때문이지, 직원에 대한 교육 의무 때문이 아니다. 그런데도 직장인들 중 일부는 직원을 교육하는 것이 마치 회사의 의무인 것처럼 착각한다.

이런 착각이 더 심해지면 '회사가 나를 키워줄 것'이라고 생각하고 이와 관련해 어이없는 요구로까지 이어진다. 회사에 교육을 요구하는 사람들이 흔히 하는 말이 있다.

"내가 성장하지 못하는 것은 회사가 교육을 시켜주지 않아서다."

정말 그런가? 직원이 크지 못하는 것은 회사가 교육시켜주지 않아서일까? 나는 이런 말이 핑계이고, 구실이고, 변명에 지나지 않는다고 생각한다.

공부는 알아서 해야 한다

기업에서 같은 시기에 입사한 동기라도 일정한 시간이 지나면 업무능력에서 큰 차이가 나는 경우가 많다. 어떤 직원은 입사 때에 비해 업무능력이 월등히 향상된 반면, 어떤 직원은 입사 때와 별반 차이가 없다. 선사의 특성은 업무에 필요한 지식과 경험이 무엇인지를 알고 그것을 스스로 찾아 나선다는 것이다.

앞서 이야기한 대로 직장인들에게 교육은 중요하다. 교육 없이 직원들의 업무능력 향상을 기대하는 것은 어불성설이다. 세계의 내로라하는 기업들이 직원들의 교육에 엄청난 비용을 쏟아 붓는 것도 이 때문이다. 성장하고 발전하는 기업들은 하나같이 직급과 직책과 직무에 맞게 직원교육 프로그램을 거미줄처럼 촘촘히 설계해놓고 있다. 일부 기업은 교육을 성과에 대한 보상으로 활용하기도 한다. 성과가 좋은 직원에게 교육 기회를 제공하고 교육을 잘 받은 직원의 역할, 권한, 보상 등을 확대하고 강화하는 것이다.

그러나 이런 기업들에도 교육과 관련된 원칙이 있다. 첫째, 교육은 성과를 늘리기 위한 수단이지, 교육 그 자체가 목적이 아니라는 것이다. 다시 말해 기업의 모든 교육은 성과향상과 직결돼 있다. 따라서 직장에서 성과와 큰 관련이 없는 교육을 기대하는 것은 무리다. 업무성과 개선을 위한 지식과 기술의 습득이 아니라 자기계발을 위한 교육 성격이 강하다면 기업이 나설 이유가 없다는 얘기다.

그런 점에서 성과와 직접 관련이 없는 일반적이고 기초적인 교육은 직장인 스스로가 알아서 할 일이지, 회사를 믿고 기다려서는 안 된다. 회사가 실시하는 직무교육은 대개 단기적 업무성과를 늘리기 위한 것이다. 급변하는 시장 변화에 대처하기 위한 개인의 기초 능력 강화와 결이 다르다. 일반적이고 기초적인 업무능력을 키우려면 직장인 스스로가 노력해야 한다. 자발적으로 끊임없이 자신에게 필요한 지식과 기술을 습득해야 한다는 것이다.

둘째, 기업은 교육을 비용이자 투자로 본다. 따라서 직원에 대한 교육 필요성이 커지면 기업은 고민한다. 직원을 교육해서 업무능력을 키우는 것과 업무능력이 더 뛰어난 직원을 채용하는 것 가운데 어느 쪽이 효율적인지 따져보게 되는 것이다. 무조건 직원을 교육시켜서 회사가 직면한 과제를 맡기려 들지 않는다. 기업들이 경력사원 채용을 늘리는 이유는 기존 직원을 교육훈련하는 것보다 훈련된 사람을 채용해 일을 맡기는 게 효율적이라고 판단하기 때문이다.

따라서 직원들도 교육의 효율성을 고민해봐야 한다. 새로운 지식과 기술을 교육받으려면 시간과 비용을 투입해야 한다. 만약 교육으로 인해 받게 될 보상이나 미래의 기회가 투입에 비해 크지 않다면 교육받는 것을 재검토해야 한다. 언제, 어떤 교육을 받느냐에 따라 자신의 업무 능력뿐 아니라 미래의 진로까지 달라질 수 있기 때문이다.

한국 제조업의 구조조정은 상당 기간 더 진행될 것으로 보인다. 구조조정이 끝나면 한국 대표 기업들의 사업구조는 전과 완전히 달라질 가능성이 크다. 이 같은 변화에 대처하려면 직장인들이 업무능력을 키워야 한다. 그런데 업무능력은 회사가 키워주지도 않고 회사에 다닌다고 저절로 커지는 것도 아니다. 스스로 키워야 한다. 특히 30대 직장인들은 자신의 경력을 설계한 뒤 이 설계도에 맞게 자신만의 맞춤형 공부를 해야 한다. 회사의 교육만으로 설계도에 맞게 커리어를 완성할 수 있는 역량을 확보하기는 상당히 어렵다.

❝

상대방을 위해 일을 하려면
먼저 상대방을 잘 알아야 한다.
상대방이 무엇을 원하는지 알아야
제대로 도울 수 있기 때문이다.

❞

최고의
파트너가 되는 법

30대 직장인들이 갖고 있는 꿈 가운데 하나가 뜻이 맞는 팀원들과 함께 제대로 일해보는 것이다. 호흡이 잘 맞는 동료들과 함께 일하면 업무효율이 높아져 성과가 좋아진다. 그런 팀에서 유능한 상사나 동료와 일하다 보면 많은 것을 배우면서 빠르게 성장할 수 있다. 업무역량은 대부분 실전을 통해 커지기 때문에 미래를 내다보는 직장인에게 유능한 동료들과 일하는 것은 매우 중요하다.

특히 자기 분야에서 일가를 이루고 싶은 사람이라면 최고의 팀에 들어가거나 한발 더 나아가 최고의 팀을 만들어야 한다. 아무리 잠재능력이 뛰어난 사람도 혼자서 할 수 있는 일에는 한계가 있고 홀로 성장하는 것은 여간 어려운 일이 아니다. 프로 운동선수들이 매년 이적시장에서 더 수준 높은 팀으로 옮기려고 애쓰는 것도 이 때문이다.

남을 돕는 것이 나를 돕는 길이다

좋은 팀으로 가면 왜 성과가 나고 성장하는 걸까? 결론부터 말하면 좋은 팀은 동료들이 성장하고 성과를 낼 수 있도록 서로 돕기 때문이다.

뮤지컬이나 공연의 프로듀서들은 배우나 가수에게 늘 이렇게 당부한다. "공연이 잘되려면 상대방을 도와야 한다. 자기 실력을 보여주겠다고 혼자 노래하면 결코 좋은 화음이 나올 수 없다. 좋은 화음을 만들려면 상대방의 노래에 맞춰야 한다. 무대에서 누군가가 노래를 부르고 있으면 나머지 출연자들은 모두 그를 따라가야 한다."

무대에서 출연자들이 각자 자기 노래만 하면 관객은 시선이 분산돼 공연에 몰입하기 어렵다. 중창에서 멋진 화음을 만들어내는 가수들은 기본적으로 "상대방을 위해 노래한다"는 정신이 투철하다. 상대방에게 맞추려고 노력하지 않으면 아무리 역량이 뛰어나도 화음을 만들어낼 수 없다는 것을 알고 있기 때문이다. 만약 공연에 출연한 가수들이 모두 자기 소리를 100% 내면 관객에게 절반만 전달된다. 그러나 다른 사람에게 맞추기 위해 자기 소리의 50~60%만 내면 관객에게 전달되는 소리는 오히려 두세 배로 커진다.

스포츠 경기도 마찬가지다. 축구에서 공격수가 골을 넣으려면 누군가어시스트해줘야 한다. 아무리 뛰어난 선수라고 해도 팀원들의 역량이 뒷받침되지 않고 팀워크가 유기적으로 작동하지 않으면 골을 넣기 어렵다. 상대 선수들의 견제를 피해가며 골대까지 혼자 공을 몰고 가 골을 넣는 경우는 극히 드물다. 선수들은 무리하게 골 욕심을 내다 결정적인 득점 기회를 놓칠 수 있다는 사실을 잘 알고 있다. 그래서 골을 넣기에 가장 좋은 위치에 있는 선수가 골을 넣도록 돕는다. 최고의 선수는 언제나 팀워크가 탄탄한 팀에서 나오는 것도 이 때문이다.

이렇게 성과가 뛰어난 팀은 구성원들의 역량 자체도 높지만 일하는 방식도 일반 팀들과 다르다. 구성원들은 철저하게 서로를 돋보이게 만들고 동료가 성과를 내도록 노력한다. 동료를 지원하는 게 몸에 배어 있고 협력하는 문화가 조직에 깊게 뿌리내려 있다. 따라서 아무리 역량이 출중한 스타선수라도 골을 넣은 뒤 자신의 능력을 자랑하지 않는다. 이들이 경기가 끝난 뒤 기자회견에서 하는 첫말은 "팀의 승리에 기여해 기분이 좋다"거나 "동료들이 도와준 덕분에 골을 넣을 수 있었다"라는 것이다. 빈말이 아니라 그들의 팀 문화에서 너무도 당연한 말이고, 선수들도 실제로 그렇게 느낀다.

능력과 성과가 탁월한 팀에서 일하고 싶다면 무엇보다도 동료를 위해 일하는 것을 몸에 익혀야 한다. 의식해서 나오는 행동이 아니라 자연스럽게 묻어날 정도로 반복훈련을 해야 한다. 그렇게 동료를 위해 일하는 소문이 나면 "우리와 함께 일하자"는 제안을 받게 된다. 또 같이 일하고 싶다는 사람들이 많아져 이들과 팀을 결성할 수도 있다.

세상에 도와주는 것을 싫어할 사람은 없다. 모든 사람들은 이왕이면 자신을 돕는 사람과 일하고 싶어한다. 이 때문에 다른 사람을 위해서 일하는 것은 자신을 위해 일하는 것이기도 하다. 다른 사람을 위해 일하는 것은 그들의 본성이 착해서라기보다 상대방에 맞추려고 노력하는 것 사체가 성장하는 길이고 성과를 거두는 방법임을 잘 알고 있기 때문이다.

직장에서도 부서의 책임자들은 그런 사람을 자기 부서에 들이고 싶어한다. 또 동료들도 그런 사람과 일하기를 원한다. 그래서 종종 회사 안에서 그런 사람을 자기 부서로 끌어오기 위해 경쟁이 벌어지기도 한다. 동료를 도와 성과를 끌어올리는 사람은 굳이 좋은 팀으로 가겠다고 찾아다니지 않아도 여기저기서 오라고 손짓한다.

상대를 알아야 도울 수 있다

반대로 자신을 위해서만 일하는 사람들에게 길은 잘 열리지 않는다. 아무리 뛰어난 능력을 갖고 있어도 그런 사람과 같이 일하고 싶어하는 사람은 많지 않다. 같이 일해서 좋은 결과를 얻을 수 없기 때문이다. 설령 어찌어찌 성과를 거뒀다 하더라도 자신에게 돌아올 몫은 별로 없을 게 뻔하니 누가 같이 일하고 싶겠는가.

헤드헌팅회사는 수시로 평판조회를 한다. 기업에 사람을 추천하는 과정에서 그를 좀 더 자세히 파악하기 위해 전 직장의 상사나 동료를 대상으로 평판을 듣는 것이다. 또 임원이나 간부사원을 채용할 때 헤드헌팅회사에 의뢰해 평판조회를 실시하는 기업이 많다. 어떤 기업들은 신입사원을 제외한 모든 임직원을 채용할 때 평판조회를 의무화하고 있다.

그런데 평판조회 과정에서 가장 문제가 되는 항목 중 하나가 팀워크다. 종종 "능력은 좋지만 협업하기 어려운 사람"이라거나 "협업 능력이 부족해 조직적 시너지를 내지 못한다"는 평가를 받는 사람들이 있다. 이런 평가가 나오면 기업들은 민감하게 반응한다. 조직 안에서 불협화음을 낼 가능성이 높기 때문에 채용에 신중을 기하게 된다. 특히 "혼자 일하는 성향이 강하다"거나 "독선적이어서 조직에 부담을 준다"는 평가가 나오면 아무리 유능해도 대개 채용 절차가 중단되고 만다.

메릴린치 투자은행 사장을 지낸 다우 김은 한국인들이 유능해서 투자은행계에 많이 진출하고 있지만 1~2년 만에 그만두는 경우가 많다고 말한다. 자신이 최고라는 생각에 빠져 주변 동료를 돌아보지 않기 때문이라는 것이다.

그는 "한국인들이 자기만 빨리 앞서가려다 보니 동료들을 우호적으로 대하지 못하고 경쟁자로 만들어버린다"면서 "투자금융업계에서 일하는 사람들은 경쟁의 달인들이기 때문에 이들과 경쟁 관계를 형성하는 것은 결코 바람직하지 않다"고 지적한다. 같이 가겠다는 생각으로 좋은 동료가 되겠다는 마음을 가져야 즐겁게 일할 수 있고 나중에 결과도 좋다고 설명한다. 겸손은 최고의 엘리트 집단 구성원들이 가져야 할 기본 덕목이라는 것이다.

좋은 팀에 가서 좋은 사람들과 일하려면 먼저 그들과 일하는 방법을 익혀야 한다. 다시 말해 동료를 돕고 동료의 성과를 위해 일하는 것이 몸에 배어 있어야 한다. 그런데 상대방을 위해 일을 하려면 먼저 상대방을 잘 알아야 한다. 상대방이 무엇을 원하는지 알아야 제대로 도울 수 있기 때문이다. 상대방의 강점과 약점, 상대방이 필요한 것이 무엇인지를 안다면 적시에 필요한 도움을 줄 수 있다. 그래서 동료를 주시하고 상대방을 주의 깊게 관찰하는 것은 팀플레이를 하는 조직에서 가장 기본적인 자세다.

협업은 최고의 성장 기회

직장생활을 하다 보면 유독 주변에 관심이 많은 사람들도 있지만 무관심한 사람들도 있다. 회사나 직원들의 온갖 문제에 참견하는 사람들은 정작 자신의 업무는 소홀히 하는 경향이 있다. 대개 이런 사람들의 업무성과는 그리 좋지 않다. 반대로 자기 업무에만 집중하고 나머지는 소 닭 보듯 하는 사람들의 성과도 좋은 편이 못 된다. 조직 전체의 흐름을 따라가지 않아 시너지를 못 내기 때문이다.

이런 사람들은 특히 다른 사람들과 협업이 어렵다. 협업을 잘하려면 평상시에 협업 대상자들과 직간접적 교류를 하면서 업무를 개괄적으로나마 이해하고 있어야 한다. 그러나 자기 일만 하는 사람은 기본적으로 주변에 대해 관심이 없다. 협업하기에는 관련 분야의 업무 지식이 너무 부족하고 정서적 공감도 쉽게 이뤄지지 않는다.

직장인들은 협업을 통해 지식과 기술 수준을 높이고 업무 영역을 확대한다. 특히 협업 과정에서 자연스럽게 자기 브랜드가 알려지고 인적 네트워크도 확장되기 때문에 협업은 직장인들에게 한 단계 성장하는 계기가 된다. 따라서 직장인들은 협업에 적극적으로 임하고 좋은 결과를 만들어내도록 노력해야 한다. 그러나 앞만 보고 다니면서 동료에 관심을 두지 않는 사람들은 협업이라는 중요한 성장의 기회를 누리지 못하고 만다.

직장에서 성장하려면 업무능력이 좋고 성과가 뛰어난 사람과 일해야 한다. 그런 사람들이 모여 있는 조직의 도움을 받아야 빨리 발전할 수 있다. 세계적 동기 부여 전문가이자 성공학자인 브라이언 트레이시는 성공을 "내가 가장 즐기는 일을 내가 존경하는 사람들 속에서 원하는 방식으로 할 수 있는 것"이라고 정의한다. 아무리 좋아하는 일이라도 마음에 들지 않는 사람들과 하게 되면 즐거움이 반감되게 마련이다. 또 원하는 방식으로 일하기도 어렵다. 그만큼 마음에 드는 사람과 일하는 것, 호흡이 맞는 동료와 직장생활을 함께하는 것은 중요하다.

특히 좋은 조직의 구성원들은 자신의 시간과 재능으로 다른 사람을 도울 때 행복하다는 것을 잘 알고 있다. 그래서 수준 높은 조직에서 일해본 사람들은 아무리 좋은 연봉이나 직책을 제시해도 수준이 낮은 조직으로 잘 옮기려 하지 않는다. 각자 자기를 뽐내며 혼자 일하는 조직과 동료를 돕는 조직에서 구성원들이 느끼는 행복감은 너무 다르기 때문이다.

66

직장에서 일을 열심히 한다고 해서
언제나 좋은 평가를 받는 것은 아니다.
성실하기만 해서 잘된다는 보장도 없다.
경영자나 상사의 입장에서 보면
성실한 직원 중 일부는
그저 부지런한 사람일 뿐,
조직 기여도는 높지 않은
평범한 직원일 수 있다.

99

직장생활의 최종 승자는
누구일까

몇 달 전, 한 직장인으로부터 다소 뜬금없는 질문을 받은 적이 있다. 직장생활을 잘하려면 어떻게 해야 하는지 궁금하다는 것이었다. 그는 국내 중견기업에서 영업지원을 담당하고 있는 직장생활 7년차 대리로 과장 승진 시기가 얼마 남지 않은 사람이었다. 그런 그가 직장생활 경험이 아예 없는 취업 준비생이나 직장 경험이 부족한 신입사원이나 할 법한 질문을 던진 것이었다.

그런데 그의 얘기를 듣다 보니 그의 질문은 결코 즉흥적인 것이 아니었다. 그는 자신의 직장에서 벌어지고 있는 여러 현상에 의문을 갖고 있었다. 특히 열심히 일했는데도 인사고과를 잘 받지 못해 승진을 못하는 사람이 있는가 하면, 어떤 직원은 적당히 일하는 것 같은데도 평가가 좋은 것이 잘 이해되지 않는다고 했다.

직장생활 잘하는 사람=회사의 발전에 기여하는 사람

이 질문을 받고 나는 그에게 어떤 답을 줘야 할지 막막했다. 나 역시 그동안 어떻게 해야 직장생활을 잘하는지 진지하게 고민해본 적이 없기 때문이었다. 나도 신입사원으로 입사해 직장생활을 꽤 했지만 그냥 맡은 일을 열심히 했던 기억밖에 없었다. 한 번도 어떻게 해야 직장에서 좋은 평가를 받을 수 있는지 고민한 적이 없었다. 그래서 그의 질문은 엉뚱하게 들렸고 답변하기가 어려웠다.

너무 평이했지만 생각할수록 답하기 어려운 이 질문은 한동안 계속 내 머릿속을 맴돌았다. 나는 답을 찾기 위해 그동안 내가 직장생활을 어떻게 했나 돌아봤고, 회사에서 좋은 평가를 받고 있는 직원들을 떠올렸다. 또 유능한 인재라고 판단해 기업에 추천한 사람들을 다시 들여다보고 그들이 입사해서 어떻게 지냈는지 알아봤다. 서점에 가서 이런 주제를 다룬 책이 있는지 찾아보기도 했다. 그런 과정을 거치면서 직장생활을 잘하는 방법은 회사의 발전에 기여하는 사람이 되는 것이라는 결론에 도달하게 됐다.

내가 내린 결론에 대해 너무 평범하고 일반론적인 얘기 아니냐고 지적할 수도 있겠다. 그러나 내 직장생활 경험과 인재 평가 과정에서, 그리고 기업 경영에서 좋은 평가를 받았던 사람들은 모두 회사 발전에 크게 기여하고 있었다. 반대로 평가가 나쁜 직원들은 한결같이 회사 발전에 대한 기여가 부족하거나 거의 없었다. 그런데도 직장인들 가운데 이 평범한 원칙을 소홀하게 여기거나 간과하고 있는 사람들이 너무 많다. 내게 질문했던 직장인도 이런 사람들 중 하나였다.

얼마나 조직에 기여할 것인가

일반적으로 직장에서 자신의 직무를 성실하게 수행하면 성과가 나고 대체로 좋은 평가를 받는다. 문제는 조직이 원하는 성과인가 하는 점이다. 만약 자신이 만들어낸 결과물이 조직이 원하는 것이 아니라면 결과물에 대한 평가는 자신의 기대와 다를 가능성이 크다. "직장에서 한눈팔지 않고 충실히 일했어도 조직의 평가가 많이 달랐다"라고 이야기하는 사람들은 대부분 이런 상황에 놓여 있다.

조직 기여도는 특정 직무나 직급의 직원에게만 적용되는 평가기준이 아니다. 사실상 모든 분야의 모든 임직원에게 적용되는 기업의 핵심 평가기준이다. 이 평가는 직원들의 성과 증대를 통한 조직 기여도 향상을 목표로 그들을 교육훈련하는 기업의 HRD 담당자들에게도 똑같이 적용된다.

몇 년 전, 한 경영대학원에서 인사 세미나를 하겠다고 안내문을 보냈는데 주제가 조금 독특했다. "조직에 기여하는 교육은 성과로 말한다"였다. 나는 '조직 기여와 교육' '교육과 성과'를 연결한 것이 너무 부자연스럽다고 생각했다. 그래서 세미나 담당자에게 왜 그런 주제를 선택했느냐고 물었더니 그는 "기업의 교육 담당자들이 가장 많이 하고 있는 고민이기 때문"이라고 설명했다.

기업의 HRD 담당자들은 자신의 업무인 임직원 교육이 과연 조직원의 성과와 조직의 성장발전에 기여하고 있느냐에 대한 기업 내 회의론에 시달리고 있다. 교육 담당자들은 임직원 교육을 열심히 준비해서 잘 마쳤는데도 종종 "교육과 성과는 별개"라는 교육 무용론을 듣기도 한다. 특히 "바빠 죽겠는데 자꾸 쓸데없는 교육을 받으라고 한다"는 핀잔을 들을 때마다 보통 속상한 게 아니다.

교육 담당자가 조직 기여도에서 좋은 평가를 받으려면 교육받은 직원들의 성과가 개선되는 게 입증되어야 한다. 교육받지 않은 직원보다 교육받은 직원의 성과가 눈에 띄게 높다면 사람들은 자연스럽게 교육의 효과를 인정할 것이다. 교육 담당자들이 직원들의 성과를 확대하기 위해 필요한 교육이 무엇이고, 이 교육을 어떻게 진행해야 좋은지 고민하는 것도 이 때문이다.

그러나 교육의 효과라는 게 금방 나타나는 게 아니고 측정하거나 체감하기도 쉽지 않아서 교육 담당자들은 수시로 교육 무용론에 직면하게 된다. 업무 시간이 부족하다 싶으면 아무리 열심히 준비했던 교육이더라도 순식간에 포기하는 게 비일비재하고, 구조조정을 할 때 HRD 담당자들이 우선순위에 놓이는 게 현실이다.

기업의 채용 과정에서 가장 중요한 평가기준도 조직 기여도. 면접관들은 임직원 채용을 위한 인터뷰에서 지원자가 입사한 뒤 조직에 어떻게 기여할지 꼼꼼히 따진다. 지원자의 기술이나 지식, 경험을 세세히 파악하는 것도 기여도를 판단하기 위해서다. 연봉 책정 기준도, 직급과 직책의 결정 기준도 조직 기여도. 특히 면접관들이 입사 지원자들로부터 가장 듣고 싶은 얘기도 얼마나 회사에 기여할 수 있는지에 관한 것이다.

조직이 원하는 방식으로 기여해야 한다

그렇다면 어떻게 해야 조직 기여도를 높일 수 있을까? 첫째, 조직이 무엇을 원하고 있는지 정확히 알아야 한다. 어떤 게 회사 가치를 키우는 것이고 의미 있는 성과인지를 제대로 알아야 조직에 필요한 일을 할 수 있기 때문이다.

내가 전에 다니던 직장에서 늘 저녁 늦게까지 남아 일하는 직원이 있었다. 사무실을 둘러보면 그는 늘 자리에서 무엇인가를 하고 있었다. 그런데 연말 인사팀이 내놓은 평가 보고서를 보고 깜짝 놀랐다. 그렇게 열심히 일했는데도 그에 대한 평가가 좋지 않았기 때문이다. 그는 승진자 명단에서도 빠져 있었다.

나는 뭔가 잘못된 게 아닌가 걱정하면서 인사 책임자를 불러 사실을 확인했다. 그런데 인사 책임자의 말은 내가 생각했던 것과 너무 달랐다. 인사 책임자는 그 직원에 대해 "자기가 옳다고 생각하는 것을 열심히 할 뿐 정작 회사가 필요한 것을 하지는 않는다"고 말했다. 자기가 중요하다고 생각하는 일을 하지 부서장이 중요하다고 얘기하는 일을 우선하지 않는다는 것이었다. 인사 책임자의 설명이 사실이라면 그는 회사의 일을 하는 게 아니라 자신의 일을 열심히 하고 있었던 셈이다.

둘째, 조직이 원하는 것이 무엇인지를 알았다면 그에 맞게 자신의 업무 방향을 맞춰야 한다. 조직 기여도를 극대화하는 쪽으로 자기업무를 조정해야 한다는 말이다. 자기 업무를 열심히 하는 수준을 넘어서서 조직이 성과를 내고 가치가 커지는 쪽으로 시너지를 내도록 노력해야 한다.

조직에 기여한다는 것이 반드시 매출과 직결되는 일만을 의미하는 것은 아니다. 조직에서 조직 기여도는 직원이 어떤 업무를 하고 있느냐에 따라 달라진다. 예를 들어 영업 담당자는 실질적 매출이나 신규 고객 발굴, 기존 고객과 관계 등을 평가한다. 또 총무 담당자의 경우 사내 업무환경 개선과 업무 분위기 조성, 구매의 효율성이 주요 평가 요소가 되고, 인사 담당자의 경우 인재의 발굴과 육성, 조직원의 정확한 평가와 적재적소에 배치하는 것을 보게 된다. 따라서 자신의 업무가 조직이 원하는 것과 어떻게 연결되고 어떤 시너지를 낼 수 있는지 고민해봐야 한다.

셋째, 조직이 무엇을 원하고 어떻게 해야 그것을 만들어낼 수 있는지를 안다면 그다음에는 최적의 실행 방안을 찾아야 한다. 직장인들이 어떤 것을 실행할 때 간과하는 것이 있다. 업무를 추진할 때 가급적 조직이 원하는 방식으로 해야 한다는 것이다. 이렇게 이야기하면 "결과만 내면 되지, 방법까지 세세하게 따지느냐"고 볼멘소리를 할지도 모르겠다.

그러나 회사가 원하는 업무수행 방식은 단순히 성과만 내는 데 초점이 맞춰져 있지 않다. 성과뿐 아니라 그 성과를 만드는 과정에서 팀워크와 기업문화에 긍정적 영향을 미치는 것, 고객에게 기업이 추구하는 가치를 전파하는 것 등의 간접적 효과까지 감안한다. 그래서 조직은 구성원들에게 계속해서 업무내용뿐 아니라 업무방식까지 교육한다.

가끔 조직이 원하는 결과를 조직이 기대했던 것과 전혀 다른 방식으로 만들어내는 사람들이 있다. 이들 중 일부는 상사와 동료들로부터 찬사를 받기도 한다. 그러나 대부분은 성과에 대한 평가가 반감되고 만다. 성과가 만들어지는 과정에서 회사가 기대했던 간접 효과가 나타나지 않았기 때문이다. 어떤 경우 최고경영자의 경영철학이나 기업문화와 다른 방식을 선택하는 바람에 성과를 만들고도 비판을 받기도 한다.

직장생활에서 성과를 내는 것 못지않게 성과를 내는 과정에서 조직 구성원들과 함께하는 것은 매우 중요하다. 따라서 자신의 조직 기여도를 극대화하려면 업무를 착수하기 전에, 그리고 업무를 진행하는 과정에서 수

시로 상사나 동료들과 협의하고 공감대를 형성해야 한다. 조직에서 화합과 협력이라는 가치는 아무리 강조해도 지나치지 않은 중요한 요소이기 때문이다.

직장에서 일을 열심히 한다고 해서 언제나 좋은 평가를 받는 것은 아니다. 성실하기만 해서 잘된다는 보장도 없다. 경영자나 상사의 입장에서 보면 성실한 직원 중 일부는 그저 부지런한 사람일 뿐, 조직 기여도는 높지 않은 평범한 직원일 수 있다.

그러므로 직장인들이 좋은 평가를 받으려면 자신의 업무를 통해 어떻게 조직 기여도를 높일 수 있을지 고민할 필요가 있다. 회사에 필요한 사람은 출근부에 열심히 도장을 찍고 아무 일이나 무조건 열심히 하는 직원이 아니다. 조직의 가치를 키우고 성과를 만들어내는 데 구체적으로 기여하는 직원이다. 조직 기여를 고민하는 직원이 직장생활에서 패자가 되는 법은 없다.

66

미리 준비하지 않으면
내가 상황을 주도하는 게 아니라
상황이 나를 몰아가게 된다.

99

직장생활 10년이면
부닥치는 네 개의 벽

와다 이치로는 일본의 명문 교토 대학을 졸업한 뒤 대형 백화점인 다이마루백화점에 24세에 입사해 42세에 퇴직했다. 그가 쓴 책 『18년이나 다닌 회사를 그만두고 후회한 12가지』는 그의 '직장생활 실패기'다. 그는 직장을 그만둔 뒤 창업을 했고 기업을 운영하면서 돌아보게 된 과거 직장생활 이야기를 블로그에 연재했다. 그동안의 직장생활에 대한 일종의 반성문이었다. 그 글이 직장인들 사이에서 화제가 되면서 책으로 출간된 것이다.

그가 자신의 직장생활이 실패했다고 평가한 이유는 사장은커녕 임원도 되기 전에 중도퇴사했기 때문이다. 그는 자신의 직장생활이 처음부터 실패했던 것은 아니었다고 회고한다. 그는 동기들에 비해 스펙에서 앞섰다. 앞선 스펙만 믿고 여유를 부리다 난관에 부닥친 경험도 많다. 그러나 빠르게 적응했고 시간이 흐르면서 뛰어난 성과도 거뒀다. 그런데 마흔 살이 넘어서자 도저히 뛰어넘을 수 없는 벽과 마주하게 됐다. 더 이상 자신의 자리가 없다는 것을 깨달은 그는 결국 회사 문을 나섰다.

직장생활 10년, 눈앞에 벽이 나타났다

일반적으로 3~4년 정도 직장생활을 하면 초기의 어색함에서 벗어나 조직에서 자리를 잡을 수 있다. 업무에 익숙해지고 상사나 동료들과의 관계도 넓어진다. 그렇게 10년을 넘어서면 어느덧 조직의 중추가 된다. 그러던 어느 날 갑자기 지금까지 보던 것과 전혀 다른 세계가 눈에 들어온다. 특히 승진에서 미끄러지거나 주요 보직에서 밀려나면서 순탄했던 직장생활이 격랑에 휩싸일 때 자신이 처한 상황을 돌아보게 된다. 지금까지 자신이 상황을 주도하면서 직장생활을 해왔다고 생각했는데, 이제 아무리 노력해도 바꿀 수 없는 한계에 직면해 있는 자신을 발견하게 된다. 마흔 살이 지나면서 거대한 벽과 마주하게 됐다는 와다 이치로의 느낌도 이와 같았을 것이다.

10여 년간 직장생활을 한 사람들 가운데 상당수가 어느 날 갑자기 앞을 가로막는 큰 벽의 실체를 느낀다. 내 경험에 비추어 볼 때 그 벽은 크게 네 개다. 첫 번째 벽은 조직 내 위상이다. 입사할 때 직장 동기들의 출발점은 비슷하다. 그런데 10년쯤 지나면 격차가 심각하게 벌어진다. 동기들 중 선두 그룹은 벌써 핵심 중간간부로 확고하게 자리 잡는다. 이들은 회사의 주요 임원이 될 것이라는 기대를 받는다. 이에 반해 동기들 중 상당수는 후미에 뒤처진다. 노력한다고 해서 선두 그룹을 따라잡을 수 있을 것 같지 않다.

이들은 그동안 선두 그룹의 업무능력이나 성과에 대한 소식을 대수롭지 않게 여겼다. 그들의 성과는 운이 좋아 거둔 것일 뿐이며 자신도 노력만 하면 언제든지 만들어낼 수 있다고 생각했다. 특히 선두 그룹이 일하는 것을 볼 때마다 저렇게까지 열심히 할 필요가 있는지 의문을 가졌다. 열심히 한다고 누가 봐주는 것도 아니고 사장이나 임원이 되고 싶다고 해서 누가 시켜주는 것도 아닌데, 왜 그렇게 열심히 하는지 이해할 수 없었다. 그런데 이제 선두 그룹의 업무능력과 노력을 인정하지 않을 수 없게 됐다. 조금씩 벌어지던 격차가 어느새 좁히기 어려운 수준까지 확대됐기 때문이다.

두 번째 벽은 전문 분야다. 많은 직장인들이 입사해서 직무가 주어질 때 별다른 의미를 두지 않는다. 마라톤처럼 긴 직장생활에서 전문 직무가 정해지려면 한참 걸리기 때문에 그동안 이것저것 두루 경험해보자고 생각한다. 그래서 회사가 발령을 내고 상사가 시키는 대로 이 직무 저 직무를 맡는다. 물론 자신에게 계속 비슷한 직무가 주어진다는 느낌이 들기도 한다. 그러나 그것은 회사 사정 때문이고 다음에 원하는 직무를 맡으면 될 것이라고 생각한다.

그런데 현실은 그렇지가 않다. 자신은 아직 전문 분야를 정하지 않았는데도 상사와 동료는 이미 자신의 전문 분야를 알고 있는 듯 대한다. 지금 하고 있는 직무가 자신의 분야라고 생각하고 자신에게 다른 직무를 맡기려 하지 않는다. 물론 이 일은 자신의 의사나 의지와 무관한 것이라고 말할 수도 있지만, 딱히 다른 전문 분야가 있는 것도 아니다. 오랫동안 맡아왔거나 특출나게 성과를 낸 분야가 없기 때문이다. 이제부터 슬슬 자신이 원하는 분야를 정해서 자리 잡으려고 했는데 이미 늦어버린 것이다.

세 번째 벽은 리더십이다. 대부분의 직장인들은 부서장이 되기 전까지 책임자가 돼서 조직을 이끌어보지 못한다. 리더십을 평가받을 위치에 제대로 서본 적이 없는 것이다. 후배들이 있지만 본격적으로 그들을 이끌고 어떤 일을 추진하는 책임을 맡은 적이 없다. 물론 직장에서 일상적으로 후배들과 업무를 같이한다. 그러나 그것은 자신이 책임을 지고 하는 일이 아니다. 후배 한두 명과 간단한 프로젝트 몇 개를 맡기도 하지만, 그런 일들을 할 때도 상사는 특별히 자신을 책임자로 지명하지 않는다. 그런 정도로 규모가 크거나 사안이 중요하지 않기 때문이다.

따라서 상사가 자신의 리더십을 평가하는 것은 아직 이르다고 생각한다. 또 자신이 정식으로 조직의 책임자가 되면 조직을 잘 이끌 수 있다고 생각한다. 경험이 없지만 상사만큼 못할 것도 없다는 것이다. 자신이 리더십을 발휘하지 않는 것은 그럴 기회가 없었을 뿐이지, 자질이나 역량이 부족해서가 아니라는 얘기다.

그런데 상사는 그렇게 생각하지 않는다. 평상시 일하는 모습을 토대로 자신의 리더십에 대해 의구심을 품고 있다. 언젠가 인사고과를 보니 상사는 자신의 리더십에 낮은 점수를 주고 있었다. 리더십이 부족해 후배들을 잘 이끌지 못한다는 것이다. 시켜보지도, 기회를 주지도 않고 어떻게 평가했는지 도통 알 수 없지만, 상사의 판단은 바뀔 것 같지 않다.

네 번째 벽은 자만의 이미지다. 와다 이치로가 직장생활을 돌이켜 보면서 후회하는 것 중 하나도 자만이었다. 와다 이치로는 직장인들을 네 가지로 분류했다. 일은 잘하지만 부리기 힘든 사람, 일도 잘하고 부리기도 편한 사람, 일도 못하고 부리기도 힘든 사람, 일은 못하지만 부리기가 편한 사람이다. 조직에서 성장발전하려면 당연히 일도 잘하면서 상사 입장에서 부리기도 편한 사람이 돼야 한다. 그런데 일부 직장인들은 일은 잘하지만 부리기 어려운 사람이 되고 만다. 이들은 스스로 승진 기회를 차버리면서 위로 올라가려 한다. 그러나 그렇게 올라가는 것은 한계가 있다. 언젠가 반드시 천장에 부닥치게 돼 있다.

입사 초기의 똑똑하고 패기 있는 직장인들 가운데 자만이 뚝뚝 묻어나는 사람들이 적지 않다. 이들 역시 주변으로부터 좋은 평가를 받지 못한다. 그래도 "젊어서 그런 것이고 나이가 들면 나아질 것"이라며 눈감아주는 사람들 덕분에 큰 문제가 되지 않는다. 그러나 직장 초년생을 지나 대리가 되고 과장이 된 뒤에도 자만에서 빠져나오지 못하면 결국 무너지고 만다. 상사의 의향을 헤아리지 못한 채 독불장군처럼 행동하다 꺾이는 것이다. 갈대처럼 유연하게 바람을 견뎌야 하는데 나무처럼 미련스럽게 버티다 화를 자초하는 셈이다.

벽을 만든 것도 나, 무너트리는 것도 나

직장생활 10여 년 만에 부딪치게 된 네 가지 벽은 말 그대로 위압적이다. 도저히 뛰어넘을 수 없을 것 같다. 바둑을 둘 때 중반을 넘어서면 대개 몇 집을 지었는지 계산해보게 된다. 이때 상대방과 집 차이가 너무 크게 벌어져 있어 만회가 불가능하다고 생각하면 돌을 던진다. 이를 불계패라고 하는데, 30대 중반이 지난 직장인들 가운데 이렇게 불계패를 선언하는 사람들이 적지 않다. 더 이상 길이 없다고 생각하고 회사를 떠나는 것이다.

그런데 자기 앞에 떡하니 버티고 있는 이 거대한 벽은 다른 사람이 만든 것이 아니다. 자신이 매일매일 조금씩 쌓은 것이다. 자신만 몰랐을 뿐 주변 사람들은 자신이 벽을 쌓고 있는 것을 알고 있었다. 어떤 사람들은 직간접적으로 우려를 표명하고 경고도 했다. 그러나 그들의 우려와 경고는 마음에 와 닿지 않았다. 단지 기우라고 생각했다.

물론 자신도 벽의 존재를 전혀 몰랐던 것은 아니다. 그럼에도 불구하고 그 벽을 마음에 두지 않았던 것은 그동안 노력해서 모두 뛰어넘었기 때문이다. 작심하고 노력하면 부족한 부분을 채울 수 있었고, 부정적인 이미지도 바꿀 수 있었다. 문제가 없지는 않았지만 모두 해결했다. 그래서 자신이 쌓고 있는 벽들을 크게 걱정하지 않았던 것이다. 그러나 이제는 사정이 달라졌다. 자기 앞에 있는 벽들은 아무리 무너뜨리려고 해도 무너지지 않는다. 뛰어넘거나 우회하기도 어렵다. 어떻게 해도 앞으로 갈 수 없는 상황에 처하게 된 것이다.

직장생활 10년, 후반기를 준비해야

직장생활은 단거리 경기가 아니라 마라톤 같은 장거리 경기다. 초반에 잘 뛴다고 후반까지 좋은 성적을 낸다는 보장이 없다. 반대로 초반에 부진하더라도 후반에 만회할 가능성이 있다. 그러나 경기가 중반을 넘어서면 부진한 성적을 만회하기가 급격히 어려워진다. 달리는 속도가 높아지는 데 반해 남은 시간과 에너지가 많지 않기 때문이다.

직장생활 10년이 지나 후반기에 접어들게 되면 대개 그 사람의 미래가 드러난다. 그 회사에서 임원으로 승진할 수 있는 사람은 이미 가능성이 보인다. 반면 어떤 사람은 차장 승진도 어려울 것이라는 혹독한 평가가 내려진다. 기업도 임원 후보가 될 사람들을 선별하기 시작한다. 대기업들이 차장급부터 승진자를 대폭 줄이는 것도 이 때문이다.

직장생활은 이렇게 입사 10년을 전후해 전반기를 마감하고 후반기를 맞게 된다. 직장인들은 이 시기를 맞기 전에 자신의 직장 후반기를 준비해야 한다. 미리 준비하지 않으면 직장 후반기는 자신의 의사와 무관하게 사실상 결정되고 만다. 자신이 상황을 주도하는 게 아니라 상황이 자신을 몰아가는 것이다.

따라서 직장생활 초반부터 현실을 객관적으로 파악하고 자신이 어떤 벽을 쌓고 있는지 늘 살펴봐야 한다. 조직 안에서 자신의 위상이 어떤지, 전문분야는 무엇인지, 리더십은 어떤 평가를 받고 있는지, 그리고 자신에게 자만의 이미지가 붙어 있는 것은 아닌지 조금만 관심을 갖고 보면 알 수 있다.

PART 03

의미 발견

길은 꼭 하나만 있는 게 아니다

> 현재의 직장과 직무가
> 미래의 직장과 직무를 결정한다.
> 따라서 더 나은 직장과
> 더 적합한 직무를 원한다면
> 지금, 이곳에서 준비해야 한다.

맙소사, 30대에 아직도
진로 고민이라니

"20대가 지나면 진로 고민이 끝날 줄 알았는데 서른이 훨씬 넘은 지금도 여전히 고민하고 있습니다. 아직까지 원하는 직업을 찾지 못했기 때문입니다. 저를 설레게 하는 직업, 평생 해도 지루하지 않을 일을 찾고 있습니다. 친구들이 그런 직업은 세상에 없다고 핀잔을 주지만 저는 어딘가에 있을 거라고 생각합니다."

"30대 중반이지만 아무것도 이룬 것이 없는 한심한 백조입니다. 상사의 잔소리가 듣기 싫고 마음이 맞지 않는 동료와 보내는 시간이 아까워 벌써 세 번이나 직장을 옮겼습니다. 직장생활이 맞지 않는 것 같아 창업하려고 결심했지만 자본도 없고 아이디어도 없습니다. 그렇게 고민하는 사이 4년이 훅 지나가버렸습니다."

"이직을 고민하고 있습니다. 이곳으로 옮긴 지 1년이 채 안 됐지만 이번에도 저와 잘 맞지 않는 것 같습니다. 그런데 여기가 벌써 세 번째 직장이라 이직이 부담스럽습니다. 20대와 달리 30대는 잘못된 길을 선택할 경우 되돌리기가 쉽지 않다는 것을 잘 알고 있습니다. 마지막이라고 생각하고 신중히 결정하려다 보니 선택이 어렵습니다."

최근 내가 만났던 세 사람은 30대 중반의 나이에도 여전히 진로를 고민하고 있었다. 어쩌면 20대 시절보다 더 깊은 고민에 빠져 있는 것 같았다. 이들은 하나같이 대학을 졸업하면, 불안정한 20대가 지나면 좋은 직장에 정착해 큰 고민 없이 회사생활을 해나갈 수 있을 것이라 기대했다. 그러나 그런 기대는 '희망사항'으로 밝혀졌고 고민은 여전하다.

진로는 끊임없이 고민하는 것이다

이들처럼 진로를 고민하는 30대들이 의외로 많다. 20대가 다양한 경험을 쌓으면서 진로를 모색하는 시기라면 30대는 진로설계를 마치고 공사에 들어가야 할 때다. 고민을 끝내고 방향을 정해 빠르게 나아가야 할 시기다. 그런데도 30대의 상당수가 진로고민을 끝내지 못한 채 여전히 경력설계도를 그리는 단계에 멈춰 있다.

이들은 한 직장에 장기근속하겠다고 결심했으면서도 조금 더 마음에 드는 직장을 찾아 이리저리 옮겨 다닌다. 새 길을 모색하기 위해 자격증이나 석·박사과정을 기웃거리고, 창업을 준비하는 사람들을 곁눈질하기도 한다. 이번만큼은 끝까지 가보겠다는 굳은 결심은 봄눈 녹듯 슬그머니 녹아버리고 매순간 흔들린다. "사회 초년생도 아닌 30대 중반을 일부러 뽑아놓았는데 여전히 진로고민을 하면서 일에 집중하지 못하는 것을 보고 기가 막혔다"는 중소기업 사장의 하소연이 실감난다.

직장인이라면 더 좋은 직장에 대한 꿈을 갖고 있는 게 당연하다. 나이가 들면 진로고민이 사라질 것이라는 기대는 애초부터 잘못된 것이다. 20대와 달리 30대는 선택의 폭이 훨씬 좁고 선택할 수 있는 시간도 얼마 남지 않았기 때문에 오히려 더 초조해진다.

'얼마나 더 겪어봐야 할까? 이러다 아예 옮길 수 있는 기회가 사라지는 것은 아닐까? 조금이라도 젊을 때 옮겨야 하는데. 그런데 이직한 곳이 여기보다 별로면 어떻게 하지? 여기도 나쁜 것만은 아닌데. 이 직장을 구하려고 얼마나 고생했는데. 지금까지 쏟아 부은 노력과 시간이 얼만데. 그나마 조금씩 자리를 잡아가고 있는데. 잘못하다 공중에 붕 뜨는 것은 아닐까?'

고민은 끝이 없다. 문제는 이렇게 길어지는 고민이 업무의욕을 떨어뜨리고 성과부진을 낳는다는 것이다. 다른 곳으로 옮겨 가기 위한 징검다리 직장에서 일에 몰두하기를 기대하기는 어렵다. 이직할 곳을 찾느라 정신이 없는데 일이 손에 잡힐 리 만무하다. 업무에 매진하지도, 회사에 마음을 붙이지도 못하니 주변의 시선 역시 곱지 않다. 이런 과정에서 나빠진 평가는 결국 자신의 발목을 잡아 현재 직장에서 자리를 잡는 것도, 원하는 곳으로 옮기는 것도 어렵게 만든다. 이러지도 저러지도 못하면서 시간만 허비하다 능력도 없고, 성과도 못 내고, 그러면서도 나이는 많은 한심한 직장인으로 전락하고 만다.

미래는 현재에서 시작된다

우리 주변에 자신이 유능하다고 생각하지만 남들 눈에 무능해 보이는 직장인들을 흔히 볼 수 있다. 이들은 학력이나 업무능력이 보통 사람에 뒤지지 않는데도 일에 매진하지 않는다. 자신에게 주어진 일만 하겠다는 소극적 태도 때문에 성실하지 못하다는 인상마저 준다. 언제든 떠날 수 있는 사람처럼 행동해 상사나 동료로부터 외면을 당한다. 이들의 업무성과가 만족스러울 리 없고 직장 안에서 좋은 기회가 주어질 가능성도 적다.

30대의 방황은 이렇게 많은 부작용을 불러일으킨다. 자칫 방황이 길어지면 내상을 입을 수도 있다. 내상은 경쟁이 일상적으로 벌어지고 있는 '정글사회'에서 치명적인 결과로 이어진다. 자신이 선택한 길이 아님에도 불구하고 최악의 경우 어느 조직, 어느 구성원에게도 환영받지 못하는 존재가 될 수도 있다.

아침마다 마음을 설레게 하는 직장과 평생 지루하지 않은 업무가 과연 세상에 존재할까? 직장은 모두가 서로를 형제처럼 대하는 교회나 동아리와 다르다. 많은 사람들에게 선망의 대상이 되는 직업이라도 취미생활이 아닌 이상 스트레스가 존재한다. 계속하면 지루해질 수밖에 없다. 부여받은 목표에 도달해야 한다는 부담도 있다.

이렇게 직장에 대한 불만족이나 업무에서 오는 스트레스는 근본적으로 완벽하게 해소될 수 있는 것이 아니다. 문제는 직장이나 업무가 아니라 나 자신이고, 내가 직장과 직무를 대하는 태도다. 해법 역시 이직이나 보직변경이 아니라 직장과 일을 대하는 시각의 변화에 있다. 완벽한 만족을 주는 직장과 직무를 찾을 수 없다면 그런 현실을 인정하고 그 토대 위에서 대안을 모색해야 한다.

일단 현재의 직장과 직무에 충실해야 한다. 어느 곳에서나 직장의 주인은 오래 다니는 사람이지 유능한 사람이 아니다. 그런 만큼 터줏대감이된 장기근속자들이 발언권을 갖고 영향력을 행사한다. 경영진이나 임원들도 장기근속자들을 절대 외면할 수 없다. 근속 연수가 길어지면 그만큼기득권도 커지는 게 직장의 생리다.

설령 떠날 생각이 있어도 최선을 다해야 한다. 그래야 좋은 인상을 남겨더 좋은 곳으로 갈 수 있다. 현 직장과 직무에서 좋은 평가를 받지 못하는것은 이직 과정에서 심각한 걸림돌이다. 많은 기업들이 이전 직장의 성과나 직급, 직책과 함께 평판을 채용을 결정짓는 주요 판단근거로 삼기 때문이다.

미래는 현재에서 시작된다. 현재의 직장과 직무가 미래의 직장과 직무를 결정한다. 따라서 더 나은 직장과 더 적합한 직무를 원한다면 지금, 이곳에서 준비해야 한다. 지금 적당히 일하면서 미래에 더 좋은 직장과 직무를 찾겠다는 것은 헛된 꿈일 뿐이다.

아무것도 하지 않으면 결과도 없다

————

한 예능 프로그램에서 본 만학도 할머니의 이야기가 생각난다. 그는 대학생들에게 50년 만에 대학을 졸업한 자신의 이야기를 털어놓으면서 이렇게 말했다.

"원하는 게 있으면 결국에는 반드시 이뤄지더라. 토끼처럼 빨리 뛰어가도 정상에 갈 수 있고, 거북이처럼 천천히 가도 정상에 갈 수 있더라."

그러면서 그는 "두려워하지 말고 시작하라"고 강조했다.

80세인 그는 1956년 이화여대에 입학했으나 3학년 때 학교를 그만둘 수밖에 없었다. 결혼을 하면 학교를 다닐 수 없다는 당시의 학칙 때문이었다. 그의 부모는 동생들을 생각해 8남매 중 맏딸인 그를 일찍 시집보냈다. 그는 학업을 포기한 게 아쉬워 밤마다 시험 보는 꿈을 꾸기도 했다. 이화여대 학칙이 바뀌어 2003년 복교가 허용되자 그는 67세의 나이에 강화도에서 신촌까지 몇 시간씩 걸리는 거리를 버스로 통학하며 남은 공부를 마쳤다.

직장생활은 연못이 아니라 강물을 따라 흘러가는 배 위에서 고기를 잡는 것과 같다. 연못에 낚시를 드리우고 있는 강태공에게 시간은 문제가 안 된다. 연못 안에 있는 고기가 그저 미끼를 물 때까지 기다리면 된다. 그러나 흐르는 강 위에 떠 있는 선상의 어부에게 상황은 시시각각 변한다. 물고기도, 강물도, 지형도 어느 것 하나 가만히 있는 것이 없다. 무턱대고 기다린다고 물고기를 잡을 수 없다. 물고기가 있을 만한 곳으로 가서 그물을 던져야 한다.

무슨 선택을 하든 고민은 충분히 하는 게 좋다. 그러나 고민만 하고 결정은 미루면서 현재에 충실하지 않는 것은 스스로를 해치는 행위다. 현재는 만족스럽지 않고 미래는 불투명하니 그럴 수밖에 없다고 강변할지 모르겠다. 그러나 핑계일 뿐이다. 미래는 지금 이 자리에서 씨가 뿌려지고 싹이 튼다. 현재의 직장과 직무에서 성과를 거두고 능력을 발휘하지 못하는 사람에게 이직이나 창업의 길은 쉽게 열리지 않는다.

하고 싶다면 일단 시작해야 한다. 그래야 언젠가 목적지에 도달할 수 있다. 물론 불투명하고 불안정한 상태에서 시작하면 위험이 커진다. 상황이 분명해지고 안정될 때까지 지켜보는 게 좋을 수도 있다. 그러나 우리가 기대하는 투명하고 안정된 상황이 언제 올지는 아무도 모른다. 영영 오지 않을 수도 있다. 시작하지 않는 사람은 실패하지도 않을 테니 안정은 얻을 수 있겠지만, 아무것도 하지 않는 안정은 의미가 없다. 실행하지 않는 사람들은 편안할지 모르지만, 반대로 선택의 기회가 좁아지고 모든 것이 운명에 의해 결정되기도 한다.

실행력은 기업들이 30~40대에게 가장 원하는 키워드다. 풍부한 경험은 임원의 몫이고, 무모할 정도의 도전은 젊은 사람들의 특권이다. 30대는 일정한 경험을 통해 안목이 생긴 데다 야심이나 열정도 아직 살아 있다. 그래서 실행하기 아주 좋은 때다. 실패해도 다시 일어설 시간적 여유가 있다. 그러니 하고 싶은 일이 있다면 머릿속에만 두지 말고 결정해서 실행에 옮겨야 한다. 여름이 오기 전에 씨를 뿌리지 않으면 추수는 기대할 수 없는 법이다.

66

대장장이들이
쇠가 식어서 굳어지기 전에
자신이 원하는 틀을 만들기 위해
쉴 새 없이 망치를 내리치는 것처럼
30대는 직업과 직무,
직장이라는 큰 틀을 잡는 데
주력해야 한다.

99

격차는 30대에
가장 크게 벌어진다

　일본에서 최근 10년간 대유행했던 '격차'가 어느새 한국에서도 사회문제를 대표하는 말이 되었다. 정치인들이 '격차 해소'를 출마의 변으로 삼을 정도로 격차는 국가적 관심사로 떠올랐다. 격차는 한국이나 일본만의 문제가 아니다. 프랑스 파리경제대학교의 경제학 교수 토마 피케티는 『21세기 자본』이라는 저서에서 세계적으로 격차가 확대되는 것에 대해 경종을 울리고 있다.

　그런데 격차는 단순히 재산이나 소득에서만 확대되고 있는 게 아니다. 재산이나 소득을 기반으로 해서 사회 모든 분야로 확대되고 있다. 2010년 여름 일본의 경제 주간지 《다이아몬드》에 격차에 관한 사카이야 다이치의 기고가 실렸다. 사카이야 다이치는 1998년 오부치 내각에서 경제기획청 장관을 지낸 사람이다.

일본의 사례를 통해 본 인생의 격차

그는 일본에 세 가지 격차가 존재한다고 주장했다. 첫째는 부모를 중심으로 한 태생 환경의 격차다. 최근 우리 사회에서 벌어지고 있는 '금수저' '흙수저' 논란과 비슷하다. 부모를 잘 만났다는 것은 단순히 부를 물려받는 문제가 아니다. 재산보다 더 중요한 무형자산, 즉 인맥 같은 것이 대물림되는 것이다. 그래서 부모의 후광을 등에 업은 총리의 자녀가 대를 이어 총리가 되고, 연예인의 자녀가 젊은 나이에 스타가 된다.

둘째는 도쿄 일대의 수도권과 다른 지방의 지역 격차다. 도쿄에는 고부가가치 산업과 문화시설, 우수한 인력이 몰려 있다. 젊은이들이 글로벌화한 지식 기반 사회에서 성장하려면 외부와 소통이나 자극이 필요한데 지방에는 소통과 자극을 주는 존재가 거의 없다. 이러한 도시와 지방의 격차는 미래로 가기 위해 필요한 '기회의 격차'로 이어진다.

셋째는 노동시장에서 생겨나는 '직연인(職緣人)'과 '무연인(無緣人)'의 격차다. 관료나 대기업 직원 등 안정적 직장을 얻은 그룹과 불안정한 비정규직을 전전하는 그룹의 격차는 갈수록 심각해지고 있다. 30대 초반까지 무연인에서 빠져나오지 못하면 아예 탈출구가 막혀버린다. 이렇게 무연인의 굴레에 갇히면 '프리터족'이나 '니트족'의 신세를 벗어나지 못하게 된다. 프리터족은 필요한 돈을 모을 때까지만 일한 뒤 일자리를 떠나는 아르바이트형 직업군을, 니트족은 일하지 않고 일할 의지도 없는 청년 무직자들을 가리키는 말이다.

사카이야 다이치의 격차 분석은 한국 사회에서도 설득력을 갖는다. 일본과 한국의 경제구조와 사회문화가 그만큼 비슷하기 때문이다. 한국과 일본의 격차가 좁혀지면서 일본의 사회문제가 얼마 지나지 않아 한국에 그대로 나타나는 경우가 잦아지고 있다.

인생의 중대사는 30대에 결정된다

일본의 대학생들은 대학을 졸업하면 바로 취업한다. 반면 한국의 경우 남성들은 군복무 때문에, 여성들 역시 어학연수나 인턴, 취업 준비 등으로 1~2년의 시간을 더 학생 신분으로 보낸다. 일본 젊은이들이 24~25세에 취업한다면 요즈음 한국의 젊은이들은 이보다 3~4년 늦은 26~29세에 첫 직장에 들어가는 경우가 많다. 따라서 사카이야 다이치의 분석을 한국에 적용하면 30대 중반 이전에 제대로 된 직장에 안착하지 못하면 불안정한 삶에서 벗어나기 어렵다는 얘기가 된다.

30대는 인생에서 본격적으로 격차가 벌어지는 시기다. 격차의 크기도 가장 크고 벌어지는 속도도 가장 빠르다. 20대에 함께 어울렸던 친구가 10년이 지나 몰라보게 변해 있는 경우가 많다. 잘 모르는 사람들은 예전에 같이 어울려 다녔는지 의심할 정도로 30대는 변화가 큰 시기다. 마치 배추나 무가 어린 모종일 때 비슷해 보이지만 일정한 시간이 지나면 완전히 다른 모습이 되는 것과 같다.

인생에서 20대 이전이 파종기라면 30대는 성장기요, 40대 이후는 수확기다. 따라서 성장기인 30대 10년을 어떻게 보내느냐에 따라 인생이 완전히 달라질 수밖에 없다. 본격적인 사회생활이 시작되는 30대 전반부터 벌어지기 시작한 격차는 30대 말이 지나 40대 초가 되면 그대로 굳어지고 만다. 따라서 40대에 들어서면 웬만한 노력으로는 이 격차를 좁히기 어렵다.

인생에서 30대의 10년이 격차를 크게 벌리는 것은 이 시기에 하는 선택이 인생에 막대한 영향을 미치기 때문이다. 사람들은 대개 30대 전반에 직업과 직장을 정하고 자신의 주력 분야를 선택한다. 결혼 시기가 늦어지고 있다고는 하지만 대개 30대 중반 이전에 가닥을 잡는다. 여성들의 경우 이 시기에 출산을 결정하고 육아를 위해 직장을 계속 다닐지 고민한다. 이렇게 30대는 취업, 창업, 결혼, 출산, 육아 등 인생에 미치는 영향이 큰 일을 대부분 결정하고, 그 결정의 결과가 본격적으로 나타나는 시기다.

국세청의 2015년 통계를 보면 남성과 여성 근로자의 연봉은 취업한 지 얼마 안 된 청년층에서 차이가 거의 없다. 30대 이하에서도 연봉의 격차는 미미한 수준이다. 그러나 40대 이상으로 가면 연봉이 두 배 가까이 벌어진다. 이것은 여성들이 승진이 늦거나 안 돼서 남성들보다 상대적으로 낮은 직급에 머물기 때문이다. 특히 출산과 육아로 경력이 단절된 여성들이 40대에 대거 저임금으로 직장생활에 복귀하는 것은 이런 현상에 큰 영향을 미치고 있다. 직장으로 복귀하는 여성의 대부분이 연봉이 낮은 중소기업으로 몰리면서 남녀의 연봉 격차가 벌어지고 있는 것이다.

30대는 또 노력에 따라 성과가 확연하게 달라지는 시기다. 그 전까지 격차는 주로 개인의 역량 차이로 인해 발생했다. 그런데 30대에 들어서면 개인과 조직역량이 맞물리면서 격차가 커진다. 30대가 되면 사람들은 대부분 어떤 조직에 속하게 되는데, 시스템이 잘 갖춰진 조직에서 자신의 역량을 십분 활용하는 사람과 낙후된 조직에서 개인적 노력까지 적게 하는 사람의 차이는 클 수밖에 없다. 우리는 주변에서 자신의 노력과 조직의 역량이 시너지를 내면서 예상을 뛰어넘는 성과를 만드는 젊은 직장인들을 흔히 본다. 그들에게서 뿜어 나오는 에너지는 종종 우리를 놀라게한다. 반대로 직업과 직장을 잘못 선택해 패배감과 열등감에 휩싸인 젊은이들도 적지 않다.

30대에 목적지를 정해야 한다

이처럼 30대는 어떤 선택을 하느냐에 따라 결과가 크게 달라지는 시기다. 잘못 결정하면 사카이야 다이치의 '무연인'까지는 아니더라도 '직연인'이 되기는 어렵다. 중요한 사안을 결정하는 과정에서 패착을 둘 경우직연인과 무연인 사이의 중간 지대에서 자신이 꿈꾸던 것과 다른 삶을 살아가게 될지도 모른다. 30대 직장인들의 고민이 깊은 것도 인생에 큰 변화를 가져올 문제들을 혼자서 줄줄이 결정해야 하기 때문이다.

그러나 이렇게 중요한 결정인데도 정작 의사결정을 할 때는 언제 고민했냐는 듯 의외의 선택을 하는 사람들이 있다. 많은 직장인들이 '고민 따로, 결정 따로'의 모습을 보인다. 이들은 어떻게 저런 결정을 할 수 있는지놀랄 정도로 뜻밖의 선택을 해서 사람들을 당혹스럽게 만들기도 한다.

가장 대표적인 경우가 직장을 선택할 때 장기적 관점보다 당장의 연봉이나 복리후생, 상사와 갈등에 좌우되는 것이다. 기본적으로 연봉이나 복리후생은 경력을 뒤따라간다. 좋은 직장이나 진밍이 좋은 직무를 선택한뒤 리더나 전문가로 성장하면 연봉과 복리후생이 따라오는 것은 시간문제다. 반대로 당장의 연봉이나 복리후생이 좋다고 해서 그 직장과 직무가자신의 성장과 발전을 보장해주지는 않는다. 상사도 마찬가지다. 상사는 잠시 지나가는 소낙비 같은 것이지, 평생 변함없이 옆에 존재하는 산이 아니다. 상사와 갈등은 영원할 것 같지만 대개 시간이 지나면 해소된다.

따라서 30대 젊은이들이 직장이나 직무, 나아가 직업을 결정할 때 이런 문제로 흔들리면 안 된다. 지엽적인 것에 지나치게 관심을 쏟으면 본질을 놓칠 수도 있다. 그런데도 많은 직장인들이 막상 자기 문제가 되면 판단이 흐려진다. 이런 문제들 때문에 직장을 옮기고 직무를 변경하고 심지어 직업까지 바꾸는 일이 벌어진다.

물론 그렇게 해서 새로운 진로를 개척하는 경우도 있다. 그러나 대부분은 성과를 내는 데 어려움을 겪으면서 리더나 전문가로 성장하는 데 실패하고 만다. 이들은 직장이라는 무기를 활용하지 못한 채 오로지 자신이 갖고 있는 무기만으로 싸운다. 그래서 직무에 관한 경험과 지식을 축적하지 못하고 직장이 제공하는 네트워크와 안목의 지원을 받지 못한다. 전투에서 이기기 어려운 상황으로 스스로를 몰아가는 것이다.

나는 채용과 관련한 인터뷰를 할 때 10년 뒤 어떤 모습을 하고 있을지 묻는다. 이런 질문을 받으면 대부분 당혹스러워한다. "10년이면 강산도 변한다는데 10년 뒤를 어떻게 알겠느냐"고 반문하는 사람들도 있다. 요즈음처럼 빠르게 변하는 세상에서 1년 뒤를 내다보기도 어렵다는 것이다. 그러나 이것은 내 질문 의도를 제대로 파악하지 못한 답변이다. 나는 미래 예측 능력을 판단하려는 게 아니다. 단지 이 사람이 어떤 목표를 갖고 있는지 알고 싶을 뿐이다. 10년 뒤 자신의 모습을 어떻게 그리고 있는지 알면 그 사람을 판단하기가 훨씬 수월해지기 때문이다.

30대는 아직 수확할 때가 아니다. 아직 다 못 뿌린 씨를 마저 뿌리면서 어린 모종을 키울 때다. 그러니 빨리 꽃을 피우고 열매를 따야 한다는 강박관념에서 벗어나야 한다. 대장장이들이 쇠가 식어서 굳어지기 전에 자신이 원하는 틀을 만들기 위해 쉴 새 없이 망치를 내리치는 것처럼 30대는 직업과 직무, 직장이라는 큰 틀을 잡는 데 주력해야 한다.

이를 위해서 자신이 궁극적으로 어떤 열매를 맺으려 하는지, 이를 위해 언제 꽃을 피울 것인지부터 분명히 정해야 한다. 목적지가 불분명하거나 방향을 잃으면 취업과 창업, 이직과 전직, 결혼과 출산 같은 중요한 문제를 결정할 때 혼란을 겪게 된다. 특히 단기적 관점으로 결정하는 일이 계속되면 30대 앞에 놓여 있는 '격차의 바다'를 항해하기가 어려워진다.

66

하고 싶은 일보다
잘할 수 있는 일을
선택해야 한다.

99

하고 싶은 일을 해도
행복하지 않은 이유

"잘할 수 있는 일보다 하고 싶은 일을 하라."

자기계발서에 단골로 등장하는 말이다. 하고 싶은 일을 해야 성과를 낼 수 있고, 성공할 수 있고, 행복할 수 있다는 것이다. 대학 졸업 뒤 진로를 결정하지 못한 채 고민하는 젊은이들은 물론이고, 직장생활의 즐거움이나 의미를 찾지 못하고 다람쥐 쳇바퀴 돌듯 지내고 있는 직장인들에게도 이 말은 경력관리의 금언처럼 되어 있다.

그렇다면 하고 싶은 일을 찾아 일상을 박차고 떠난 사람들은 행복할까? 즐겁게 일하며 원하는 성과를 거두고 있을까? 유감스럽게도 내가 아는 사람들 가운데 하고 싶은 일을 하면서 행복한 사람은 그리 많지 않다.

대부분의 사람들은 자신이 무엇을 하고 싶은지 모르고 산다. 세상 경험을 많이 한 중년도 마찬가지다. 책이나 방송에서 접한 내용만 갖고, 혹은 남의 얘기만 듣고 자신이 하고 싶은 일을 찾는다는 것은 참 어렵다. 자기가 하고 싶은 일을 제대로 찾으려면 직접 부닥쳐 경험해야 한다. 하고 싶은 일이라고 믿었던 일 가운데 예상과 실제 모습이 다른 경우가 많기 때문이다. 막상 뛰어들어 부닥쳐보면 실상이 너무 다른 경우가 비일비재하다.

로망과 일상은 다르다

최근 하고 싶은 일을 찾아, 원하는 삶을 찾아 제주로 가는 사람들이 늘고 있다. 답답한 도시를 벗어나 여유를 즐기며 살겠다고 과감하게 짐을 싼 사람들이다. 2010년부터 몰려들기 시작한 제주 이주민은 16만 명을 훌쩍 넘어 제주 유권자의 4분의 1을 차지할 정도다. 이 중 60%가 서울과 수도권을 떠나온 사람들이다.

그런데 『제주, 살아보니 어때?』의 저자 홍창욱 씨는 제주로 이주한 사람들의 삶이 행복한지에 대해 의문을 표한다. 제주의 집값과 땅값이 최근 천정부지로 뛰면서 안정된 주거공간을 구하기가 서울만큼이나 어려워졌기 때문이다. 게다가 제주는 전국에서 가장 임금이 싼 곳 중 하나다. 그래서 처음 의도했던 대로 여유를 즐기려면 쉴 새 없이 땀을 흘려 일해야 한다. 제주에는 동네 골목마다 이주민들이 운영하는 게스트하우스와 카페가 치킨 가게보다 많다. 경쟁이 심하다 보니 여행 비수기에 들어서면 숙박업소와 카페 주인들은 막노동이라도 해야 한다.

홍 씨는 제주로 이주를 꿈꾸는 이들에게 "제주도에는 로망뿐 아니라 냉혹한 현실도 있다"고 말한다. 제주라고 지긋지긋한 일상이 없을 리 없으며, 여행지가 아닌 생활지로서 제주도의 삶은 대도시 일반인들의 삶과 다를 게 없다는 것이다. 기대에 부풀어 실상을 제대로 알지 못한 채 하고 싶은 일을 찾아 뛰어든 사람들은 오래 머무르지 못한다.

요즈음 봉사단체에서 일하고 싶어하는 젊은이들이 많다. 그러나 유엔이나 세계은행, 국제통화기금, 아시아개발은행처럼 잘 알려진 국제기구나 국제기구 산하의 봉사 조직에는 일자리가 많지 않다. 그러다 보니 알려지지 않은 종교단체 같은 곳에서 운영하는 봉사단체의 문을 두드리기도 한다. 왜 그곳으로 가는지 물으면 대부분 "더 늦기 전에 하고 싶었던 일을 하려고"라고 답한다.

그러나 대부분은 몇 달, 길어야 2~3년 안에 그곳을 떠난다. '봉사'와 '국제'라는 키워드를 보고 과감하게 뛰어들었는데 막상 그곳에서 접하고 씨름해야 했던 키워드는 다른 것들이었던 모양이다.

행복은 안정을 바탕으로 한다

하고 싶은 일을 꿈으로만 갖게 되는 이유 중 하나는 그 일을 잘하지 못하기 때문이다. 사람들은 대개 오랫동안 해서 익숙해진 일이 아니라 새롭고 흥미로운 일을 자신이 하고 싶은 일이라고 생각한다. 그런데 이것은 대부분 손에 익지 않아 그들이 잘할 수 있는 일이 아니다. 따라서 재미있을지 몰라도 성과가 나지 않을 가능성이 크다. 앞서 이야기했던 제주 이주민들도 마찬가지다. 그들 대부분은 대도시에서 하던 일을 접고 제주도에서 숙박업이나 카페를 한다. 전에 하던 일을 계속 하기가 싫어서 그럴 수도 있고, 제주도라는 환경에서 더 이상 하던 일을 할 수 없기 때문일 수도 있다. 어쨌든 이들은 숙박업이나 카페업에 관한 경험이 부족해서 그 일을 잘 해내지 못한다. 당연히 성과가 부진할 수밖에 없다.

문제는 이렇게 잘하지 못하고 성과가 부진한 일을 계속하면서 행복할 수 있겠느냐는 점이다. 심리학자들은 기쁨이 행복의 중요한 요소이긴 하지만, 기쁘다고 해서 모두 행복한 것은 아니라고 말한다. 기쁨은 어떤 상황에서 느끼는 일시적 감정이지만, 행복은 오랜 시간 동안 특별한 사건이 없는 편안한 상태다. 행복은 순간적 감정이 아닌 장기간 지속되는 기분이다. 그만큼 만족과 즐거움을 느끼는 상태가 얼마나 지속되느냐가 중요하다. 따라서 흥미를 느낄 수 있는 새로운 일을 하면 일시적으로 즐거울 수 있지만, 잘하지 못해서 성과가 나지 않는 상황이 지속되면 행복하기 어렵다.

우리가 하는 일의 경제적 보상이 행복에 영향을 미치는 것도 이 때문이다. 행복은 결코 돈으로 살 수 없다. 부자가 평균적인 사람들보다 더 행복하다는 어떤 증거도 없다. 그러나 돈과 행복의 관계에 대한 대부분의 연구결과는 돈이 행복을 가져다주는 것은 아니지만, 가난은 불행을 불러올 수 있다고 말한다. 경제적 수준이 행복에 많은 영향을 미치는 가장 큰 이유는 안정성이다. 가난한 사람들이 불행하다고 느끼는 것도 경제적 궁핍에서 초래되는 불안정 때문이다. 따라서 우리가 행복하려면 일정한 수준의 경제력이 뒷받침돼야 한다. 제주도 이주민이나 종교단체가 설립한 봉사단체로 옮긴 사람들의 행복도가 낮은 이유 중 하나도 그들이 일을 통해 얻는 경제적 보상이 자신들의 기대치에 한참 못 미치기 때문이다.

하고 싶은 일을 해도 행복하지 않은 이유는 이렇게 '제대로' 못하고 있기 때문이다. 자신이 하고 싶다고 생각하는 일이 정말로 하고 싶은 일인지, 또 잘하고 지속적인 성과를 낼 수 있는 일인지가 불분명하기 때문에 선택하기 어렵다. 또 고민 끝에 뛰어들어도 행복하지 않다.

잘하는 일을 해야 행복하다

하고 싶은 일을 하면서 행복하려면 그 과정에서 동반되는 것들을 감수해야 한다. 많은 것을 포기해야 한다. 『하고 싶은 일을 해, 굶지 않아』라는 제목의 책이 있다. 이 책은 학력이나 경력과 무관하게 자신의 관심과 적성에 따라 새로운 길을 개척한 일곱 명의 이야기를 담고 있다. 다른 사람 못지않은 스펙의 소유자인 이들은 웹툰 만화가, 노동운동가, 빈민운동가, 생활협동가 등 남들이 보기에 어려운 길을 가고 있다. 그러나 이들은 하고 싶은 일을 해서 행복하다고 말한다. 하고 싶은 일을 위해 많은 것들을 포기했기 때문이다. 이들이 하고 싶은 일을 하라고 권할 때 전제조건은 책 제목처럼 굶지는 않을 정도의 열악한 경제상황을 받아들이는 것이다. 눈높이를 완전히 낮추지 않고는 수용하기 어려운 얘기다.

현실적으로 눈높이를 낮출 수 있는 사람은 많지 않다. 눈높이를 낮추는 데 성공한 사람들 대부분은 하고 싶은 일을 한다기보다 '의미 있는 일'을 한다. 자신이 선택한 일을 사명감이나 책임감으로 여기기 때문에 그에 따른 어려움을 감수하는 것이다.

직장생활을 지루해하는 많은 사람들이 잘할 수 있는 일과 하고 싶은 일 사이에서 고민한다. 내가 행복하지 않은 것은 하고 싶은 일을 하지 않기 때문일까? 하고 싶은 일을 한다면 정말 행복할까? 잘하는 일과 하고 싶은 일은 다른 걸까?

섣부른 결론일 수 있지만 나는 "하고 싶은 일보다 잘할 수 있는 일을 선택해야 한다"고 생각한다. 잘할 수 있는 일을 해야 성과도 나고 성취감도 느낄 수 있고 궁극적으로 행복하다. 물론 하고 싶은 일을 하는 것에 비해 스트레스가 많을 수 있다. 그러나 세상에 잘할 수 있고, 성과도 나고, 보상도 있고, 의미도 있는, 그러면서도 스트레스는 적은 꿈의 직업이 과연 존재할까?

꼼꼼히 따져보면 우리가 하고 싶은 일을 말할 때 일의 내용이 아니라 방식을 염두에 두는 경우가 많다. 어렵고, 재미없고, 지루해서 하기 싫다고 느끼는 것은 일 자체가 아니라 조직이 추구하는 가치나 비전, 업무 프로세스, 조직 구성원들과 관계 때문일 수도 있다. 따라서 우선 바꿔야 할 것은 일 자체가 아니라 일의 방식이나 문화, 함께 일하는 구성원들이다. 직장이지 직업이 아닌 셈이다.

물론 때로 하고 있는 일을 내려놓고 새로운 일을 해보고 싶을 때가 있다. 살다 보면 한 번쯤 곁눈질할 수 있고, 매너리즘에서 벗어나 흥미를 느낄 수 있는 일을 찾고 싶어진다. 그러나 이런 일들은 취미로 하면 된다.

나는 '행복한 직장'에 대한 얘기는 종종 듣지만 '행복한 직업'이라는 말은 들어본 적이 없다. 문제는 '어떻게' 일하느냐는 것이지 '무엇'을 하느냐가 아닌 경우가 많다. 하기 싫은 일도 계속하다 보면 의외로 괜찮을 수도 있다. 어쩔 수 없이 시작한 일이라도 계속하다 보면 재미가 붙기도 한다. 반대로 진짜 하고 싶었던 일도 직업이 되면 힘들고 어려워진다. 하고 싶은 일이 나이가 들면서 자꾸 바뀐다는 점도 생각해야 한다.

그렇기 때문에 현재 잘할 수 있는 일에 매진해야 한다. 일하면서 행복하지 않은 것은 그 일을 잘하지 못하기 때문일 가능성이 크다. 만약 지금 하고 있는 일을 잘하고, 그래서 성과가 나고, 평가가 좋다면 상황은 바뀔 수 있다. 행복도 찾아올 것이다. 그렇게 해서 '하고 싶은 일을 잘하는' 최상의 조합을 만들어가야 한다. 하고 싶은 일은 찾는 게 아니라 만드는 것이다.

—— 66 ——

결승점은 하나가 아니고,
길은 유일하지 않다.
그러니 자신이 정한 결승점을 향해
자신이 선택한 길을 가면 된다.

—— 99 ——

길은 꼭
하나만 있는 게 아니다

'결승점은 하나가 아니야.

그건 사람의 수만큼 있는 거야.

모든 인생은 훌륭하다.

누가 인생을 마라톤이라고 했나?'

2014년 칸 광고제를 포함한 세계 주요 광고제에서 수상하면서 화제가
됐던 일본 리크루트의 광고 카피다. 이 광고는 인생은 마라톤이 아니라고
역설한다.

'누가 정한 코스야.

누가 정한 결승점이야.

어디로 달리든 좋아.

어디로 향해도 좋아.

자기만의 길이 있어.'

대학을 졸업한 뒤 어렵사리 직장에 들어와 정신없이 지내다 보면 어느 순간 주변을 돌아볼 여유가 생긴다. 이때 많은 직장인들이 자신의 처지를 다른 사람과 비교하면서 자신이 놓여 있는 상황에 불만을 갖는다.

'내가 무엇을 잘못했지? 왜 저 사람은 직급이 나보다 높은 거야? 저 친구는 왜 연봉을 많이 받지? 우리 회사는 왜 이 모양일까? 내가 직장을 잘못 선택한 걸까? 직업을 바꿔야 하나?'

이런 생각들을 하다 보면 남들보다 뒤처져 있는 자신에게 화가 날 뿐 아니라 그동안 해왔던 선택을 후회하게 된다.

우리는 각자 자신이 정한 목적지를 향해 간다

리크루트의 광고는 이런 사람들에게 생각을 바꾸라고 말한다. 우리는 많은 사람들이 성공이라고 생각하는 결승점을 향해 마라톤 선수처럼 죽을힘을 다해 달리고 있다. 기록이 부진하고 순위가 뒤처지면 불안감을 느끼며 인생의 낙오자처럼 좌절한다. 그런데 인생이란 정말 누군가가 정한 단 하나의 결승점을 향해 단 하나의 코스를 달리는 경기일까? 그렇지 않다. 사람들의 목적지는 각자 다르고 그곳으로 가는 방법도 천차만별이다. 우리는 각자 가치 있고 의미 있다고 생각하는 다양한 목적지를 향해 저마다의 길을 가고 있다. 이렇게 인생은 모두 다르기 때문에 우리의 삶을 다른 사람의 삶과 비교할 수 없다.

'머머리즘(mummerism)'은 영국의 산악인 앨버트 머머리가 1880년 주창한 '등로주의(登路主義)'를 뜻한다. 당시 산악인들 사이에서 의미 있는 것은 '최고'와 '최초'뿐이었다. 정상 등극만을 중시하는 '등정주의(登頂主義)'가 지배하면서 산악인들은 오로지 누가 가장 높은 곳을 가장 먼저 오르는가에만 관심을 가졌다. 그들은 최고와 최초를 좇아 세계 곳곳을 찾아다녔고 가이드를 앞세워 가장 쉬운 코스로 정상에 오르는 데만 골몰했다.

머머리는 산악인들의 이런 관행을 정면으로 비판했다. 등산의 의미는 절벽이나 날카로운 봉우리 같은 어려운 루트를 직접 개척하며 역경을 극복하는 데 있다고 주장했다. 따라서 진정한 등산가란 곤란한 코스로 끊임없이 새로운 등정을 추구해야 한다고 강조했다. 그러나 정상에 오르는 과정을 중시하는 등로주의는 당시는 물론이고 1900년대 초까지도 산악인들로부터 외면당했다. 그의 주장은 궤변에 불과했고 그는 '등반계의 이단아' 취급을 받았다.

등로주의가 산악인들 사이에서 지배적인 등반 사조로 자리 잡은 것은 히말라야 산맥의 8,000미터급 봉우리 열네 곳이 모두 등정된 1960년대 이후였다. 더 이상 '최고'와 '최초'에서 의미를 찾기 어려워지자 산악인들은 머머리의 주장에 귀를 기울이기 시작했다. 정상에 빨리 오를 수 있는 기존의 쉬운 등반로가 아니라 난이도가 훨씬 높은 새로운 등반로를 개척했다. 가이드 없이 혼자 오르는 등반이나 암벽등반, 무산소 등반 같은 것에 산악인들의 관심이 쏠리기 시작한 것도 이때부터다.

머머리는 이처럼 전통적 등반의 개념을 완전히 바꿔놓았다. 그는 "길이 끝나는 곳에서 비로소 등산이 시작된다"고 주장했다. 누구보다 빠르게 높은 곳에 올랐더라도 남들이 만들어놓은 코스를 따라 남들이 정한 목표에 오른 것이라면 의미가 없다고 생각했다. 자신이 정한 목표를 향해 자신의 방식대로 오르는 게 참된 등반정신이라고 믿었다.

목적지로 가는 방식은 사람마다 다르다

우리는 가끔 길을 잘못 들은 게 아닌지 생각할 때가 있다. 처음부터 목적지를 잘못 정했거나 엉뚱한 길을 걷고 있는 게 아닌지 걱정한다. 특히 일정기간 직장생활을 해온 30대 직장인들은 어느새 드러나는 격차에 당황한다. 분명 같은 시기에 같은 지점에서 출발했는데 자신과 선두의 격차가 한참 벌어져 있는 현실에 낙담한다. 이대로 가다가 완전히 낙오자가 되는 것은 아닌지 불안감을 떨칠 수 없다.

그러나 잠깐 하던 일을 멈추고 생각을 정리할 필요가 있다. 내가 지금 어디를 향해 가고 있는지, 왜 가고 있는지 되돌아봐야 한다. '남이 장에 간다고 하니 거름 지고 나선다'는 우리 속담처럼 지금 남들이 좋다는 곳을 향해 별생각 없이 따라가고 있는 것은 아닐까? 나 역시도 남들이 성공이라고 규정한 삶의 방식을 아무 생각 없이 따라 하고 있는 것은 아닐까? 이게 사실이라면 우리는 가려는 목적지와 그곳에 이르는 길을 다시 생각해봐야 한다. 올바른 목적지가 아닌데 그곳에 얼마나 빨리, 몇 등으로 도착하는지가 무슨 의미가 있단 말인가?

반대로 내가 가려는 곳과 그곳에 이르는 길이 애초 생각과 맞다면 걷는 방식에 대한 평가는 남들과 달라야 한다. 등정 경험이 많은 셰르파들에게 짐을 지우고 쉬운 코스로 등정하는 것과 셰르파 없이 산소보급기구도 갖추지 않은 채 암벽을 타며 정상에 오르는 것을 같은 잣대로 평가할 수 없다. 골프가 직업인 프로 골퍼와 취미로 골프를 즐기는 일반인들을 같은 선상에서 비교하면 안 된다. 주말골퍼가 90타를 쳤다고 해서 80타를 친 프로 골퍼보다 실력이 형편없다고 비판할 수는 없는 일이다.

2014년 7월 실시된 국세청의 고위직 인사는 많은 사람들의 주목을 받았다. 고졸 7급 공채 출신의 김봉래 국장이 국세청 차장으로 승진했기 때문이었다. 행시 출신들이 즐비한 국세청에서 7급 공채 출신, 그것도 고졸 학력으로 들어온 사람이 2인자가 됐으니 세간의 관심이 쏠릴 만도 했다. 국세청에서 고졸 출신 공무원이 차장에 선임된 것은 1966년 개청 이래 처음이었다. 행시 출신이 아닌 일반 공무원이 차장이 된 것도 27년 만의 일이었다. 지방청 국장이 본청 차장으로 승진한 것 역시 처음이었다.

김 차장은 출발점이 달랐던 만큼 차장에 오르는 길도 남들과 달랐다. 그는 당초 고등학교를 졸업한 뒤 재수를 하려다 방향을 바꿔 공무원시험에 응시했다. 1979년 7급 공무원시험에 합격해 부산진세무서에서 공무원 생활을 시작한 그는 국세청 차장이 되기까지 35년 동안 부족한 학력을 보충하기 위해 끊임없이 공부했다. 그는 방송통신대 경영학과를 거쳐 고려대학교 경영대학원까지 졸업했다. 당시 그의 행보를 행시 출신들과 비교한다면 그는 분명 늦었고 뒤처졌다. 어떤 이는 그에게 잘못된 길을 걷고 있다고 지적했을 수도 있다. 그러나 그는 자신의 선택한 길을 자기 방식대로 묵묵히 걸어왔다.

길은 하나만이 아니다

많은 사람들이 자신의 삶을 엘리트 코스와 비교해 평가한다. 명문대를 나와 대기업 주요 보직을 거쳐 임원이 되거나, 고시에 합격해 핵심보직을 맡으며 고위 공무원이 되는 길을 자신의 길과 비교한다. 그들이 얼마나 앞서 있는지, 연봉은 얼마나 더 받는지, 사회적 위치는 얼마나 높은지 따져본다. 인생이라는 마라톤에서 가장 선두에 있는 것처럼 보이는 그들과 자신을 비교하며 그들과 격차가 얼마나 벌어져 있는지 계산한다.

그러나 우리의 목적지가 그들의 목적지와 꼭 같아야 하는 것은 아니다. 그들이 가는 길과 내가 가는 길이 똑같을 수는 없다. 내가 가려는 곳과 그곳에 이르는 길이 그들과 다르니 당연히 같은 잣대로 평가할 수도 없다. 누군가 우리를 그들과 비교하면서 "넌 길을 잘못 든 것 같다"라고 말한다면 우리는 "난 그들과 가는 길이 달라"라고 담담하게 말해야 한다.

요즈음 서점에 가면 전통적인 위인전을 찾아보기가 어렵다. 내가 초등학교에 다닐 때인 1960~1970년 전후만 해도 대부분의 출판사에서 퀴리 부인이나 에디슨, 슈바이처, 유관순, 세종대왕 같은 몇몇 인물의 전기만을 내놨다. 그러나 요즘의 위인전은 많이 다르다. 위인의 기준이 바뀌면서 일부 전통적 개념의 위인은 더 이상 존경의 대상이 아니다. 또 예전 같으면 위인 대접을 받지 못했을 인물들이 위인의 반열에 올라 있기도 하다. 축구 선수 펠레, 애플의 CEO 스티브 잡스, 영화감독 스티븐 스필버그, 샤넬 브랜드 디자이너 가브리엘 샤넬, 발레리나 안나 파블로바, 건축가 가우디, 패션 디자이너 앙드레 김, 비디오 아티스트 백남준 같은 사람이 위인으로 등장한다. 저마다 존경하는 사람이 다르다 보니 위인도 다양해진 것이다.

사람들은 종종 "지금 힘들어도 묵묵하게 참아야 한다"며 서로를 위로하고 격려한다. 그러나 우리에게 더 필요한 말은 이 것일지도 모른다.

"당신은 지금껏 잘해왔다. 앞으로 실패해도 좋으니 세상을 더 경험하면서 돌아가도 좋으니 목적지까지 평상심을 잃지 말고 천천히 가라."

많은 사람들의 말대로 인생에 정답이 없다. 그러니 우리도 누군가를 정답으로 정한 뒤 자신과 비교하는 미련스러운 일은 그만해야 한다. 옆 사람이 나보다 앞서 있다고 더 이상 속상해하지 말자. 다른 사람의 눈치는 보지 말고 자신이 옳다고 생각하고 의미 있다고 믿는 길을 걸어야 한다. 모든 삶이 다 똑같지는 않다. 추구하는 가치에 따라 방식은 달라진다. 결승점은 하나가 아니고, 길은 유일하지 않다. 그러니 자신이 정한 결승점을 향해 자신이 선택한 길을 가면 된다. 굳이 사회나 다른 사람들이 세운 정형화한 틀에 갇힐 필요가 없다.

또 한계상황에 부닥쳤을 때 운명과 싸우듯 무조건 혼신의 힘을 다하는 것만이 능사가 아니다. 때로 완고하게 고집을 부리기보다 대안을 찾는 융통성이 필요하다. 처음 세웠던 목표와 길만을 고집하지 말자. 막히면 다른 길로 돌아가는 것도 방법이다. 도착지가 처음 바라던 곳이 아니더라도 인생은 충분히 아름다울 수 있다.

66

선택과 집중, 포기와 집중은
자신을 믿는 사람만이
할 수 있는 일이다.

99

큰 수박을
수확하고 싶다면

전략에서 가장 중요한 것은 '선택과 집중'이다. 어떤 것은 취하고 어떤 것은 버리며 우선순위를 정해서 먼저 할 것과 나중에 해도 되는 것을 구분한 뒤 한곳에 힘을 집중하는 것이야말로 전략의 핵심이다. 유능한 경영자들은 잘할 수 있는 것과 이익을 낼 수 있는 것에 집중하고 효율이 낮은 것은 과감하게 버린다. 버리기 아까운 것은 이익을 나누는 방식으로 잘하는 곳과 협력하거나 아웃소싱하기도 한다.

어떤 일을 해도 선택하고 집중하지 않으면 원하는 성과를 거두기 어렵다. 선택과 집중은 경영뿐 아니라 일상생활에서두 통하는 원리다. 아무리 유능한 사람이라도 수많은 관심사에 역량을 분산하면 제대로 된 결과물을 만들 수 없다. 자원과 시간이 한정되어 있기 때문이다. 그런데 이렇게 상식적인 세상의 이치, 역사적으로도 과학적으로도 수없이 검증된 원리를 우리는 왜 따르지 않고 삶에 적용하지 못하는 것일까? 선택은 했지만 제대로 집중을 못하기 때문이다.

나는 여름과일 중에서 수박을 제일 좋아한다. 수박을 직접 재배하고 싶어져서 몇 년 전에는 밭을 빌려 묘목을 예닐곱 포기 심었다. 한여름으로 접어들자 많은 수박이 열렸다. 그런데 크기가 기껏해야 어린아이 머리통 정도일 뿐 내가 상상했던 크기의 수박이 아니었다.

나중에야 그 이유를 알게 됐다. 솎아내지 않은 탓이었다. 큰 수박을 얻으려면 한 포기에 줄기를 두세 개만 남기고 다 잘라내야 한다. 각 줄기마다 한 개의 열매만 열리게 만드는 것이다. 또 수많은 줄기와 꽃을 냉정하게 버려야 한다. 그렇게 해야 뿌리를 통해 빨아들이는 양분과 잎을 통해 받는 태양에너지가 남은 수박에 집중된다. 물론 수박을 크게 만들려면 땅에 거름도 많이 줘야 하고 비료도 자주 뿌려야 한다. 그러나 수박의 크기를 키우려면 무엇보다 양분이 분산되지 않게 해야 한다. 그런 점에서 농사는 포기의 기술이다.

선택과 집중에는 혹독한 포기가 요구된다

어떤 일이든 집중이 제대로 이뤄지려면 과감하게 포기해야 한다. 선택만 한다고 집중이 되는 게 아니다. 선택은 시작일 뿐이다. 우리의 한정된 역량을 선택한 것에 모으려면 나머지는 과감하게 포기해야 한다. 얼마나 포기하고 희생하느냐에 따라 선택한 것에 대한 몰입도가 달라진다.

그런데 포기라는 게 말처럼 쉽지 않다. 우선 아깝다. 그동안 쏟은 관심과 노력, 들어간 돈과 시간, 얻을 수 있는 이익을 생각하면 쉽게 버릴 수 없는 게 당연하다. '매몰비용'이라는 경영학 용어가 있다. 사업이 경쟁력을 잃고 전망이 불투명한데도 포기하지 못하는 것은 매몰비용 때문인 경우가 많다. 이런 능력도 있고 저런 재주도 있는데, 이것도 하고 싶고 저것도 하고 싶은데, 지금까지 들인 시간과 돈이 얼만데 하나만 남기고 다 버리라니 그게 어디 쉬운 일인가?

포기가 어려운 것은 단순히 아깝고 아쉽기 때문만은 아니다. 포기는 상당한 두려움을 동반한다. 잘못 선택하고 결정하는 것이 아닌지 하는 걱정 때문이다. 시간이 흘러 상황이 변하면 지금 선택한 것이 천덕꾸러기가 되는 것은 아닐까? 엉뚱한 것에 매달리다 천금 같은 기회를 놓치는 것은 아닐까? 한 우물만 파다 위기를 맞는 것은 아닐까? 이런 두려움을 떨쳐내고 포기하려면 상당한 용기를 내야 한다.

2016년 3월 개봉한 모홍진 감독의 〈널 기다리며〉는 개봉 전부터 영화계의 주목을 받았다. 나홍진 감독의 〈추격자〉에 이어 한국에서도 제대로 된 스릴러 영화가 등장할 것이라는 기대가 컸다. 심은경, 김성오, 윤제문 같은 중량급 배우가 투입됐다는 사실이 알려지면서 개봉 전부터 화제가 됐다. 그러나 막상 영화를 접한 관객들은 기대에 미치지 못한다며 아쉬워했다. 평론가들의 평가도 그리 좋지 않았다. 이유 중 하나는 너무 많은 캐릭터들의 연결고리였다. 영화는 한 소녀가 아버지를 살해한 살인범에게 복수를 하는 이야기다. 그런데 잘 빚어놓은 캐릭터와 촘촘하게 엮은 초반 플롯이 중반으로 접어들면서 위력을 잃기 시작했다. 소녀와 살인범 외에 또 다른 인물이 등장하는 바람에 핵심 구도가 흔들린 것이다. 아마도 모 감독은 '뻔'하게 가지 않으려고 했던 것 같다.

이에 반해 나홍진 감독이 제작한 〈추격자〉는 흥행에 성공해 한국 스릴러 영화의 대명사가 됐다. 그 요인 중 하나는 이야기의 핵심 구도를 잃지 않은 데 있다. 추격자의 플롯은 단순하다. 나 감독은 이 단순한 플롯을 가지고 흥행영화를 만들어냈다. 평론가들이 그의 연출에 찬사를 보낸 것도 이 때문이다. 그는 영화의 시작부터 끝까지 살인범과 추격자의 대립구도를 놓지 않았다. 여러 등장인물들의 캐릭터를 조금씩 이야기의 중심에 끌어다 놓는 욕심도 부리지 않았다. 오로지 핵심 인물에만 집중했다. 나 감독 역시 뻔하게 가고 싶지 않았을 것이다. 이런저런 안전판을 깔고 싶기도 했을 것이다. 그렇지만 그는 과감하게 포기하고 핵심 구도에만 집중했다.

포기하기가 어려운 또 다른 이유는 그 포기가 한 번으로 끝나는 게 아니라 지속적이어야 하기 때문이다. 큰 수박을 얻으려면 끊임없이 줄기와 꽃을 솎아내야 한다. 그런데 수박은 워낙 번식력이 강해 하루가 멀다 하고 새로운 줄기를 내고 꽃을 피운다. 그래서 잠시 한눈을 팔면 줄기가 길게 뻗어 있고 마디마다 새로운 꽃과 열매가 계속 매달린다.

직업과 직장, 직무를 선택할 때 집중하겠다고 결심하지만 그 결심을 지속하기가 쉽지 않은 것도 마찬가지다. 상황이 변하면서 새로 관심을 끄는 일들이 생겨나기 때문이다. 모질게 마음먹지 않으면 이런저런 이유들로 선택한 것이 늘어나면서 순식간에 처음으로 돌아가고 만다. 끊임없이 버리려 노력하지 않으면 선택한 것을 유지하기가 어렵다. 선택과 집중은 시간이 지나야 효과가 나타나는데, 경우에 따라 그 효과가 나타나기 전에 다른 선택들이 등장하기도 한다. 그래서 선택과 집중 전략을 펴면서도 선택한 것에 역량을 집중하지 못하는 상황이 벌어진다. 지속성과 일관성의 부족이 선택과 집중을 무력화하는 것이다.

이처럼 포기가 어렵다 보니 선택한 것에 모든 것을 쏟아 부어야 하는데 실상은 그렇지 않은 경우가 많다. 초기에 어느 정도 성과를 거두면 '이 정도면 됐지'라는 생각에 남는 시간과 여력을 다른 곳에 쓰기도 한다. 그러나 원하는 결과를 얻기 위해서 '너무 많이 투입하는 것 아닌가' 할 정도로 쏟아 부어야 한다. 넘쳐서 흘러내려도 좋고, 지나쳐서 낭비한다는 느낌이 들어도 좋다. 젖 먹던 힘까지 다해야 한다. 그래야 어설픈 전문가를 넘어서 탁월한 프로페셔널이 될 수 있고 경쟁자와 격차를 벌릴 수 있다.

이렇듯 선택과 집중의 전략을 잘 구사하지 못하는 것은 십중팔구 제대로 포기하지 못했기 때문이다. 성과는 선택이 아니라 포기하고 집중할 때 나타난다. 역사적으로 각 분야의 전문가들이 거둔 성공은 단순히 선택하고 집중한 결과가 아니라 혹독한 포기의 대가였다.

자존감이 없으면 선택하기 어렵다

세계적인 패션모델들은 몸매를 유지하기 위해 굶어 죽기 직전까지 초인적인 다이어트를 한다. 식욕이라는 막강한 욕구를 억누르기 위해 그들은 먹는 것과 관련된 거의 모든 상황을 외면한다. 한국 여성골퍼들이 미국 프로여자골프협회(LPGA)가 주최하는 골프대회에서 우승을 독식하는 것도 온갖 즐거움을 포기하고 피나는 훈련을 했기 때문이다. 미국의 한 여성골퍼는 한국 여성골퍼들을 밥 먹고 연습만 한다며 '스윙 머신'이라고 비꼬기도 했다.

스윙하는 기계이고 로봇이라니 듣기에 따라 기분이 나쁜 말이지만 그만큼 우리 선수들이 연습을 많이 한다고 생각한 모양이다.

우리는 부모로부터 물려받은 유전자가 좋다거나 나쁘다고 말한다. 그러나 실제로 좋은지 나쁜지는 아무도 모른다. 유전자는 각자 타고난 특성일 뿐 좋은 것도, 나쁜 것도 아니다. 모든 분야에서 강점이 있는 유전자는 없다. 따라서 타고난 조건을 어떻게 받아들이고 활용하느냐가 중요하다. 유전자는 고정불변의 유산이 아니라 자신의 장점을 극대화할 수 있는 능력이다. 내가 잘할 수 있는 유전자가 내 안에 내재해 있기 때문에 그걸 찾아내 집중하고 나머지를 포기하면 성공할 가능성이 크다.

한정된 시간과 관심을 여러 곳에 분산해 평범한 결과를 만들어낼 것인가, 잘하는 것에 집중하고 나머지를 결연하게 포기해 최고가 될 것인가는 전적으로 선택의 문제다. 다 포기하고 하나에 집중해 키울 것이냐, 아니면 포기할 수 없으니 크게 키우는 것을 포기할 것이냐 역시 선택할 문제다.

예일대 경제학과의 로버트 J. 실러 교수는 "중요한 일에 집중하는 능력이 지능의 결정적 특징"이라고 강조한다. 미국 실용주의 철학자 윌리엄 제임스는 "지혜는 무시해도 될 일이 무엇인지 판별하는 기술"이라고 말한다. 이것저것 할 것 다 하고 놀 것 다 놀면서 원하는 것을 얻는 방법은 없다. 다재다능한 사람치고 크게 성공하는 경우는 드물다. 시장에는 항상 이것저것 다 잘하는 만능가와 한 분야에서 강점을 발휘하는 전문가가 존재하기 마련인데 승리는 언제나 전문가의 것이었다.

선택과 집중, 포기와 집중은 자신을 믿는 사람만이 할 수 있는 일이다. 자존감이 없으면 일과 공간과 사람과 운명을 선택하기 어렵다. 자기확신이 강한 사람만이 혹독한 포기의 과정을 이겨내고 자기 분야에서 일가를 이룰 수 있다. 가장 좋은 것을 위해 상당히 좋은 것은 버리는 사람, 한 가지 탁월한 것을 위해 수백 가지의 훌륭한 것을 버리는 사람, 내가 이룬 것 이상으로 내가 포기한 것에 대해서도 자랑스럽게 생각하는 사람, 그런 사람들이 각 분야의 선수가 되고 그들에 의해 사회는 발전한다.

66

이길 수 있는 싸움은 못해도,
질 게 뻔한 싸움은 하지 말아야 한다.

99

성공할 수밖에 없는
조건 만들기

이순신 장군 이야기는 접할 때마다 감탄하게 된다. 어떻게 23전 23승 기록을 세웠을까? 가지고 있는 전선도, 거느리고 있는 군사도, 식량도, 무기도 부족하기 그지없었는데 어떻게 싸울 때마다 이길 수 있었을까?

특히 명량해전의 승리는 기적이라고 해도 과언이 아니다. 이 전투는 조선군이 가장 열세인 상황에서 벌어졌다. 당시 이순신 장군은 호위함 13척에 고속정 32척으로 바닷길의 요충지만 근근이 지키고 있었다. 앞서 벌어진 원균 주도의 칠전량해전에서 조선 수군이 완전히 궤멸됐는데, 이때 겨우 도망친 12척이 이순신 장군의 핵심 전선이었다. 이에 비해 당시 왜군은 동원했던 전선만 133척에 이를 정도로 막강했다.

이길 판을 짜놓고 경쟁에 임해야 한다

　이순신 장군의 승리비결에 대해 여러 가지 분석이 있지만 가장 설득력이 있는 것은 그가 이길 가능성이 높은 전투를 했다는 점이다. 그는 조선 수군의 강점을 최대한 활용하려고 애를 썼다. 당시 조선 수군은 왜군보다 기동력에서 앞서 있었고 함포 활용 능력도 뛰어났다. 특히 남해의 복잡한 지형지물을 잘 아는 것은 최대 강점이었다. 이순신 장군은 항상 조선 수군의 이런 강점이 극대화할 수 있는 장소로 왜군을 끌어들여 전투를 벌였다. 지리적 조건을 이용해 수적 열세를 극복한 것이다.

　이순신 장군의 이 같은 전략전술은 『손자병법』에 나오는 두 가지 전투의 원칙과 잘 맞아떨어진다. '지피지기(知彼知己)'와 '선승구전(先勝求戰)'이다. 전자는 적을 알고 나를 알면 어떤 싸움을 해도 위태롭지 않다는 뜻이고, 후자는 이기는 군대는 먼저 이길 조건을 만들어놓고 전투를 한다는 의미다. 잘 알려져 있고 누구나 수긍하는 말이지만 이것을 현실에서 실천하기는 쉽지 않다.

　선승구전은 이길 수 있는 구조를 짜서 사실상 승리를 확정해놓고 그 승리를 확인하기 위해 전투를 벌인다는 뜻이다. 반면 지는 군대는 일단 전투를 시작한 뒤 그때부터 승리하는 방법을 찾는다. 『손자병법』의 관점에서 보면 이기는 군대의 승리는 드라마틱하지 않다. 당연한 것이고 예정된 것이다. 장수와 병사들이 계획한 대로 움직이기만 하면 승리는 저절로 따라온다.

　따라서 유능한 장수는 전투 이전에 이길 수밖에 없는 구조를 짜고 형세를 만드는 데 주력한다. 이순신 장군도 바로 그런 사람이었다. 그는 왜군의 약점과 조선 수군의 강점을 정확히 파악했고, 그 약점과 강점이 최대한 드러날 수 있는 전투를 기획했다. 그는 전투를 벌이기 전에 승산을 높이려 최선을 다했다. 조선 수군의 전력이 워낙 약하다 보니 이길 수밖에 없는 전투까지 만들지는 못했더라도 이길 가능성이 가장 높은 전투의 구조를 짠 것만큼은 분명하다.

이순신 장군의 지피지기와 선승구전은 직장인들의 직장생활에도 적용할 수 있다. 물론 직장은 군대가 아니고 직장생활도 전투는 아니다. 그러나 대부분의 일이 그런 것처럼 직장생활이나 경력관리에도 전략과 전술이 필요하다.

직장생활을 하다 보면 종종 주변의 만류를 무릅쓰고 직장을 옮겼거나 직업 자체를 바꾸는 사람들을 접하게 된다. 한참 시간이 흐른 뒤 그들에게 하는 일은 잘되는지 안부인사를 건네면 유보적인 답이 돌아오는 경우가 많다. 이들은 "열심히 하고 있는데 아직은……"이라며 말끝을 흐린다. 이렇게 답하는 사람의 이직과 전직은 십중팔구 실패로 끝난 것이다. 단지 주변의 만류를 무릅쓰고 강행한 일이어서 실패를 인정하기가 쑥스러울 뿐이다.

주변 사람들이 이들의 이직과 전직을 만류한 것은 성공 가능성이 높지 않았기 때문이다. 이들은 대개 직장에서 어느 정도 평가를 받았다. 일 욕심이 있어서 업무성과가 좋은 편이었고 직장 내 평가도 나쁘지 않았다. 그런데 본인은 늘 이런 평가를 만족스러워하지 않았다. 자신의 노력이나 성취한 결과에 비해 회사의 평가가 미흡하다고 생각했다. 그리고 그 원인을 자신이 갖고 있는 약점 때문이라고 믿었다. 학력이나 외국어 능력, 출신 배경, 인적 네트워크 같은 것들이 약해 자신의 노력과 성과가 정당하게 평가받지 못하고 있다고 여긴 것이다.

물론 이들도 다른 사람들처럼 자신의 평가가 기대에 못 미치면 직장을 옮길 수 있다. 문제는 이들의 선택이 그리 합리적이지 않다는 데 있다. 이직이나 전직 과정에서 『손자병법』이 강조하고 있는 지피지기나 선승구전의 원칙이 잘 적용되지 않고 있는 것이다.

이들은 우선 자신에 대한 평가가 주변 사람들에 비해 너무 높다. 자신의 업무능력을 상당히 과신한다. 그렇기에 자신에게 주어지는 직무나 직책, 직급, 보상이 늘 만족스럽지 않은 것이다. 일반적으로 직장인들이 이룬 성과의 상당 부분은 동료와 선후배의 몫이다. 회사의 브랜드나 시스템, 조직 구성원들의 지원 없이는 불가능한 결과들이다. 그런데도 이들은 성과의 대부분을 자기가 혼자 힘으로 만들었다고 생각한다. 그러다 보니 자신에 대한 조직의 평가가 너무 인색하다고 느낀다. 지피지기에 실패한 것이다.

더 큰 문제는 이들이 자신의 콤플렉스에 정면으로 맞서는 전략을 취한다는 것이다. 다시 말해 자신의 약점이 도드라지는 곳에 뛰어들어 정면승부하려 한다. 헤드헌팅회사에서 일하다 보니 종종 학력이 뒤지는데도 명문대 석·박사 출신들이 즐비한 곳에서 경쟁하려는 사람들을 보게 된다. 또 성형수술까지 해가며 외모가 뛰어난 사람들 틈에서 입지를 확보하려고 안간힘을 쓰는 사람들도 만난다. 해외에서 오래 체류해 원어민 수준의 외국어 능력을 발휘하는 사람들이 즐비한 집단에서 독학으로 습득한 외국어 능력으로 경쟁하려는 사람들도 있다.

이들은 선승구전의 원칙을 아예 무시하고 있는 것처럼 보인다. 물론 자신의 약점을 극복하려는 노력은 높이 평가할 만하다. 그러나 하고 싶은 것과 잘할 수 있는 것은 전혀 다르다. 자신이 내세우는 강점이 오히려 약점으로 부각되는 곳에서 약점을 강점 삼아 경쟁하려는 심리는 이해하기 어렵다.

질 게 뻔한 싸움은 하면 안 된다

만약 이순신 장군이 전투력에 대한 자기도취에 빠져 육전에 능한 왜군과 육지에서 싸우려 했다면 어찌 됐을까? 이순신 장군의 리더십과 조선 수군의 전투력이 아무리 뛰어나도 육전에서 육군을 이기기가 쉽지 않았을 것이다. 전술의 기본은 적의 약한 곳을 치는 것이고 전쟁의 기본 원칙 중 하나는 적이 준비하고 기다리고 있는 곳으로 들어가지 말아야 한다는 것이다. 직장인들도 마찬가지다. 근본적으로 이기기 어려운, 어쩌면 이기는 게 불가능한 판에 뛰어들면 안 된다. 그러나 안타깝게도 우리 주변에 승산이 없는 판에서 자신을 소진하고 있는 사람들이 적지 않다.

직장에서 자신의 업무능력과 성과에 대한 조직 내 평가가 마음에 들지 않는다면 먼저 왜 그런 평가를 받는지 정확하게 파악할 필요가 있다. 특히 자신의 업무능력이나 성과에 대한 자신의 평가가 지나치게 높거나 낮지는 않은지 냉정하게 따져볼 필요가 있다. 평가가 왜곡되면 어떤 해법도 약효를 발휘하기 어렵다.

아무리 생각해봐도 자신에 대한 조직의 평가가 부당하다면 물론 직장을 옮겨야 한다. 그러나 옮길 곳은 자기가 가고 싶을 뿐 아니라 자신의 강점이 제대로 발휘돼 성과를 낼 수 있는 곳이어야 한다. 자신의 강점이 평범한 것으로 간주되거나 오히려 약점이 되는 곳이라면 아무리 조건이 좋아도 선택하면 안 된다. 당장은 직무와 직책, 직급과 보상이 마음에 들겠지만 궁극적으로 성과를 잘 내지 못해 퇴진 압력에 시달리게 된다.

이기는 군대가 전투에서 이길 수 있는 조건을 만든 뒤 전투를 시작하듯 직장인들도 성과를 거둘 수 있다는 것을 확인한 뒤 직장을 옮기고 직업을 바꿔야 한다. 이를 위해서 이직과 전직을 결정하기 전에 구조를 짜고 형세부터 만들어야 한다. 치밀한 사전조사와 반복적 연습을 통해 옮겨 간 직장과 바꿔 탄 직업에서 성과를 거둘 수 있는지 파악하고 부족한 것을 채워야 한다. 일단 옮기거나 바꾸고 나서 살길을 도모한다면 패배가 예정된 전투를 하는 셈이다. 이길 수 있는 싸움은 못해도, 질 게 뻔한 싸움은 하지 말아야 한다.

타이밍이 중요하다

이 과정에서 간과하면 안 되는 것이 시기다. 조건은 내가 노력한다고 해서 다 갖춰지는 게 아니다. 때가 무르익지 않았다면 기다려야 한다. 『삼국지』의 「적벽대전」에서 조조에게 쫓기던 유비와 제갈공명은 30만 대군을 이끈 조조와 맞설 곳으로 장강의 적벽을 선택했다. 이들은 이곳에서 조조 군대를 불로 공격하기로 결정했다. 그들은 우여곡절 끝에 손권과 동맹을 성사시키는 등 전투 준비도 철저히 했다. 그런 뒤에도 그들은 상황이 자신들에게 유리해질 때까지 기다렸다. 바람의 방향이 바뀔 때까지 공격을 미뤘다.

이순신 장군도 전투할 때 조건이 무르익기를 기다렸다. 조선 수군이 대승한 한산도해전이나 명량해전에서 그는 바다의 물때가 바뀔 때까지 기다렸다가 공격을 시작했다. 중국의 덩샤오핑 역시 때를 기다릴 줄 알았다. 그는 문화혁명으로 형세가 불리해지자 칠순에 가까운 노구를 이끌고 시골로 내려가 3년간 트랙터 수리공장에서 하루 종일 일했다. 그러다 세상이 바뀌자 중앙정치에 복귀했다. 그의 개혁 개방 정책은 트랙터 수리공으로 지낼 때 구상했던 것들이다.

『손자병법』은 전투에서 지는 군대의 특징 중 하나로 개인적 분노를 못 이겨 급하게 재촉하는 것을 꼽는다. 시기가 무르익지 않았는데도 감정 때문에 성급하게 전투를 시작하면 지게 마련이다. 『손자병법』은 따라서 형세가 불리하면 실력을 보존해 나중에 다시 싸울 길을 모색하라고 조언한다.

직장생활도 마찬가지다. 속이 터지고 화가 치밀고 자존심이 상할 대로 상해도 상황이 자신에게 불리하면 몸을 숙이고 바람을 피해야 한다. 감정에 휩쓸려 타고난 자신보다 월등히 앞서 있는 사람들과 '이길 수 없는 경쟁'을 하느라 자신을 소진하는 잘못을 범하지 말아야 한다. 자세를 낮추고 역량을 기르다 결정적 기회가 오면 그때 움직여도 늦지 않다. 새 직장으로 옮기고 새 직업으로 갈아타기 전에 그곳에서 '성공할 수밖에 없는 조건'부터 만드는 게 먼저다.

> 영업을 잘하는 사람들의 공통점은
> 자신과 회사, 자신과 제품을
> 일치시키려고 노력한다는 것이다.

영업을 잘하는
사람들의 특징

"나에게 이 펜을 팔아보라."

영화 〈더 울프 오브 월스트리트(The Wolf of Wall Street)〉에서 주인공으로 열연한 레오나르도 디카프리오가 주식 영업자를 채용하기 위한 면접에서 던진 질문이다. 2013년 개봉한 이 영화는 월가의 부도덕성을 풍자하는 블랙코미디다. 사기와 주가 조작으로 엄청난 부를 일궜다가 증권감독당국과 FBI에게 덜미를 잡혀 철창신세를 졌던 전설적 주식 브로커 조던 벨포트의 파란만장한 일대기다.

조던 벨포트는 영화에서 주식영업자로 발군의 실력을 보여준다. 그는 수려한 외모와 화려한 말솜씨, 명석한 두뇌로 주식영업에서 탁월한 능력을 발휘한다. 그는 사업을 키우기 위해 회사를 차린 뒤 부를 움켜쥐고 싶은 사람들을 끌어모은다. 이들은 부자가 되고 싶은 열망 외에 내세울 게 아무것도 없다. 대부분 인생의 실패자이자 사회적 낙오자에 가까운 사람들이다. 조던 벨포트는 이들을 대상으로 주식영업 교육을 한 뒤 곧바로 전화통을 붙잡고 고객에게 전화를 걸게 한다.

이 영화의 압권 중 하나는 직원들을 대상으로 한 조던 벨포트의 신들린 연설이다. 그는 직원들을 모아놓고 자신들이 왜, 어떻게 주식을 팔아야 하는지 실감나게 이야기한다. 그의 연설을 듣다 보면 투자자들에게 주식을 사게 만드는 것은 식은 죽 먹기 같다. 투자자들에게 주식을 팔지 못하면 무능하고 게으른 게 분명하다. 특히 '부자 호구'에게 주식을 떠넘겨 이익을 취하는 것은 브로커의 의무다. 성공의 열망에 가득 찬 직원들은 열변을 토하는 조던 벨포트를 사이비 종교의 교주처럼 떠받든다. 조던 벨포트는 종교집회처럼, 때로는 광란의 파티처럼 회사 분위기를 몰아가면서 직원들에게 영업의 중요성을 역설한다.

신입사원에게 영업교육부터 시키는 기업들

정도의 차이는 있지만 대부분의 경영자들은 직원들에게 끊임없이 영업을 독려한다. 영업이 얼마나 중요한지 설명하고 성과가 좋은 직원들을 포상한다. 지금은 없어졌지만 10여 년 전만 해도 국내 대기업들은 신입사원 교육 때 제품을 파는 체험을 하게 했다. 팀을 짜서 시장에 내보내기도 하고, 개인에게 일정한 양의 회사 제품을 팔게 하기도 했다. 지금도 몇몇 기업들은 모든 신입사원을 일정 기간 영업에 투입한다. 어떤 경영자들은 영업을 기피하거나 영업적 자질이 부족한 직원은 아예 뽑으려 하지 않는다.

기업들이 이렇게 영업을 외치면서 영업 제일주의를 선언하는 것은 기업이 영업을 기반으로 존재하기 때문이다. 모든 기업은 무언가를 판다. 그것이 제품이든 콘텐츠든 서비스든 종류만 다를 뿐이지 판다는 점에서 본질은 같다. 의사나 교수, 변호사, 회계사, 컨설턴트 같은 전문직도 서비스를 팔지 않으면 생존할 수 없다. 그래서 영업적 자질이나 성향이 약하면 아무리 전문성이 뛰어나도 좋은 평가를 받기 어렵다. 특히 직위가 높아질수록 업무에서 영업의 비중이 커진다. 영업력이 약하고 성과를 내지 못하면 조직 내 입지가 좁아진다.

그러므로 기업의 경영자들은 직원들에게 영업의 중요성을 각인시키고 싶어한다. 할 수만 있다면 모든 직원을 영업사원으로 만들려고 한다. 경영자 입장에서 보면 기술팀, 생산팀, 인사팀, 재무팀 가릴 것 없이 직원들에게 영업 마인드를 갖추라고 요구하는 것은 당연하다. 영업활동이 부진하면 회사의 매출과 이익을 기대할 수 없기 때문이다. 특히 요즘처럼 경쟁이 치열한 시장 상황에서 영업력은 회사의 성장, 발전은 물론이고 생존을 결정하는 가장 중요한 요소다.

이에 반해 직원들은 대부분 영업을 기피한다. 직무가 영업적 성향이 강하면 아예 지원을 포기하는 사람도 있다. 영업부서로 발령이 나면 좌천당한 것으로 받아들이기도 한다. 어떤 이들은 영업이 싫다며 공무원 시험을 보기도 한다. 물론 영업의 중요성이 갈수록 커지고 영업 출신들을 승진이나 연봉에서 우대하는 추세가 강해지면서 자발적으로 영업의 문을 두드리는 사람들도 적지 않다. 치열한 전투가 벌어지고 있는 기업의 최전선에서 성과로 승부를 보려는 것이다. 그러나 아직도 영업은 가능하면 멀리해야 할 분야라고 생각하는 직원들이 많다.

직원들이 이렇게 영업을 기피하는 것은 사고 싶지 않은 사람들에게 사도록 만들어야 하기 때문이다. 제품이나 서비스 구입을 원하는 사람들을 상대로 영업하는 것은 그리 힘들지 않다. 그러나 많고 많은 사람들 가운데 자발적 구매자를 찾기가 쉽지 않다. 필요한 사람들이 스스로 찾아오도록 하려면 엄청난 홍보와 마케팅 비용을 들여야 한다. 특히 시장개척 단계에선 홍보와 마케팅도 한계가 있다. 그래서 기업들은 직접 고객을 찾아나서는데, 이 과정이 직원들에게는 어렵고 힘들다. 게다가 찾아낸 고객이 모두 제품과 서비스를 살 만큼 동기가 강한 것도 아니다. 어떤 사람은 단순히 흥미를 느끼는 단계에 머무르고, 어떤 사람은 살 수 있는 여건이 안 돼 있다. 이 때문에 영업자들은 다양한 방법으로 구매 동기를 자극하고 강화해야 한다. 제품과 서비스에 대한 관심을 넘어서 실제로 구매가 이뤄지도록 만들어야 하는 것이다.

고객이 사는 것은 파는 사람의 브랜드다

문제는 이 과정에서 자신이 원치 않는 말과 행동을 하게 된다는 것이다. 제품과 서비스의 장점을 과장하거나, 단점을 감추거나, 가끔은 필요하지 않은 사람에게도 구매를 부탁해야 한다. 영업을 싫어하는 사람들은 "그렇게까지 하고 싶지 않지만 성과를 내지 못하면 압력을 받게 되니 어쩔 수 없다"고 말한다. 특히 자신이 동의할 수 없거나 인정하지 못하는 제품과 서비스를 팔아야 할 때 직원들이 받는 스트레스는 이만저만이 아니다.

이런 사정 때문에 직원들은 가급적 영업을 피하려 한다. 그러나 직장생활은 절대 영업에서 자유로울 수 없다. 기업은 제품과 서비스를 만들어 판매하는 곳이기 때문에 기업에서 영업활동은 필수다. 잘나가는 회사일수록 영업활동이 활발하고 직원들이 영업에 적극적이다. 특히 기업에서 임원이 되고 최고경영자를 꿈꾸는 사람이라면 반드시 영업력을 갖춰야 한다.

그렇다면 어떻게 해야 영업력을 키울 수 있을까? 사막에서 모피를 팔 정도는 아니더라도, 자동차 판매왕이나 보험 판매왕까지는 기대하지 않더라도, 영업에 대한 부담이라도 없으면 좋겠는데 무슨 방법이 없을까?

영업에서 성과를 거두려면 무엇보다 자신의 회사에서 만드는 제품과 서비스를 신뢰해야 한다. 영업은 판매하려는 제품과 서비스의 가치를 어떻게 포장할 것인가, 고객에게 그 가치의 필요성을 어떻게 인지시킬 것인가, 그리고 그 가치로 고객의 구매욕을 어떻게 자극할 것인가에 달려 있다. 따라서 영업자가 제품과 서비스를 믿지 못하면 고객의 욕구를 끌어낼 수 없다.

특히 고객이 사는 것은 제품이나 서비스가 아니라 파는 사람의 브랜드일 가능성이 크다. 그러므로 어떤 제품이나 서비스를 잘 팔려면 자기 이름을 전면에 내걸어야 한다. 단순히 제품이 좋고 쓸 만하다는 정도로 상대방을 설득하기는 어렵다. 내가 먼저 믿고 쓸 수 있어야 한다. TV홈쇼핑에서 잘나가는 쇼 호스트들은 대개 자신이 판매할 물건을 먼저 써보고 꼼꼼하게 점검한다. 내 이름을 내걸고 추천하는 만큼 상품과 서비스에 대한 확신이 필요하기 때문이다.

사람들은 자신이 써보고 좋다고 생각하는 상품이나 서비스는 누가 시키지 않아도 알아서 주변에 홍보한다. 보상을 받는 게 아닌데도 추천하고 싶은 상품이나 서비스에 감정을 이입하면서까지 상대방을 설득한다. 많은 경영자들이 영업 담당자들의 활동을 격려하기 위해 인센티브 제도를 활용하고 있다. 경제적 보상으로 직원들의 영업 욕구를 자극하기 위해서다. 그러나 각종 연구 조사를 보면 경제적 보상은 일정 수준까지만 영향을 미칠 뿐이다. 영업 담당자들에게 더 큰 영향을 미치는 것은 제품과 서비스에 대한 신뢰와 믿음이다.

영업, 즐길 수 있을까

투자자들은 벤처기업의 투자 요청을 받으면 대개 대주주에게 같이 투자할 것을 요구한다. 기업들이 증자할 때도 투자자들은 대주주에게 증자에 같이 참여할 것을 주문한다. 다른 사람에게 투자를 권할 만큼 전망이 좋다면 대주주도 투자를 마다할 이유가 없지 않느냐는 것이다. 영업을 잘하려면 이렇게 자신들이 파는 제품과 서비스에 확신을 갖고 있어야 한다. 신뢰하지도 않으면서 다른 사람에게 구매를 권하는 것은 사기나 다름없다.

따라서 직장을 선택할 때 그 회사가 생산하고 판매하는 제품이나 제공하는 서비스가 무엇인지를 꼼꼼하게 따져봐야 한다. 직장생활을 하는 한 누구도 영업에서 자유로울 수 없다. 영업을 직접 담당하지 않더라도 직장생활은 간접적으로 영업과 연결돼 있다. 또 언젠가 영업을 맡아야 할지도 모른다. 특히 간부가 되고 임원의 꿈을 갖고 있다면 영업에 적극 나서야 한다. 따라서 직장을 선택할 때 회사의 제품과 서비스가 자신의 이름을 걸고 판매할 수 있는 것인지 따져볼 필요가 있다.

만약 회사의 제품과 서비스를 팔 수 없다면 그 회사에서 미래를 도모하기가 쉽지 않다. 회사가 제공하는 가치를 믿지 못하는 셈이므로 그런 직장에서 장기근속은 여간 어려운 게 아니다. 따라서 그 회사의 제품과 서비스를 팔기가 정말 어렵다면 회사가 만들고 제공하는 제품과 서비스를 믿을 수 있는 곳으로 옮겨야 한다.

그리고 무엇보다도 영업을 즐길 수 있도록 의식적으로 노력해야 한다. 어떤 일이든 마찬가지지만 직장에서 어떤 일을 피할 수 없다면 차라리 즐기는 것도 한 방법이다. 영업도 마찬가지다. 단순히 의무감으로 받아들이는 것을 넘어서 즐길 수 있어야 한다.

영업을 잘하는 사람들의 공통점은 자신과 회사, 자신과 제품을 일치시키려고 노력한다는 것이다. 제품에 대한 신뢰, 회사에 대한 믿음은 자신과 회사를 일치시키고 영업을 즐길 수 있는 원동력이다. 그래야 고객에게 남의 이야기가 아니라 자기 자신의 이야기를 할 수 있다. 자신의 이야기는 남의 이야기보다 훨씬 설득력이 강한 법이다.

66

어떤 분야에서 성공하는 데
가장 큰 영향을 미치는 것은
역량이 아니라 목적지를 향해
묵묵히 나아가는 것이다.

99

평범한 사람이
비범한 결과를 만드는 방법

일본 역사상 가장 혼란했던 17세기 전국시대에 세 명의 영웅이 있었다. 오다 노부나가, 도요토미 히데요시, 도쿠가와 이에야스다. 일본인들은 그 중에서도 도쿠가와 이에야스를 가장 좋아한다. 그의 전기를 다룬 수많은 책들이 서점을 장식하고 있고 그를 연구하는 모임도 매우 많다. 그의 유훈을 좌우명으로 삼는 일본인들도 적지 않다. 특히 기업의 경영자들은 그를 일본 역사상 최고의 리더로 존경하면서 그의 처세술이나 리더십을 배우려고 노력한다.

인생은 무거운 짐을 지고 먼 길을 가는 것

일본인들이 도쿠가와 이에야스를 좋아하는 것은 그가 무려 200년 가까이 계속됐던 약육강식의 전국시대를 끝내고 에도 막부를 열었기 때문이다. 끊이지 않는 분열과 대립, 주도권 다툼, 이에 따른 잔혹한 전쟁을 끝내고 평화시대를 이끌어냈으니 인기가 좋을 만도 하다. 그러나 그의 인기가 높은 것은 그 때문만은 아니다. 더 중요한 요인은 '인내'와 '기다림'으로 대표되는 그의 삶의 방식이 일본인들의 정서에 맞기 때문이다. 그는 천재적 자질을 가진 것도 아니고, 시대를 잘 타고나지도 않았다. 오로지 남이 견디지 못하는 것을 참고 기다린 덕분에 남이 할 수 없는 일을 했다.

도쿠가와 이에야스는 어린 시절에 아버지가 살해당하면서 19세까지 인질로 잡혀 지내야 했다. 풀려난 뒤에도 50대 중반까지 당대의 권력자였던 오다 노부나가와 도요토미 히데요시 밑에서 무릎을 꿇고 머리를 숙여 충성을 맹세해야 했다. 특히 오다 노부나가에게 반역을 꾀했다는 의심을 받고는 결백을 입증하기 위해 아내와 아들에게 스스로 목숨을 끊을 것을 지시해야 할 정도로 참담한 상황을 겪기도 했다.

도쿠가와 이에야스는 그러나 이 모든 과정을 견디면서 인내와 기다림의 화신이 됐다. 17세에 첫 전투에 나가 74세까지 무려 58년간 전쟁터에서 보낸 당대의 대표적 무장이었지만, 인생의 대부분을 참고 기다렸다. 오다 노부나가와 도요토미 히데요시가 앞을 가로막았을 때도 그는 참으면서 자신의 시대가 오길 기다렸다. 그가 남긴 유훈에도 인내를 강조한 것들이 참 많다.

"사람의 일생은 무거운 짐을 지고 먼 길을 가는 것과 같다. 서두를 필요가 없다."

그의 유훈 가운데 지금도 가장 널리 인구에 회자되는 것이다.

직장에서 안착하지 못하는 이유

직장생활을 하다 보면 불안과 회의, 무기력에 빠질 때가 많다.

'이 길이 내 길 맞나? 잘못된 길을 가고 있는 건 아닐까? 이 정도 했는데도 성과가 없으니 지금이라도 다른 길을 찾아야 하나? 되돌아가는 게 나을까?'

'이번에도 안 되는 모양이다. 노력한다고 했는데 도무지 결과가 나오지 않는다. 다른 사람들은 벌써 저만치 가고 있는데 나는 왜 못 가는 걸까? 포기해야 하나?'

이렇게 생각이 많아지면 업무 집중력이 떨어지고, 이 상태가 길어지면 급기야 일에서 손을 떼게 된다.

최근 각종 조사를 보면 신입사원의 장기근속 비율이 현저히 떨어지고 있다. 그러다 보니 기업들은 웬만하면 신입사원을 뽑지 않으려 한다. 뽑아봐야 교육만 받다 퇴사할 확률이 높기 때문이다. 직원 채용에서 경력사원의 비중이 높아지는 것이 이미 대세로 자리 잡았다.

직장인들이 이직과 전직을 반복하는 것은 결코 무능해서기 아니다. 무능하다면 애초 입사조차 못했을 것이다. 적성이 맞지 않기 때문이라고 말하기도 어렵다. 적성에 딱 맞는 일을 하고 있는 사람도 많지 않지만, 적성과 전혀 맞지 않는 일을 하는 사람도 드물다. 특히 최근 들어 적성의 중요성이 알려지면서 적성을 무시한 채 입사하는 사람들은 크게 줄었다.

직장에서 안착하지 못 하는 가장 큰 원인은 조급증이다. 진득하게 참고 기다리지 못하는 것이다. 대학을 졸업하고 직장에 처음 들어오면 자신들이 예상했던 직장생활과 다른 모습을 접하게 된다. 이런 생활이 계속된다고 생각하면 속이 답답해진다. '처음이라 그럴 뿐 시간이 지나면 달라질 거야'라고 생각하며 견뎌보지만 상황은 금방 달라지지 않는다. 이럴 때 상사와 갈등이 생기거나 다른 대안이 떠오르면 흔들린다. 남의 떡이 커 보이는 법이어서 다른 직무와 직장이 매력적으로 다가온다.

성공하는 사람은 유능한 사람이 아니라 오래 하는 사람

어떤 분야에서 성공하는 데 가장 중요한 조건은 오래 하는 것이다. 성공하는 사람은 유능한 사람이 아니라 같은 일을 오래 하는 사람이다. 목적지에 도달하려면 목적지까지 계속해서 가야 한다. 중간에 포기하면 아무리 빨리 달려도 소용이 없다. 등산할 때 정상에 오르는 유일한 방법은 정상을 향해 오르는 것이다. 세계적인 피아니스트, 화가, 피겨스케이트 선수, 영화배우, 오페라 가수, 발레리나들은 모두 넘어지고 깨지는 습작 시절과 연습생 시절, 아마추어 시절을 겪었다. 이들이 무대의 주인이 되고 해당 분야의 대가가 된 것은 끝이 보이지 않았지만 견디고 기다리며 묵묵히 자신의 길을 갔기 때문이다.

직장에서도 직무를 익혀서 성과를 거두려면 일정한 조건이 갖춰져야 한다. 우선 필요한 만큼 투입해야 한다. 또 그렇게 한 뒤에는 여건이 무르익을 때까지 충분히 기다려야 한다. 그러나 많은 사람들이 충분히 투입하지 않을 뿐 아니라, 충분히 기다리지도 않는다. 뜸도 들이기 전에 밥을 먹겠다고 솥뚜껑을 여는 격이다.

직장에서 임원이 되고 사장이 되는 사람도 학력이 좋고 경력이 뛰어난 사람이 아니라 직장생활을 오래 한 사람이다. 한 해에 몇 십 명, 몇 백 명씩 회사에 들어오지만 보통 유능한 사람들부터 회사를 떠난다. 답답하고 지루하고 전망이 없다며 더 좋은 기회를 찾아 나선다. "적성이 맞지 않는다"거나 "몸과 마음이 피곤하다"는 이유를 대지만 모두 핑계일 뿐이다. 그렇게 하나둘씩 떠나다 보면 어느새 조직 수장의 후보는 크게 줄어 있다. 그런데도 많은 직장인들이 이렇게 단순명쾌한 원리를 간과한다.

물론 직장인들이 이 원리를 모르는 것은 아닐 것이다. 그럼에도 불구하고 견디고 기다리지 못하는 원인은 우선 목적지가 분명하지 않기 때문이다. 이직과 전직이 잦은 직장인들은 대부분 목적지가 불명확하다. 목적지가 있다는 사람들도 이야기를 들어보면 막연하기 그지없다. 그러다 보니 목적지를 보고 걷는 게 아니라 길의 상태를 보고 갈지 말지를 결정한다. 연봉과 직급, 직책 같은 근무 조건을 보고 직장과 직무를 선택하는 것이다. 길의 상태는 늘 바뀌고 근무 조건은 계속 달라질 수밖에 없다. 따라서 이런 것들을 보고 선택하면 직장과 직무를 계속 바꿀 수밖에 없다.

두 번째 원인은 자신에 대한 믿음이 부족한 데 있다. 내가 원하는 목적지에 갈 수 있고, 내가 생각하는 사람이 될 수 있다는 믿음이 확고해야 쉽게 흔들리지 않는다. 이것이 자기 안에서 자리 잡고 있을 때 장거리 여행이 가능하다. 언젠가 목적지에 도달할 수 있는데 다른 길에 눈길을 돌릴 이유가 없다. 이대로 가면 원하는 것을 얻을 수 있는데 왜 포기하겠는가?

안개는 해가 뜨면 걷힐 것이고, 비바람은 시간이 지나면 잦아든다는 사실을 알고 있으니 걱정할 이유가 없다.

평범한 사람도 견디고 기다리면 비범한 성과를 만들 수 있다. 반대로 비범한 사람도 기다리면서 견디지 못하면 자신의 천재성을 현실에서 구현할 수 없다. 세상이 주목할 만한 결과도 대부분 비범한 사람들이 만든 게 아니다. 평범한 사람들이 오랫동안 견디고 기다리면서 자신이 원하는 일을 하는 과정에서 만들어졌다.

그런 점에서 어떤 분야에서 성공하는 데 가장 큰 영향을 미치는 것은 역량이 아니라 목적지를 향해 묵묵히 나아가는 것이다. 직장에서도 초기에 학력과 경력이 돋보이지만 시간이 갈수록 근속 기간이 위력을 발휘한다. 이 때문에 경험이 많은 기업인들은 직장인들의 여러 자질 가운데 견디고 기다리는 자질을 가장 중요하게 본다.

누구든 멈추지 않으면 성장한다

리더십 전문가 브라이언 트레이시는 "인생은 복리"라고 주장한다. 그가 제시하는 근거는 명료하다. 우리가 직장에서 매일 0.1%씩 향상시키면 첫 한 주 동안 0.5% 개선된다. 매주 0.5%가 4주 동안 축적되면 한 달에 2%가 향상되고, 1년이 되면 26%의 향상이 가능해진다. 매년 26%씩 10년 동안 복리로 계산하면 시작할 때에 비해 무려 1,008%라는 엄청난 향상이 이뤄진다.

누구든 멈추지 않으면 성장한다. 따라서 조금씩이라도 나아가려는 사람을 주목하게 된다. 느린 것은 큰 문제가 되지 않는다. 문제는 멈추는 것이다. 일단 멈추면 죽어버린다. 물은 흐르지 않으면 금방 썩는다. 조직도 마찬가지다. 한 명의 구성원이라도 멈춘다면 그 조직은 머지않아 추락한다. 그러므로 경영자들은 직장에서 멈춘 직원이 생기는 것에 매우 민감하게 반응한다.

역사적으로 많은 사람들이 견디고 기다리는 것의 중요성을 강조했다. 애플의 창업자이자 CEO였던 스티브 잡스는 "성공한 기업가와 그렇지 못한 기업가를 나누는 가장 중요한 기준은 인내"라고 했다. 영국의 사회사상가 존 러스킨도 "성공한 사람과 실패한 사람의 궁극적 차이는 인내"라고 단언했다. 영국의 시인 존 밀턴은 "가장 잘 인내하는 자가 무엇이든지 가장 잘할 수 있다"고 주장했다.

중요한 것은 누가 끝까지 지속하느냐지, 얼마나 능력이 있고 경력이 화려한가가 아니다. 언제나 그렇듯 목적지에 이르는 가장 확실한 방법은 참으며 끝까지 가는 것이다. 공자는 『논어』에서 "나를 등용해도 3년이 지나야 성과를 볼 수 있다"고 말했다. "아무리 훌륭한 성왕이라 하더라도 인덕에 의한 감화가 이뤄지려면 한 세대는 걸릴 것"이라고 말하기도 했다. 공자나 도쿠가와 이에야스처럼 30~50년을 기다리기는 쉽지 않다. 그러나 목적지를 정했다면 10년, 아니 적어도 5년은 때를 기다리면서 묵묵히 가봐야 하는 것 아닐까?

"

헌신하지 않고 평가받고
존중받길 기대하는 것은
요행을 기대하는 것과 다름없다.
헌신 없이는 권위도 없는 법이다.

"

왜 나는 직장에서
존재감이 없을까

　중견기업에 다니는 김 대리는 요즈음 몹시 우울하다. 최근 부서 회식자리에서 직장상사가 한 말이 머릿속을 계속 맴돌기 때문이다. 평소에 별로 말이 없던 강 부장이 그날따라 술을 마셔서인지 옆에 있는 그에게 이런저런 이야기를 건넸다. 이 과정에서 그가 던진 한마디가 그를 충격으로 몰아넣었다.

　"미안하지만 김 대리는 존재감이 거의 없어."

　술김에 한 말이었지만 정신이 번쩍 들었다. 그는 입사 이후 결근은 물론 지각 한 번 하지 않았을 정도로 성실했다. 회사 규칙을 어긴 적도 없었다. 업무에도 충실했고 성과가 나쁜 것도 아니었다. 단지 직장동료들과 별로 엮이고 싶지 않았고 그럴 필요도 없다고 생각해서 업무가 끝나면 곧바로 퇴근했을 뿐이다. 그랬는데 직장상사와 동료들 사이에서 투명인간으로 인식되고 있다니 마치 둔기로 한 대 얻어맞은 듯했다. '내가 허수아비나 유령 같은 존재란 말인가?' 아무리 생각해도 이해할 수 없었다.

존재감은 인정받는다는 감각

———

2016년 개봉한 프랑스 영화 〈사랑은 부엉부엉〉은 김 대리처럼 존재감이 없는 한 남성의 얘기를 그리고 있다. 주인공 로키는 직장에서 벽의 그림 같은 존재다. 아무도 그의 존재를 인정해주지 않는다. 얼마나 존재감이 없으면 인턴사원에게 자리를 만들어주기 위해 그에게 구석자리로 옮기라고 했을까. 그러나 그는 자신에 대한 부당한 처우에 대해 한 마디도 이의를 제기하지 않는다. 그리고 모든 일이 자신의 잘못에서 비롯됐다고 생각한다. 무시당하는 것을 당연하게 여기면서 '고양이보다 존재감이 없는 사람'이라고 자신을 비하한다. 그렇다 보니 카페 종업원이 아침인사만 건네도 하루 종일 기분이 좋다.

많은 직장인들이 자신을 알아주지 않는다고 답답해한다. 자신은 나름 열심히 일했고 적지 않게 성과도 냈다고 생각한다. 그런데 상사와 동료들이 자신의 존재를 인정해주지 않는다고 불만을 표시한다. 자신의 자질과 능력을 외면하고 허드렛일만 시킨다고 생각한다. 일부 직장인들은 회사가 자신을 인정해주지 않는 것에 불만과 실망감을 드러내면서 직장을 떠나기도 한다.

직장에서 존재감은 직장생활의 만족도에 큰 영향을 미친다. 아무리 작은 규모의 조직이라도 그곳에서 인정받고 중심적 역할을 하는 것과 주변을 맴돌며 단순 업무나 처리하는 것에는 큰 차이가 있다. 존재감이 약하면 승진이나 보상 등 여러 면에서 불리해진다. 존재감은 역할과 성과에 직접적인 영향을 미치기 때문이다. 따라서 지속적으로 존재감을 느끼지 못한다면 조직생활을 지속하기가 어렵다.

핵심인재들이 기업의 특별관리를 받는 것도 존재감과 관련 있다. 핵심인재는 잠재역량이 뛰어나 앞으로 회사에서 중요한 역할을 담당할 것으로 예상되는 사람들이다. 그러나 이들은 아직 경험이 부족하고 직급이 낮아서 중요한 업무를 맡길 수 없다. 조직 체계 때문에 이들이 자신의 역량을 발휘할 수 있는 위치에 오르기까지는 상당한 시간이 걸린다.

그런데 이들은 그렇게 오랜 시간 동안 존재감 없이 지내는 것을 잘 견디지 못한다. 자신을 인정해주지 않는 회사에 오래 머무르려 하지 않는다. 기업들은 이런 문제를 해결하기 위해 핵심 인재로 성장할 가능성이 있는 직원들을 특별히 관리한다. 이들이 직장에서 존재감을 느낄 수 있도록 장치를 해두는 것이다. 다양한 교육 기회를 주고 주요 업무를 경험할 수 있게 하거나, 빠르게 승진시키고 경영자들을 직접 멘토로 붙이기도 한다. 이런 제도를 통해 핵심 인재들이 조직에서 중요한 존재로 평가받고 있다고 느끼게 한다.

백락이 있어야 천리마도 있다

존재감은 이렇게 직장인들의 직장생활에 큰 영향을 미친다. 그렇다면 직장에서 존재감을 느끼지 못하는 직장인들이 의미 있고 주목받는 존재가 되려면 어떻게 해야 할까? 첫 번째 방법은 많은 직장인들이 이야기하는 것처럼 자신의 자질과 역량을 알아주는 상사를 만나는 것이다. 자신의 자질과 역량을 알아줄 백락(伯樂) 같은 상사를 찾아나서는 것이다. 백락은 중국 주나라 때 말 감별사였다. 안목이 탁월해 그가 말을 고르면 백이면 백 모두 명마였다. 그에 관해서는 두 가지 이야기가 전해 내려온다.

하나는 '백락상마(伯樂相馬)'로, 말을 관찰한다는 뜻을 갖고 있다. 백락이 왕으로부터 명마를 구해 오라는 명을 받고 길을 가던 중 소금을 실은 마차와 마주쳤다. 소금수레를 끌고 언덕을 오르는 말은 비쩍 마르고 볼품이 없는 것이 언뜻 보기에 아무 데도 쓸 곳이 없었다. 그러나 백락은 단번에 그 말이 천리마임을 알아챘다. 천리마로 태어나 세상 곳곳을 누볐어야 할 말인데 소금수레나 끌고 있었던 것이다. 백락은 측은한 마음에 입고 있던 옷을 벗어 말 잔등에 덮어주었는데 말은 자신을 알아준 것에 감격해 눈물을 흘렸다.

또 다른 이야기는 '백락일고(伯樂一顧)'로, 한번 돌아본다는 뜻이다. 어느 날 사람이 찾아와 백락에게 도움을 청했다. 말을 팔기 위해 시장에 나왔는데 사람들이 말을 사기는커녕 거들떠보지도 않는다며 백락에게 자신의 말을 한번 봐달라고 간청했다. 간곡한 청에 백락은 그를 따라나섰다. 그리고 그가 부탁한 대로 말을 한번 둘러본 뒤 돌아왔다. 백락이 다녀가자 상황이 급변했다. 말 전문가인 백락이 관심을 가진 말이라는 소문이 퍼지자 사람들이 앞 다투어 그 말을 사려고 했다. 덕분에 말 주인은 처음 생각했던 것보다 열 배나 비싼 값에 말을 팔 수 있었다.

능력 있고 자질도 갖추었지만 제대로 평가받지 못하는 직원을 볼 때가 있다. 얼핏 보기에 그저 평범한 직원일 뿐이어서 능력을 발휘할 기회가 주어지지 않는다. 이럴 때 누군가 그를 주목하면서 기회를 준다면 얼마나 기쁠까? 아무도 알아주지 않던 자신 잠재력을 알아준다면, 그것도 자신을 키워줄 수 있는 권한을 가진 사람이 인정해준다면 얼마나 좋을까?

"백락이 있어야 천리마도 있다. 천리마는 항상 있지만 백락은 늘 있지 않다. 비록 명마가 있다 한들 백락 같은 사람이 없으면 그 말은 노예의 수중에서 모욕만 당하다가 마구간에서 머리를 나란히 하고 죽을 뿐 천리마로 불리지 못한다."

당나라 시인 한유는 『잡설』에서 자신의 능력을 알아보는 사람을 만나는 것이 얼마나 중요한지에 대해 이렇게 설명하고 있다. 세계적으로 이름이 알려진 사람들 중 상당수는 백락 같은 사람을 만난 것을 자신의 성공 요인으로 꼽는다. 사람은 주변의 관심을 받을 때 에너지를 얻는다. 그래서 직장인들은 자신에게 관심을 갖고 자신의 재능을 알아주는 상사를 원한다. 잠재역량에 주목하면서 길을 열어줄 상사를 만나야 성장발전할 수 있기 때문이다.

헌신 없이는 권위도 없다

직장인들이 직장에서 존재감을 강하게 만드는 두 번째 방법은 자신의 조직 기여도를 높이는 것이다. 존재감을 느끼지 못하는 사람은 대체로 조직 기여도가 낮다. 역량을 발휘할 수 있는 기회도 충분하고 여건도 갖춰져 있지만 관심이 없다. 이런 사람에게 직장은 그저 경제적 필요에 따라 다니는 곳일 뿐이다. 그러니 월급 받는 만큼만 일하면 된다. 그 이상 직장생활에 시간과 노력을 투입하는 것은 낭비다.

그러나 받은 만큼만 일한다는 게 쉽지 않다. 직장인들이 회사에서 받는 것은 월급만이 아니다. 월급 외에도 직장을 다니면서 누리는 혜택은 많다. 이는 곧 월급 이상의 노력을 투입해야 회사가 운영된다는 의미다. "받는 월급의 세 배 이상을 벌어야 자기 몫을 하는 셈"이라는 말이 나오는 것도 이 때문이다.

직원들이 업무만으로, 업무 시간에 열심히 일하는 것만으로 직장이 운영되기 어려운 게 현실이다. 업무 외에 보이지 않는 일이 많기 때문에 누군가 그것을 처리해야 한다. 직장에서 인정받고 존재감이 있는 사람들은 대개 이런 업무를 자처하고 나선다. 그래서 그가 없으면 금방 표가 난다.

어느 곳이든 조직에서의 영향력은 기본적으로 사회경제적 지위가 아닌 그 조직에 투입한 시간과 비용, 관심의 총량에 비례한다. 가끔 난데없이 들어와 목소리를 높이면서 영향력을 행사하려다 안 되면 '텃세'를 평계하는 사람들이 있다. 조직에서 영향력을 행사하고, 존경받고, 발언권을 높이려면 먼저 투자해야 한다. 많은 사람들이 낙하산 인사에 반발하는 것은 조직에 대한 기여 없이 자리만 차지했기 때문이다. 직급이나 직책에 적합한 대접을 받지 못하고 발언권을 행사하지 못한다는 것은 조직원들이 그 사람의 노력을 인정하지 않는다는 뜻이다. 그러니 더 땀을 쏟고 발품을 팔아야 한다.

직장에 갓 들어온 신입사원은 처음에 존재감이 적은 일을 맡는다. 그런데 존재감이 없는 일이니 적당히 하겠다고 생각하면 오산이다. 존재감이 없어 보여도 잘못되면 조직운영에 차질이 빚어진다. 거대한 비행기도 작은 부속품 하나 때문에 하늘을 날지 못하는 경우가 있다. 새끼발가락 하나가 아프면 온몸에 문제가 생기기도 한다. 회사 일도 마찬가지다. 존재감이 없는 것 같아도 자세히 들여다보면 모두 중요한 일이다.

한번은 인사제도 개선을 논의하면서 임원들에게 가장 좋아하는 직원, 인사고과를 높게 주고 싶은 직원이 누구인지 물은 적이 있다. 임원들은 이구동성으로 "궂은일을 마다하지 않는 사람"이라고 답했다. 조직운영 과정에서 꼭 필요하지만 힘들고 어려운 일을 피하지 않는 직원, 보상을 바라지 않고 궂은일을 떠맡는 직원에게 좋은 점수를 주고 싶다는 것이다. 이런 사람들이 이른바 조직에 헌신하는 직원이다.

직장에서 존재감을 느끼지 못한다면 자신이 조직에 얼마나 기여하고 있는지 살펴봐야 한다. 시간과 노력은 투입하지 않고 결과만 누리려고 하는 것은 아닌지 돌아볼 필요가 있다. 헌신하지 않고 평가받고 존중받길 기대하는 것은 요행을 기대하는 것과 다름없다. 헌신 없이는 권위도 없는 법이다.

> 66
>
> 타지에서 그런 난관을 넘을 수 있는
> 용기와 인내를 가지고 있다면
> 한국에서도 새로운 삶이
> 얼마든지 가능하다.
>
> 99

이민 가서
다시 시작하고 싶다?

"대한민국에 지쳤다. 더 이상 희망이 없다. 이 나라에서 취업과 결혼이라는 소박한 꿈을 이룰 수 있을까? 어찌어찌 직장을 얻고 결혼한다 해도 원하는 삶을 살 수 없을 것 같다. 다른 사람들과 격차가 이미 너무 벌어져 있는데 좁힐 방법이 보이지 않는다. 차라리 외국에서 새로 시작하고 싶다."

"한국의 각박함이 너무 싫습니다. 벌써 4년째 직장생활을 하고 있지만 미래가 보이지 않습니다. 쉬어본 지가 언제인지조차 가물가물할 정도로 야근과 주말 특근에 시달리고 있습니다. 휴가요? 제게는 먼 얘기입니다 그렇다고 월급이 많은 것도 아닙니다. 꿈이나 희망 같은 단어는 그저 남의 얘기로만 들립니다."

"대학 졸업 후 10년 넘게 전쟁 같은 하루하루를 살아왔습니다. 그간 결혼도 했고 아이들도 생겼지만 앞으로 삶이 더 나아질 것 같지 않습니다. 어쩌면 내 자식들은 더 어려운 삶을 살아야 할지도 모른다는 생각이 듭니다. 경쟁은 갈수록 심해지고 도무지 완화할 가능성이 없어 보입니다. 이민 가서 잠시라도 여유로운 삶을 살고 싶습니다."

이민을 꿈꾸는 사람들이 인터넷에 올려놓은 글들이다. 이들은 경쟁에서 뒤처져 있는 지금의 상황을 뒤집는 게 불가능하다고 생각한다. 또 시간이 지난다고 해서 현재의 양상이 바뀔 것 같지 않다고 믿는다. 그런 만큼 많은 사람들이 다른 나라에서 새로 시작하고 싶어한다. 조금이라도 여유로운 삶을 살고자 하는 소박하고도 간절한 꿈이다.

경쟁과 박탈감이 이민을 꿈꾸게 한다

이민을 꿈꾸는 사람은 과거에도 지금 못지않게 많았다. 1960~70년대 가난하고 헐벗은 경제상황을 벗어나고 싶어서, 군부독재의 정치상황이 만들어낸 절망적 사회 분위기가 싫어서 떠나고 싶어했다. 정치경제적으로 안정되고 인간다운 삶이 보장된 선진공업국으로 이민을 생각하는 사람들을 주변에서 흔히 볼 수 있었다.

그러나 최근 이민을 생각하는 이유는 과거와 많이 다르다. 과거에 경제적 궁핍이나 정치적 강압처럼 모든 사람에게 동일한 영향을 미치는 요인들이 이민을 자극했다. 하지만 지금은 한국사회 내부에서 심화하고 있는 경쟁과 격차가 큰 이유다. 즉, 과거의 요인이 절대적 빈곤과 강압적 사회 분위기였다면 지금은 상대적 박탈감과 격화하는 경쟁이 더 큰 비중을 차지하고 있다.

시장조사 전문기업 트렌드모니터가 2016년 3월 전국 만 19~59세 성인 남녀 1,000명을 대상으로 실시한 조사에 따르면 전체 응답자의 26.5%만이 다시 태어나도 대한민국에서 태어나고 싶어했다. 61.1%는 이 땅에서 다시 태어나고 싶은 생각이 없다고 답했다. 삶의 여유가 없고 복지제도가 부족하며 지나치게 경쟁이 치열하다는 것이 이유였다. 76.9%는 이민을 고려해본 적이 있다고 응답했다. 이민에 대한 바람은 젊을수록 강했다. 사람들은 이민을 통해 잘 갖춰진 복지와 팍팍하지 않은 여유로운 삶을 꿈꿨다. 또 갈수록 심해지는 빈부격차나 소득 불평등, 지나친 경쟁 구조에서 벗어나고 싶어했다. 국가가 국민을 보호하지 않는 것에 절망했고, 먹고살기 힘든 데다 취업하기 어려운, 그래서 미래가 없는 한국을 떠나려 했다.

한국만 아니면 정말 행복할까?

한국인들, 특히 20~30대 젊은이들은 최근 들어 '경쟁 피로증'과 '격차 혐오증'을 노골적으로 드러내고 있다. 지나친 경쟁과 그 경쟁의 부산물인 격차는 젊은이들에게 한국을 떠나고 싶게 만드는 이른바 '헬조선'과 '탈한국'의 강력한 동기로 작용하고 있다. 많은 젊은이들이 현실의 치열한 경쟁에서 밀려난 것에 절망하고 있다. 이들은 주변 사람들의 눈치를 봐야 하는 자신이 싫다. 앞서 있는 사람들을 따라잡고는 싶지만 치열한 경쟁에 뛰어들기는 부담스럽다. 또 고심 끝에 경쟁에 뛰어들기로 마음먹어도 방법을 찾지 못해 힘들어 한다. 그래서 남들 눈에서 자유롭고 기회가 많을 것 같은 외국으로 가려는 것이다. 새로운 곳에서 새롭게 시작하고 싶은 셈이다. 삶의 절반도 채 살지 않은 젊은이들의 상당수가 인생을 다시 시작하고 싶다고 생각하고 있으니 안타깝고 답답하다.

그런데 정말 우리 사회에서 젊은이들이 원하는 이런 삶은 불가능한 것일까? 앞서 있는 사람들을 따라잡기는커녕 평균 수준의 소박한 꿈도 실현하기 어려운 상황일까? 또 선진국에 가면 경쟁을 안 해도 되는 걸까? 선진국에서 누구나 여유롭고 풍요로운 삶이 보장되는 것일까? 그리고 인생의 새로운 시작은 꼭 이민을 가서 해야 하는 것일까?

내가 아는 30대 중반의 어떤 남성은 꽤 오랫동안 이민을 꿈꿔왔다. 평생은 아니더라도 외국에서 살아보고 싶다는 꿈이 있었다. 중견기업에 다니고 있는 그는 여자친구와 함께 외국으로 가서 공부를 더 한 뒤 그 나라에 눌러앉을 방안을 찾았다. "멀쩡한 직장을 놔두고, 미쳤다"라는 질책을 들었지만 그렇게라도 해야 여유로운 삶을 살 수 있을 것 같았다.

그랬던 그가 지난해 이민박람회에 다녀온 뒤 이민 계획을 접고 말았다. 박람회에서 직원의 말을 듣고 '그렇게까지 하면서 이민을 가야 하나'라는 생각이 들었기 때문이다. 이민회사의 직원은 그에게 취업 이민을 권했다. 문제는 1년간 호텔에서 청소를 하거나 식당에서 일해야 한다는 것이었다.

1985년 최인호 소설을 원작으로 개봉한 영화 〈깊고 푸른 밤〉은 아메리칸드림을 꿈꾸는 한 남자의 얘기를 다루고 있다. 불법 체류자 신세의 남자 주인공은 영주권을 받기 위해 한국계 미국인 이혼녀인 여자 주인공과 위장결혼을 한다. 그는 미국 이민국 직원의 까다로운 심사를 통과하고 영주권을 얻는 데 성공한다. 이 과정에서 여자 주인공은 남자 주인공을 좋아하게 되는데, 남자 주인공의 머릿속은 오로지 한국에 있는 부인과 아이로 꽉 차 있다. 그러나 한국의 부인에게는 이미 다른 남자가 생겼다.

비극으로 끝나는 이 영화를 보면서 나는 '저렇게까지 하면서 영주권을 얻을 만큼 미국에서 사는 게 좋은가'라고 생각했던 기억이 있다. 저런 비참한 생활을 감수할 정도의 마음가짐이라면 한국에서도 충분히 새로운 삶을 도모할 수 있지 않을까? 굳이 저런 상황을 견디면서까지 미국 영주권을 얻으려는 것을 보면 한국에서 길이 전혀 보이지 않았을 텐데, 영화에서 보여주는 남자 주인공의 상황은 그 정도는 아닌 것 같았다.

바보야, 문제는 경제력이야

이민을 간다는 것은 다른 나라를 한번 경험하는 수준이 아니다. 지금까지 경험하고 익히고 관계를 맺어온 모든 것을 포기하고 전혀 새로운 삶을 시작하는 것이다. 모든 것이 새롭기 때문에 안착 가능성을 장담하기 어렵다. 매우 확률이 낮은 도박이요, 극단적 선택이다. 이런 도박을 한다는 것은 그만큼 현재 처해 있는 상황이 어렵고 돌파할 방안을 찾지 못하고 있다는 뜻이다. 그래서 마지막 방법으로 불구덩이에라도 뛰어드는 심정으로 위험을 무릅쓰고 탈출하는 것이다.

그런데 이민을 꿈꾸는 사람들이 정말 이렇게 절망적 상황에 처해 있는 걸까? 국내에서 할 수 있는 모든 방법을 다 동원해본 것일까? 하고 싶은 일이 외국 아닌 국내에서는 성과를 거두기 어려운 것일까?

이민을 꿈꾼다는 것은 지금까지 자신의 이야기를 다 지우고 새로 쓰고 싶다는 얘기다. 컴퓨터를 포맷하듯 내 삶을 전혀 다른 것으로 만들고 싶다는 뜻이다. 단순히 외국에서의 생활을 꿈꾸는 게 아니라 지금까지의 삶이나 현재의 모습을 새롭게 바꾸고 싶다는 의미다. 그만큼 새 삶을 간절히 동경하고 있는 것이다.

그러나 이민을 간다고 해서 새로운 삶이 보장되는 것은 아니다. 과거가 지워지는 것은 더더욱 아니다. 이민을 가서 풍요롭고 여유 있는 삶을 사는 사람들은 그리 많지 않다. 그런 상황에 이르기까지 넘어야 할 수많은 난관을 생각하면 쉽게 결정하기 어렵다. 만약 타지에서 그런 난관을 넘을 수 있는 용기와 인내를 가지고 있다면 한국에서도 새로운 삶이 얼마든지 가능하다.

한국에서 삶이 퍽퍽하다면 그렇게 만드는 핵심 요인이 있을 것이다. 그런데 그 요인을 해소하지 못하면 외국에 가서도 마찬가지일 가능성이 크다. 경제적 궁핍 때문에 한국생활이 힘들다면 외국에서는 더 감당하기 어려울 수 있다. 외국에서 살아본 사람들은 한결같이 "경제적 능력만 있다면 한국만큼 살기 좋은 나라가 없다"고 말한다. 문제는 경제력이지, 한국이 아니라는 의미다.

몇 년 전, 뉴욕에 간 적이 있다. 그곳에서 우리 일행을 안내하던 50대 남성과 한참 이야기를 나눴다. 그는 2000년대 초 이민을 가서 한국인을 상대로 가이드를 하면서 살고 있었다. 이민 가기 전에 그의 직업은 국내 한 대기업의 중간간부였다. 한국생활이 남부럽지 않았을 텐데 왜 이민을 오게 됐는지 묻자 그는 "아이들 교육 때문"이라고 대답했다. 아이들에게 일찍 영어를 가르치고 싶어서 부인이 먼저 아이 둘을 데리고 미국으로 왔는데, 결국 돌아오지 못하고 자신마저 합류하게 됐다는 것이었다. 당시 그와 나눈 이야기 가운데 이런 말이 지금도 기억에 남는다. "가진 자산이 없다면 이민 와서 자신의 삶을 포기해야 합니다."

가끔씩 외국에서 정착한 사람들의 눈물겨운 정착 과정을 듣게 된다. 안착하는 과정에서 얼마나 많은 눈물과 한숨을 쏟아냈을까를 생각하니 참 대단하다는 생각이 든다. 한편으로 저 정도의 노력을 한국에서 했다면 훨씬 더 크고 빠르게 성공을 거두지 않았을까 싶기도 하다. 이들의 성공은 이들의 땀과 한숨과 눈물 덕분이지, 결코 외국이라는 지역 덕분이 아니기 때문이다.

새로운 것을 시작하기 전에 왜 내가 이것을 그만두려 하는지, 새로운 것을 하면 과연 현재 안고 있는 문제를 해결할 수 있는지 냉정하게 따져봐야 한다. 같은 정도의 노력이라면 현재 상황에서 시도하는 편이 훨씬 성공 가능성이 높기 때문이다. 마찬가지로 이민 갈 정도의 용기가 있다면 먼저 이곳에서 문제해결을 시도해보라고 권하고 싶다.

"

세상은 꿈을 꾸면서
그 꿈이 실현될 때까지
버티는 사람들의 것이지,
결코 유능한 사람들의 것이 아니다.

"

세계적인 축구감독은
어떻게 탄생할까

축구선수들에게 감독은 커리어의 최종목표다. 선수생활은 40세를 넘기기 어렵지만 감독은 70세 전후까지 할 수 있다. 특히 명문구단 감독은 꿈의 자리다. 명장으로 소문이 나면 세계적인 클럽과 국가대표팀에서 앞다퉈 모셔 가려 한다. 영국 프리미어의 명문구단인 맨시티의 펩 과르디올라는 연봉이 220억 원이나 된다. 맨유는 지난해 무리뉴를 감독으로 영입하기 위해 연봉 200억 원을 제시했다.

프로축구 구단들이 감독을 파격대우하는 것은 감독이 워낙 큰 영향을 미치기 때문이다. 모든 스포츠 종목이 마찬가지겠지만 축구의 경우 특히 감독의 역할이 중요하다. 감독은 경기의 전략과 전술을 짜고 선수들을 독려하면서 작전을 지시한다. 또 한 시즌 전체를 염두에 두고 팀을 운영하면서 세계 곳곳에서 유능한 선수를 영입한다.

이렇게 중요하고 각광을 받는 자리인 만큼 감독이 되기는 참 어렵다. 감독 자리가 많지 않기 때문이다. 스페인의 경우 축구협회에 등록된 선수만 71만 명을 훨씬 넘는다. 그런데 세간의 주목을 받는 프로구단은 1부 프리메라리그에 20개, 2부 세군다리그에 22개가 속해 있을 뿐이다. 물론 이들 리그 외에도 3~4부 리그도 있고 아마추어 축구단도 있다. 그러나 적어도 1~2부 리그의 감독 정도는 돼야 축구감독 대접을 받을 수 있다.

명문 프로축구 구단의 감독은 대부분 성공한 프로축구 선수 출신이다. 이들은 선수 때 화려한 경력과 명성을 앞세워 은퇴 뒤 곧바로 코치진에 합류했다. 영국 맨유의 전설적 감독이 된 알렉스 퍼거슨, 독일의 바이에른 뮌헨을 이끌고 있는 카를로 안첼로티, 영국의 맨시티 감독인 과르디올라 같은 감독들이 대표적이다.

명문 프로구단 감독은 모두 화려한 선수였을까

이 같은 현상은 직장에서도 마찬가지다. 조직의 수장에 오르는 사람들은 대부분 출발선이 다르다. 학력이나 경력, 외국어 능력, 집안 배경 등에서 일반 직원들보다 한참 앞서 있다. 그러다 보니 직장생활에서 주요 보직을 맡게 되고 성과도 좋아 승진도 빠르다. 이들은 겉으로 보기에 다른 사람들과 같은 지점에서 시작한 것 같지만, 나중에 보면 한참 앞에서 출발했다는 것이 알려진다. 이런 사실을 알게 되면 직장인들은 허탈감과 무력감에 빠지게 된다. '금수저' '흙수저'가 끊임없이 회자되는 것도 이 때문이다.

그러나 기업에서 임원이 되고 최고책임자가 되는 사람들이 모두 화려한 직장생활의 경험을 갖고 있는 것은 아니다. 이들 중 일부는 직장생활 초기에 이렇다 할 주목을 받지 못했다. 특히 몇몇 사람들은 다른 직장인들보다 훨씬 뒤에서 직장생활을 출발했다. 그럼에도 불구하고 이들은 화려한 직장생활 경력을 토대로 조직의 최고책임자에 오른 사람 못지않게 좋은 성과를 내면서 조직을 잘 이끈다.

대표적인 사람이 조성진 LG전자 부회장이다. LG전자 최초의 고졸 출신 최고경영자인 조 부회장은 공고를 졸업한 뒤 산학 우수 장학생으로 LG전자에 입사했다. 신종균 삼성전자 사장은 공전을 졸업한 뒤 대학교에 편입했다. 대학 졸업 뒤 중소기업을 다니다 삼성전자에 입사했다. 윤부근 삼성전자 사장은 울릉도가 고향이다. 울릉도에서 고등학교를 다니다 2학년 때 검정고시를 치렀지만, 다시 대구에서 고등학교 1학년으로 입학했다. 그는 삼성전자에 입사해 통신사업부에 배치됐는데, 입사하자마자 합작이 깨지는 바람에 컬러TV 개발팀으로 이동했다. 김동연 아주대 총장은 상고를 졸업한 뒤 은행에 취업했다. 그는 야간대학의 법학과를 다니다 고시공부를 시작해 행정고시에 합격한 뒤 기획재정부 차관과 국무조정실장을 역임했다.

이들의 경력은 화려한 선수 경력 없이 세계적 감독 대열에 오른 사람들과 흡사하다. 세계적 명문구단을 이끌고 있는 축구감독들 가운데 선수 시절에 벤치 신세를 면하지 못했거나 이렇다 할 프로선수 경력이 없는 사람들이 적지 않다. 어떤 감독은 아예 선수로 활동한 경험이 없는데도 빅 클럽을 이끌면서 좋은 성적을 내고 있다.

대표적 감독이 영국 맨유 감독인 무리뉴다. 그는 하부 리그를 전전하다가 부상을 입어 스스로 삼류라고 표현한 선수생활을 마감했다. 아스날의 아르센 벵거 역시 선수 시절 대부분을 아마추어로 보냈다. 그는 29세가 돼서야 1부 리그에 데뷔했는데 겨우 11경기를 뛰고 선수생활을 마감했다. 프랑스 파리 생제르맹의 우나이 에메리 감독과 독일 호펜하임의 율리안 나겔스만 감독은 2군에서 선수 생활을 하다 두 차례의 무릎 부상으로 20세에 은퇴했다. 영국의 첼시 감독인 안드레 빌라스 보아스는 선수가 아니라 스카우트팀 직원 출신이다.

선수 경력이 약한 사람이 명문구단 감독이 되는 길

이들은 어떻게 해서 치열한 경쟁을 뚫고 선망의 대상인 세계적 명문 클럽의 감독이 될 수 있었을까? 선수 경력이 약한데 어떻게 내로라하는 스타 선수들을 이끌고 있을까?

첫째, 이들은 모두 현장 경험이 풍부했다. 이들은 선수 경력이 화려하지 않다 보니 곧바로 빅 클럽의 코치진으로 합류할 수 없었다. 명문구단에서 선수생활을 하면 뛰어난 코칭 스태프와 스포츠과학자들의 체계적 지원을 받아가며 훈련하고 경기를 치른다. 이 과정에서 지도자 수업을 받게 된다. 몸과 머리로 최고의 훈련 프로그램과 수준 높은 전략전술을 익힌다. 그 결과 감독에 필요한 코치 자격증도 다른 사람들에 비해 쉽게 획득한다.

이에 반해 선수 경력이 짧고 약한 감독들은 선수 훈련 방법이나 경기운영 지식이 부족할 수밖에 없다. 선수단 장악이 어려울 수 있다. 세계적 선수들이 모여 있는 빅 클럽에서 선수들의 존경을 받지 못하면 작전지시가 잘 안 먹힌다. 자부심과 개성이 강한 선수들은 툭하면 감독의 지휘 방침을 무시한다. 이들을 잘못 다루면 감독이 종이호랑이로 전락하는 것은 시간문제다. 특히 팀의 성적이 나쁠 경우 선수단과 팬들의 비난을 견뎌내기가 쉽지 않다.

그래서 스타 선수 출신이 아닌 감독들은 스포츠과학을 공부하면서 밑바닥부터 다양한 경험들을 충분히 쌓는다. 무리뉴 감독은 통역관부터 시작해 전력 분석관과 수석 코치 등을 거쳐 감독으로 취임했다. 아르센 벵거나 우나이 에메리는 유소년구단이나 하부 리그에서 출발했다. 그곳에서 경험을 쌓고 성과를 낸 뒤에도 오랫동안 하위 팀의 코치와 감독을 거친 뒤 빅 클럽에 진입했다. 하부 리그는 재정이 부족해 코칭 스태프를 많이 둘 수 없기 때문에 감독들은 1인 다역을 맡아야 하므로 짧은 시간에도 많은 경험을 할 수 있다.

둘째, 이들은 자신들의 약한 네트워크를 보완해주는 유능한 멘토가 곁에 있었다. 미국이나 유럽의 스포츠계 인사는 철저히 인맥 중심으로 이뤄진다. 공개 채용이 거의 없다. 그런 만큼 인맥이 약하면 원하는 자리로 가기가 매우 어렵다. 실력이 중요하지만 실력만으로는 안 된다. 누군가 자기 실력을 알아주고 다른 사람들에게 알려주지 않으면 원하는 자리를 얻기가 힘들다.

그런 점에서 선수 경력이 약하면 감독 경쟁에서 일단 밀릴 수밖에 없다. 프로선수 생활을 오래 하다 보면 자연스럽게 감독이나 코치, 구단 관계자와 폭넓은 관계를 맺게 된다. 프로 축구계의 고위 관계자들과 알고 지낸다는 것은 대단한 자산이어서 축구 지도자로 자리매김하는 데 큰 도움이 된다. 선수 경력이 약하면 밑바닥부터 인맥을 개척해나갈 수밖에 없다. 멘토의 역할이 중요한 것도 그래서다.

무리뉴는 선수로서 실패했지만 아버지가 감독을 맡았던 프로구단에서 어렸을 때부터 경기를 보는 눈을 익혔다. 빌라스 보아스는 FC포르투 감독인 바비 롭슨의 지도로 17세에 축구 지도자 자격증을 따낸 뒤 FC포르투 유스팀의 지휘를 맡을 수 있었다. 덕분에 그는 선수 출신이 아닌데도 코치와 비디오 분석관 스카우터를 함께 하며 현장과 이론을 섭렵했다. 율리안 나겔스만은 당시 뮌헨의 U-23 코치로 일하고 있던 독일의 토마스 투헬 도르프문트 감독이 도와줘서 스카우터와 비디오 분석관으로 취업하는 행운을 얻었다.

셋째, 이들은 성장과 성취에 대한 열망이 누구보다도 강했다. 부상으로 인해 선수생활을 중단하거나 능력을 인정받지 못해 벤치를 전전했던 자신의 선수생활에 좌절하기도 했지만 결코 포기하지 않았다. 선수경력이 전혀 없는데도 구단에서 허드렛일을 하면서 스포츠과학을 공부하고 축구에 대한 안목을 쌓았다.

그들의 열정적인 모습은 다른 사람들의 눈에 띄어 기회를 창출했고 축구계 고위 인사들과 인맥을 쌓는 데 가장 큰 자산이 됐다. 밑바닥부터 올라오며 쌓은 수많은 현장 경험, 1인 다역을 하면서 습득한 전략 전술의 기획과 운영 능력, 지도자 자격증 과정에서 획득한 이론적 지식은 화려한 선수 출신 감독들과 다른 차별적 강점을 만들어냈다.

이들의 강한 열망은 특히 지도자에게 필요한 인내심을 키웠다. 어떤 분야든 지도자가 자신의 리더십 색깔을 확인하기까지 많은 시간이 걸린다. 수많은 실패와 성공 경험만이 자신의 리더십이 어떤 강점을 갖고 있는지 알게 해준다. 따라서 인내심이 부족하면 절대 유능한 리더로 성장할 수 없다.

직장생활도 마찬가지다. 조직의 리더가 되고 최고책임자가 된 사람들은 단거리가 아니라 장거리 경주자다. 단기 성과에 연연하지 않고 긴 안목으로 차근차근 필요한 기술과 지식을 익힌다. 그리고 그 경험을 토대로 한 단계씩 더 높은 곳으로 올라갔으며 한두 개의 큰 성과보다 수많은 작은 성과로 평가를 받는다.

그리고 무엇보다도 잘 견딘다. 웬만한 충격에 흔들리지 않고 자신이 정한 길을 꾸준히 걷는다. 이것은 스타일을 넘어서 능력이다. 그 능력은 훈련과 경험을 통해 배가되고 습관으로 이어진다. 직원으로 있을 때 평가를 못 받던 사람들이 간부가 되면서 좋은 평가를 받아 최고책임자까지 오르는 사람들이 적지 않다. 나는 실무보다 관리에서 강점을 발휘하는 사람들을 많이 알고 있다. 이들은 사원일 때보다 간부와 임원일 때 더 좋은 평가를 받았다. 그러니 직장생활에서 성급한 결론은 피해야 한다. 세상은 꿈을 꾸면서 그 꿈이 실현될 때까지 버티는 사람들의 것이지, 결코 유능한 사람들의 것이 아니다.

"

컨설턴트형 직원은
풍부한 지식과 경험에 기반한
전문성을 갖고 있고, 호기심이 강해
끊임없이 새로운 기술과 정보를 탐구하며,
문제의 원인과 해법을 찾을 때까지
절대 포기하지 않고,
철저하게 자율적으로 일한다.

"

기업은 왜
컨설턴트형 직원을 선호할까

컨설턴트가 인기다. 좀 더 정확하게 말하면 컨설턴트처럼 일하는 사람들이 인기다. 사람들은 어떤 직무나 역할의 바람직한 모습을 설명하기 위해 앞에 컨설턴트라는 수식어를 붙인다. 컨설턴트처럼 일하는 게 가장 잘하는 것이고 성과를 내는 길이라고 생각하기 때문이다. 그러다 보니 '컨설턴트형 사고'나 '컨설턴트형 화법'이라는 말까지 등장하고 있다.

컨설턴트 신드롬은 최근에 나타난 것이 아니다. 한국에만 존재하는 것도 아니다. 세계적 현상이다. 대표적인 컨설팅업체 맥킨지가 「2006년에 지켜봐야 할 10가지 트렌드」라는 보고서를 낸 적이 있다. 여기에서 맥킨지는 보고서에 담은 트렌드가 10년 뒤 경제 · 사회 · 문화의 각 분야를 규정할 메가트렌드가 될 것이라고 설명했다. 그중 하나가 10년 뒤엔 컨설턴트형 인재가 각광받는다는 것이었다. 맥킨지는 10년간 미국과 유럽의 노동시장에 큰 변화가 예상되는데, 그중 하나가 일상적이고 단순한 업무를 처리하는 일자리가 급속히 사라진다고 전망했다. 이와 반대로 오랜 경험에 바탕하여 정보를 분석하고, 답이 분명하지 않은 문제와 씨름하고, 현장에서 빠른 대처가 필요한 업무는 늘어날 것이라고 예측했다. 맥킨지는 미국 기업에서는 이미 복잡한 업무를 처리하는 직원의 비중이 커지고 있다고 전했다. 기업에서 고도의 판단 능력과 신속한 위기 대응 능력을 갖춘 인력이 각광받고 있는데, 이런 현상은 앞으로 더 확산될 것이라고 예상했다.

기업이 컨설턴트형 인재를 선호하는 이유

기업들은 여러 사람이 나눠 처리할 업무를 혼자 감당할 수 있는 직원을 원한다. 이에 따라 전통적 방식으로 일상적 업무를 처리하는 직원의 수요는 급감하고 있다. 맥킨지는 특히 이렇게 복잡한 업무를 처리할 수 있는 직원을 많이 확보한 기업이 경쟁우위에 서게 될 것이라고 전망했다.

컨설턴트형 인재가 각광을 받는 것은 사회가 복잡해지면서 각 방면에 얽혀 있는 문제들이 계속 터져 나오고 있기 때문이다. 이런 문제들은 사회 전체에 큰 영향을 끼치고 있지만 원인과 해법을 찾아내기가 쉽지 않다. 잘못 건드렸다간 복잡하게 엉켜 있는 실타래를 푸는 게 아니라 아예 망가뜨려 못쓰게 만들지도 모른다. 그런 만큼 문제의 원인을 찾고 해법을 제시할 수 있는 사람들이 필요한데 이들이 바로 컨설턴트형 인재다.

직장에서도 이제 컨설턴트형 직원은 가장 각광받는 유형 중 하나가 되었다. 이들은 회사가 직면한 문제의 원인을 찾고 해결방안을 제시하기 때문에 유능한 직원이라는 평가를 받는다. 회사의 중심에서 핵심적 역할을 하기 때문에 승진이 빠르고 보상도 많이 받는다. 특히 성장정체의 해법을 찾아낸 직원은 초고속 승진에 스톡옵션까지 받으며 직장에서 '영웅'으로 대접받는다. 최근 한국의 기업들은 인구 증가가 멈추고 시장경쟁이 격화하면서 성장이 한계에 직면해 있다.

컨설턴트형 직원의 네 가지 특징

그렇다면 컨설턴트형 직원은 어떤 특성을 갖고 있을까? 어떻게 하면 컨설턴트형 직원이 될 수 있을까?

첫째, 컨설턴트형 직원은 전문성을 갖추고 있다. 회사가 직면한 문제를 해결하려면 문제의 원인을 파악해야 하는데, 전문 지식이 없으면 정확한 원인 파악이 불가능하다. 특히 최근 발생하는 문제들은 워낙 복잡하게 얽혀 있어서 다방면에 해박해야 원인을 찾아낼 수 있다. 기초 지식도 없이 주먹구구식으로 접근해서 풀 수 있는 문제가 아니다.

중요한 것은 이때 필요한 지식은 도서관에 보관돼 있는 지식이 아니라는 점이다. 책 속에 있는 지식은 이론일 뿐 현실에 적용하기 어렵다. 문제의 원인을 찾아내고 해법을 제시하려면 현업에서 효력이 검증된 지식이 동원돼야 한다. 지식이라는 칼만 가지고 요리에 나설 수는 없다. 전문성은 지식과 경험이 녹아서 하나가 됐을 때 힘을 발휘한다. 기본적으로 컨설팅은 철저한 경험의 영역이다. 경험 없이 이론만으로 문제의 원인을 찾고 해법을 제시하길 기대하는 것은 무리다. 기업에서 각광받는 컨설턴트형 직원은 탄탄한 기초 지식 위에 풍부한 경험을 쌓아올린 전문가들이다. 이런 점에서 직장에서도 한 분야에서 오래 근무하지 않으면 컨설턴트형 인재가 되기는 사실상 불가능하다.

컨설턴트형 직원의 두 번째 특징은 호기심이다. 어떤 분야의 지식과 경험을 쌓으려면 호기심이 필요하다. 호기심은 원리나 새로운 기술에 대한 이해와 습득 욕구를 끊임없이 자극한다. 특히 어떤 문제가 생겼을 때 문제의 원인과 해법을 찾으려면 많은 어려움을 극복해야 한다. 이 어려움을 극복하게 만드는 힘 역시 호기심이다. 그래서 탐구정신이야말로 컨설턴트형 직원이 갖고 있는 가장 중요한 자질 중 하나가 된다. 주어진 것을 그대로 인정하고 수용하는 사람은 컨설턴트형 직원이 되기 어렵다.

컨설팅회사에서 직원들에게 끊임없이 강조하는 것 중 하나가 모든 일을 있는 그대로 보지 말라는 것이다. 돌려 보고 뒤집어 보고 틀어서 보라는 것이다. 부하직원이라도 상급자의 지시가 틀리면 이의를 제기하는 게 당연하다. 지시를 그대로 따랐다가 나중에 일이 잘못되면 "왜 그때 반론을 제기하지 않았느냐"고 질책당한다. 맥킨지의 직원 평가서 항목에는 상사가 틀렸을 때 얼마나 잘 싸웠는지를 평가하는 '합의하지 않을 의무(obligation to dissent)' 항목이 있을 정도다.

컨설턴트형 직원들의 세 번째 특징은 집요함이다. 컨설턴트는 문제를 해결하는 해결사다. 단순히 문제를 지적하는 사람이 아니다. 따라서 문제의 원인을 정확하고 빠르게 파악해야 한다. 이때 중요한 것이 집중력인데, 컨설턴트형 인재는 다른 사람의 이야기를 듣거나 어떤 문서를 볼 때 적당히 보지 않는다. 집중해서 보면서 쟁점과 핵심이 무엇인지를 파악하려 한다.

그러나 아무리 집중력을 발휘하더라도 핵심을 짚어내고 쟁점을 정리하는 일은 쉽지 않다. 설령 핵심을 찾고 쟁점을 짚었어도 다시 해법을 이끌어내려면 많은 시간과 에너지가 투입돼야 한다. 문제는 그렇게 해도 원인이나 답을 찾지 못하는 경우가 많다는 것이다. 이럴 경우 보통 사람들은 포기하고 만다. 그러나 컨설턴트형 인재들은 어떤 방법을 써서라도 기어이 답을 찾아낸다. 해답을 얻을 때까지 밤낮을 가리지 않고 씨름한다. 많은 컨설턴트형 인재들이 직장에서 해결사로 불리는 것도 해결책을 찾을 때까지 포기하지 않기 때문이다.

마지막으로 컨설턴트형 인재는 자율적이다. 직장에서 문제를 지적하는 사람들은 많다. 그러나 문제의 원인을 찾고 해법을 제시하는 사람은 많지 않다. 대부분 불편함과 부당함을 이야기하는 선에 머문다. 내 일이 아니라고 생각하는 것이다. 그러나 컨설턴트형 직원은 "오지랖이 넓다"는 비판을 감수한다. 불합리하고 부조리한 상황을 두고 보지 않는다. 따라서 어떤 것이 불합리하다고 생각하면 왜 그런 불합리가 존재하는지, 불합리를 개선할 수 있는 방법은 무엇인지를 계속해서 연구하고 해결책을 제시한다. 이들이 문제와 씨름하는 것은 누군가 지시해서가 아니다. 해결하지 않고는 견딜 수 없기 때문이다.

미래의 기업은 컨설턴트형 인재를 원한다

컨설팅회사들은 직원이 상사의 지시대로 일하는 게 아니라 철저하게 자발적이고 자율적으로 일하도록 만든다. 컨설팅회사는 이를 위해 수평적 조직문화를 강조한다. 맥킨지의 경우 직원을 부를 때 "○○씨"로 부른다. 직급이나 직책이 없어서가 아니다. 시니어 파트너, 파트너, 디렉터, 대표, 어소시에이트 등의 다양한 직급과 직책이 존재한다. 그러나 비서까지 자기 보스를 "○○씨"라고 부르는 것은 호칭 같은 사소한 부분에서부터 수평적이어야 한다고 생각하기 때문이다. 컨설팅은 아이디어가 중요하기 때문에 호칭이 직원들의 아이디어 발현을 짓누르지 않도록 하는 것이다.

컨설턴트형 직원은 풍부한 지식과 경험에 기반한 전문성을 갖고 있고, 호기심이 강해 끊임없이 새로운 기술과 정보를 탐구하며, 문제의 원인과 해법을 찾을 때까지 절대 포기하지 않고, 철저하게 자율적으로 일한다. 이런 사람들이 직장에서 각광받는 것은 당연한 일이다. 맥킨지의 전망대로 이런 직원들을 많이 보유하고 있는 기업은 경쟁력이 강할 수밖에 없다. 그렇기에 경영자들도 다양한 방법을 통해 컨설턴트형 직원들을 뽑으려 애쓰고 있다. 또 이들이 안착해서 자신의 역량을 발휘할 수 있도록 제도와 문화에 관심을 쏟고 있다.

가끔 정부 부처나 공기업, 학교 같은 안정된 직장을 찾아 직장을 떠나는 직장인들을 보게 된다. 이들이 원하는 것은 안정이다. 연봉이 적고 성장이 더디더라도 직무에 큰 변화가 없는 안정적 직장을 원한다. 그러나 이들이 추구하는 안정은 다른 사람에게는 답답함이 될 수 있다. 변화가 없는 것을 좋아하는 사람도 있지만, 같은 일을 반복적으로 하는 것을 지루하게 느끼는 사람도 있다. 이들에게 변화가 없다는 것은 성장을 멈춘 것이나 마찬가지다.

컨설턴트처럼 일하는 것이 모든 사람이 추구하는 목표는 아니다. 특히 안정성을 선호하는 사람들은 가능하면 피하고 싶을지도 모른다. 그러나 단순하고 반복적인 직무가 안정적인 것처럼 보일 수 있지만 오히려 불안정할 수도 있다. 맥킨지의 예측 보고서대로 단순하고 반복적인 업무는 빠르게 사라지고 있기 때문이다.

따라서 그런 직무를 선호하는 사람들의 미래는 절대 밝다고 볼 수 없다. 반대로 불안정하고 감당하기 힘들지만 고도의 판단 능력과 신속한 위기 대응 능력이 필요한 복잡한 직무는 계속 늘고 있다. 기업도 복잡한 업무를 담당하는 직원을 선호한다. 그런 점에서 미래에 어떤 직업과 직장이 안정적일지 잘 판단해야 한다. 분명한 것은 기업이 컨설턴트형 직원을 선호하고 추세가 계속 확산되고 있다는 사실이다.

PART 04

차별화
세상 단 하나뿐인 이력서

66

사람은 성향에 따라
맡아야 할 직무가 다르고
발전 경로도 다르다.

99

나는 스타형인가,
가디언형인가

　사람들은 끊임없이 다른 삶을 동경한다. 가보지 않은 길에 대한 궁금함과 온전히 누리지 못했던 것에 대한 아쉬움은 늘 머릿속을 맴돈다. 이런 감정들은 미련으로 억눌려 있다가 어느 순간 계기가 주어지면 폭발해 순식간에 삶을 바꿔놓기도 한다.

　2015년 개봉됐던 영화 〈위아영(While we're young)〉도 다른 삶을 부러워하는 40대 중반의 중년 부부 이야기다. 다큐멘터리를 제작하는 40대 부부는 권태로운 평안을 누리던 중 20대 중반의 젊은 부부를 만난다. 이들은 순식간에 20대 부부의 활력에 감염된다. 젊은 시절에 대한 기억을 되살리고 그때의 꿈과 열정을 현실로 불러들인다. 20대 부부의 형식에 얽매이지 않는 행동방식은 이들을 강하게 자극한다. 이들은 젊은 부부를 따라 페도라 모자를 쓰고, 힙합을 배우고, 잊고 살았던 20대 시절을 재현하면서 환희를 느낀다.

그러나 40대 부부의 '20대로 살기'는 거기까지가 전부였다. 이들은 20대 부부의 가치관이 자신들과 너무 다르다는 것을 확인하면서 20대 부부처럼 사는 것이 불가능할 뿐 아니라 행복하지도 않다는 것을 깨닫게 된다. 이들은 자신들의 신체의 한계도 느꼈지만, 예술을 바라보는 20대 젊은 부부와의 시각의 차이를 도저히 받아들일 수 없었다.

스타 업무 vs. 가디언 업무

다른 스타일에 대한 동경은 직장인들에게서도 자주 목격된다. 대학을 졸업하고 20대 후반에 직장생활을 시작한 사람들은 대개 30대 초반이면 자기 분야에서 일정한 성과를 만들어내기 시작한다. 특히 일부 직장인들은 탁월한 결과를 만들면서 앞서가기 시작하는데, 일부 직장인들은 동료가 이렇게 앞서가면 초조해진다. 그동안 뭐했는지 고민하게 되고, 재능이 부족한 모양이라고 우울해하면서 다른 사람과 자신을 비교하게 된다. 급기야 자신의 발전이 더딘 것은 선택을 잘못했기 때문이라는 결론을 내리고 뒤늦었지만 다른 스타일로 살기로 결심한다.

그러나 이런 결심을 실행에 옮겨 스타일을 바꿀 수 있는 확률은 그리 높지 않다. 사람은 다 자신에게 맞는 스타일이 있기 때문이다. 당연히 각 스타일마다 성과를 내는 시기와 결과물이 다르다. 어떤 결과물이 더 좋다고 말할 수도 없다. 각각이 조직에 기여하는 방식이 다를 뿐이다. 축구 경기에서도 선수가 경기에 기여하는 방식은 천차만별이다. 공격수만 잘한다고 승리할 수 있는 게 아니다. 수비수가 역할을 하지 못하면 경기에서 지고 만다. 직장생활도 마찬가지다. 조직구성원 모두가 자기 역할을 해야 원하는 성과를 만들어낼 수 있다.

미국 스탠퍼드 대학교 경영대학원의 제임스 배런 교수는 조직 구성원들이 하는 일을 '스타 업무(Star job)'와 '가디언 업무(Guardian job)'로 나누었다. 스타 업무는 성과가 안 좋아도 조직에 미치는 영향이 크지 않지만 성과가 좋으면 회사 전체가 큰 영향을 받는다. 새로운 기술이나 제품을 개발하고 신규사업을 기획해 마케팅과 영업으로 사업을 키우는 것이 대표적인 스타 업무다. 가디언 업무는 이와 반대다. 성과가 좋아도 영향이 적지만 성과가 나쁠 경우 조직이 위기에 처할 수도 있다. 회계나 보안, 품질관리나 시스템 관리처럼 사업과 조직을 유지하고 지원하는 업무들이 여기에 속한다.

사람들은 대체로 스타 업무를 맡고 싶어한다. 스타 업무가 조직의 성장발전에 크게 기여하고, 이를 맡은 직원들이 상대적으로 좋은 대접을 받기 때문이다. 스타 업무 담당자들은 경기에서 골을 넣는 스트라이커와 같은 역할을 맡는다. 따라서 이들이 성공하면 기업은 크게 발전한다. 성장하는 기업에는 대개 스타 업무를 잘 수행하는 직원들이 있기 마련이다.

물론 이들이 늘 성공하는 것은 아니다. 그렇지만 이들은 단 한 번의 성공으로 여러 번의 실패를 만회한다. 유능한 경영자들은 이들이 회사의 발전에 미치는 영향을 잘 알고 있으므로 탁월한 스타 업무 담당자를 영입하려고 애를 쓴다.

이처럼 스타 업무는 늘 주목을 받기 때문에 관심을 갖는 직원들이 많다. 일찍부터 업무성과를 내는 직원들도 대개 스타 업무 담당자들이어서 다른 업무를 맡고 있는 직원들의 부러움을 산다. 그러나 스타 업무만 회사에 필요한 게 아니다. 또 스타 업무 담당자들만 조직에서 성장하는 것도 아니다. 가디언 업무도 스타 업무 못지않게 중요하고, 가디언 업무 담당자도 시기만 다를 뿐 회사에서 성장해서 핵심 위치에 오른다.

위험을 감수하는가, 위험을 줄이는가

물론 가디언 업무는 얼핏 보면 '잘해야 본전'인 것 같다. 열심히 해도 성과가 눈에 띄지 않는다. 일을 잘하는 사람과 그렇지 않은 사람의 차이도 크지 않다. 또 다른 사람과 함께 하는 일들이 많아 개인의 자율성과 창의성의 의미도 작다. 실수하지 않는 게 성과라는 점에서 축구 경기에서 수비수와 업무특성이 비슷하다. 가디언 업무 담당자들은 수비수처럼 공격수에 비해 상대적으로 주목받지 못하고 대접도 소홀하다고 느낀다. 발전도 더뎌서 답답함을 토로하기도 한다.

그러나 기업의 임원들 가운데 가디언 업무 출신들이 적지 않다. 아무리 혁신적인 사업 아이디어라도 그 아이디어가 제품이나 서비스로 구현돼 시장에서 팔리려면 가디언 업무가 제대로 뒷받침돼야 한다. 기업에 스타 업무 담당자들만 모여 있으면 그 기업은 아이디어만 난무할 뿐 실행력이 취약해진다. 스타 업무가 꽃이라면 가디언 업무는 나무이기 때문에 경영자들은 가디언 업무 담당자들을 절대 소홀히 대하지 않는다.

특히 위기상황에서 기업을 지키는 사람은 가디언 업무 담당자들인 경우가 많다. 스타 업무가 기업의 성장을 고민하는 것이라면, 가디언 업무는 기업을 유지하는 것에 더 중점을 둔다. 따라서 회사가 위기상황에 처하면 가디언 업무 담당자들의 역할이 중요해지고, 회사가 위기를 벗어날 때쯤이면 주요 자리에 가디언 업무 담당자들이 포진해 있는 경우가 적지 않다. 일반적으로 스타 업무 담당자들이 가디언 업무 담당자들보다 빨리 성장하고 성과를 낸다. 이에 반해 가디언 업무 담당자들은 발전이 더디지만 업무적 수명이 길어 장기근속한다.

이처럼 스타 업무와 가디언 업무는 특성이 달라 업무 담당자의 성향도 다를 수밖에 없다. 그러므로 기업은 두 업무 담당자들을 따로 뽑고 평가와 보상도 다르게 한다. 물론 두 업무를 다 잘하는 직원을 뽑아 배치하려는 기업들도 있다. 그러나 전문가들은 많은 연구와 실험을 통해 두 업무를 다 잘하는 사람은 드물다는 결론에 도달했다.

스탠퍼드 경영대학의 하야그리바 라오 교수는 "기업가적 기질을 지니고 위험을 감수해야 하는 스타의 역할과 치밀하면서도 시스템적 사고가 필요한 가디언의 역할을 동시에 잘할 수 있는 사람은 드물다"고 강조했다. 그렇다고 직원들에게 둘 다 잘하라고 강요할 수도 없다. 직원들은 둘 다 잘하라는 압력을 받으면 대개 하나를 포기하고 만다. 어쩔 수 없이 둘 다를 하게 되면 결과는 평범한 수준을 넘어서지 못한다. 만약 둘 중 하나를 선택하라고 하면 십중팔구 중요한 것보다 자기에게 더 쉽고 잘할 수 있는 것을 고른다.

스타 업무와 가디언 업무는 이렇게 한 사람이 모두 잘할 수 없기 때문에 직장인들도 자신이 어떤 직무에 맞는지를 정확하게 판단해야 한다. 가끔 가디언 업무에 강점을 갖고 있는데 스타 업무가 돋보인다고 해서 스타 업무를 선택하는 사람들이 있다. 그러나 이들 중 상당수는 제대로 성과를 거두지 못하고 제풀에 지쳐 나가떨어지고 만다. 반대로 스타 업무 담당자의 성향을 갖고 있는데도 가디언 업무를 맡으면 답답함을 견디지 못해 뛰쳐나가는 경우가 부지기수다.

스타 업무 담당자들은 정해진 대로 반복적으로 일하는 것을 답답해하고 새로운 일에 도전하는 것을 즐긴다. 이들은 혁신을 추구하고 실패를 두려워하지 않는다. 또 조직으로 묶여 있기보다 혼자서 자유롭게 일하는 것을 선호한다. 반대로 가디언 업무 담당자들은 정해진 대로 빈틈없이 수행하는 것에 가치를 둔다. 변화보다 안정을 선호하고 작은 실수도 심각하게 받아들인다. 뛰는 것을 싫어하고 시스템적으로 움직이길 원한다. 특히 스타 업무 담당자들이 과감하게 위험 부담을 즐긴다면, 가디언 업무 담당자들은 매사에 위험 부담을 줄이려고 노력한다.

성과에 대한 보상이나 일하는 동기도 다르다. 스타 업무 담당자들은 자율성을 중시하고 성과에 따른 파격적 보상을 원한다. 반면 가디언 업무 담당자들은 책임감을 매우 소중하게 여긴다. 자신이 책임지는 업무를 완수했을 때 느끼는 보람과 긍지가 그들에게 스트레스를 이기는 에너지원이 된다.

스타 업무 담당자들과 가디언 업무 담당자들은 성장 발전의 경로도 다르다. 스타 업무 담당자들은 약점을 보완하기보다 강점을 극대화하면서 성장한다. 그들의 성과는 강점이 결정하기 때문이다. 반면 가디언 업무 담당자들은 약점을 최소화하는 과정에서 발전한다. 가디언 업무 담당자들이 추구하는 최고의 경지는 실수가 없는 것이다.

사슴이 원숭이를 부러워하면 발목이 부러진다

앞서 영화의 주인공들처럼 다른 스타일로 살려다가 실패로 끝나는 경우가 많다. 자신이 강점을 갖고 있지 않은 분야에서 경쟁하기 때문이다. '뱁새가 황새 따라가면 다리가 찢어진다'거나 '사슴이 나무를 타는 원숭이의 재주를 부러워하면 발목이 부러진다'는 속담은 이런 사람들을 두고 하는 말이다.

사람은 성향에 따라 맡아야 할 직무가 다르고 발전 경로도 다르다. 따라서 직장생활을 몇 년씩 했는데도 일에서 재미를 못 찾고 성과를 내지 못하고 있다면 무턱대고 다른 스타일을 곁눈질할 게 아니라 내가 어떤 성향의 직무에 적합한지부터 따져볼 필요가 있다.

마지막으로 덧붙이고 싶은 것은 섣부르게 판단해 엉뚱한 길을 걷지 않아야 한다는 점이다. 직장생활 경험이 짧고 낮은 수준의 직무를 하고 있으면 자신이 하고 있는 일이 스타 업무인지 가디언 업무인지 구분하기 어렵다. 따라서 현재 하고 있는 일이 적성에 안 맞고 성과가 부진하다고 해서 자신의 업무 적성을 단정하면 안 된다. 어느 길이 옳은지는 일정한 시간 동안 다양한 업무를 접하다 보면 자연스럽게 알게 된다.

66

직장을 단순히
행복한 삶을 위한 도구로 여길 것인지,
아니면 직장생활을 통해
인생을 더 행복하게 만들 것인지는
선택의 문제다.

99

김 대리의 표정은
왜 늘 어두울까

　요즘 행복이라는 단어가 심심찮게 등장한다. 행복은 어느새 우리의 일상에 깊이 들어와 성공 못지않게 삶을 판단하는 중요한 척도로 자리 잡았다. 사람들은 행복하지 않으면 아무리 가치 있는 일이라도 과감히 벗어던지려 한다. 반대로 행복할 수 있다면 남의 눈치를 보지 않고 뛰어든다. 행복해지기 위해 너도나도 애를 쓰고 있는 것이다.

　심리학자들은 행복을 '주관적 안녕감'이라고 정의한다. 특별한 변화 없이 만족하고 편안하다고 느끼는 감정이 행복이라는 것이다. 행복은 기쁨처럼 외부의 자극에 대한 일시적 감정이 아니라 일정 기간 동안 만족감과 즐거움이 지속될 때 느끼는 기분이다. 그래서 '기쁜 일'이라는 표현은 쓰지만 '기쁜 인생'이라는 표현은 잘 쓰지 않는다. 대신 '행복한 인생'이라는 표현을 쓴다. 직장생활도 인생의 3분의 1을 차지할 만큼 긴 시간이기 때문에 기쁨보다 행복의 관점에서 바라보게 된다.

평안감사도 저 싫으면 그만

———

그런데 우리 주변에 행복해 보이지 않는 직장인들이 적지 않다. 일시적 기분 상태를 말하는 게 아니다. 전반적으로 열의가 없어 보이고 표정도 어둡다. 만약 이런 상태가 하루 이틀이 아니라 계속 이어지고 있다면 직장생활이 행복하지 못하다는 증거다. 직장생활에서 만족감과 즐거움을 지속적으로 느끼지 못하고 있는 것이다. 왜 그럴까?

우선 업무를 즐겁게 하지 못하고 있을 가능성이 크다. 하기 싫은 일을 억지로 하는 것만큼 힘들고 괴로운 것은 없다. 아무리 연봉을 많이 줘도 하기 싫은 일이라면 지속하기가 어렵다. '평안감사도 저 싫으면 그만'이라는 옛말처럼 모든 사람이 좋다고 하는 일도 자신이 싫으면 어쩔 수 없다. 무엇보다 자신이 즐거워야 한다. 얼마나 즐거운지는 사람마다 다르겠지만, 적어도 하기 싫지는 않아야 직장생활을 지속할 수 있다.

많은 사람들이 같은 일을 반복적으로 하는 것을 지루해한다. 그러나 변화가 싫고 안정적인 일을 원하는 사람들은 오히려 반복적 업무를 선호한다. 어떤 사람은 기업의 경리 업무를 끔찍하게 싫어한다. 매일같이 돈이 들어오고 나가는 것을 반복적으로 처리하다 보면 자신이 전자계산기처럼 느껴진다는 사람도 있다. 그러나 내가 아는 대기업의 대리는 경리 업무가 참 즐겁다고 말한다. 특히 수입과 지출 항목을 입력한 뒤 최종적으로 숫자가 맞아떨어질 때 쾌감을 느낀다고 한다.

사람마다 좋아하고 즐겁게 할 수 있는 일은 다르다. 즐겁다는 기준과 느낌도 다양하다. 좋아하는 일이어서, 좋아하지는 않지만 잘하는 일이라서, 성격에 맞아서, 힘들어도 발전하고 배울 수 있어서, 보람을 느껴서, 안정적이어서, 혹은 다이내믹해서. 그 기준도 느낌도 천차만별이지만 중요한 건 즐겁게 할 수 있는 일이어야 한다는 것이다.

현재 유통 회사에 다니고 있는 한 과장은 담배 회사에 들어갔는데 반년도 안 돼 회사를 나왔다. 그는 담배가 인체에 해롭지만 많이 피우지 않으면 괜찮다고 생각했다. 술처럼 담배도 사람에게 즐거움을 제공하는 기호식품의 하나로 여겼기에 담배 회사에 입사하는 것을 그리 특별하게 생각하지 않았다. 그런데 막상 담배 회사에 다니다 보니 주변 사람들의 시선이 부담스럽게 다가왔다. 사람들의 건강에 악영향을 미치는 제품을 팔고 있다는 부정적 인식이 생각보다 강했기 때문이다. 그는 점차 자신이 다니는 회사에 관한 이야기를 하지 않게 됐고 회사에 출근하기가 싫어졌다. 결국 그는 많은 연봉을 뒤로하고 회사를 옮겨야 했다.

1,000명의 상사보다 한 명의 동료가 더 중요하다

두 번째로 직장생활이 행복하지 않다면 함께 일하는 사람이 마음에 들지 않을 가능성이 있다. 아무리 자신에게 잘 맞는 업무라고 해도 같이 일하는 사람이 마음에 맞지 않으면 행복할 수가 없다. 직장생활 스트레스의 절반 이상은 상사와 동료로부터 온다. 직장인들이 이직하는 가장 큰 요인 중 하나가 상사와의 갈등이다. 그래서 "상사만 없으면 직장생활이 행복할 것 같다"고 이야기하는 직장인들이 많다. 직장인들의 하루 일과는 대부분 상사로부터 업무지시를 받고 업무를 처리한 뒤 그 결과를 다시 보고하는 일로 구성된다. 따라서 상사와 코드가 맞지 않으면 직장생활이 힘들어진다.

게다가 업무기술이나 지식 역시 상사로부터 배운다. 그러므로 어떤 상사를 만나느냐가 직장인들의 성장발전에 큰 영향을 미친다. 국내 대학의 한 교수는 미국에서 공부할 때 대학원을 옮겨야 했다. 논문을 두고 지도교수와 의견이 달랐기 때문이다. 대학원의 석·박사과정에 있는 학생이 지도교수를 잘못 만나면 논문을 제대로 쓸 수 없다. 설령 쓰더라도 심사를 통과하기가 어렵다. 또 어찌어찌 논문이 통과돼 졸업을 한다고 해도 이후 직장을 얻고 연구를 계속하는 데 어려움을 겪게 된다. 학계가 좁다 보니 지도교수가 도와줘도 쉽지 않은데, 자신에 대한 부정적 신호를 계속 내보내고 있다면 부담이 클 수밖에 없다. 그래서 석·박사과정의 학생들은 지도교수를 하늘처럼 받든다.

직장에서 상사는 대학의 지도교수와 같은 존재다. 직장에서 상사를 잘못 만나면 직장생활에서 심각한 어려움에 봉착하게 된다. 성과를 낼 수 없고 배우지도 못하기 때문에 승진에서 불이익을 당할 수 있다. 반대로 직장생활에서 성공한 직장인들은 대개 상사를 존경한다. 그로부터 지식과 기술을 배우고 성공 경험을 전수받을 수 있는 것도 그를 철석같이 믿고 따르기 때문이다. 이런 직장인들은 상사의 직간접적 도움을 받아가며 빠르게 승진한다.

직장에서 상사만이 아니라 주변 동료도 중요하다. 상사로부터 직간접적 도움을 받더라도 상사가 모든 부분을 채워줄 수 있는 건 아니다. 같은 처지에서 공감하고 마음을 나눌 수 있는 동료가 큰 힘이 되어줄 때가 많다. "1,000명의 상사보다 한 명의 동료가 더 중요하다"라는 말은 동료가 직장인들의 성장에 큰 영향을 미친다는 뜻이다. 동료와 협력하고 경쟁하면서 성장하는 것은 직장생활의 행복에 중요한 요소다.

누구와 어떻게 일하느냐가 행복을 좌우한다

마지막으로 자신의 업무가 즐겁게 할 수 있는 일이고 상사나 동료들도 나쁘지 않은데 직장생활이 행복하지 않다면 자신의 일하는 방식을 고민해봐야 한다. 업무 프로세스가 제대로 정립돼 있지 않아서 스트레스를 받고 있을 가능성이 크기 때문이다. 여기서 관심을 가져야 할 것은 업무의 체계성과 자기주도성이다.

업무 만족도가 높으려면 조직에 시스템이 잘 갖춰져 있어서 체계적으로 일할 수 있어야 한다. 업무 프로세스가 잘 짜여 있고 담당자들의 권한과 책임이 분명해야 한다는 뜻이다. 그렇지 않으면 주먹구구식으로 일하게 되고 성과도 들쑥날쑥해진다. 특히 담당자들의 권한이나 책임이 불분명하면 자의적 판단이 의사결정에 강한 영향을 미치기 때문에 충돌이 벌어질 수밖에 없다. 이렇게 되면 업무성과가 나빠지고 구성원들의 스트레스가 심해진다.

업무 프로세스와 권한과 책임이 분명하면 담당자가 자기주도성을 발휘할 공간이 생긴다. 자기주도성은 업무 몰입도와 만족도를 결정하는 매우 중요한 요소다. 아무리 좋은 직장에 다닌다고 해도 남이 시키는 일만 계속하고 있다면 업무에 즐거움을 느끼기 어렵다. 아무런 권한도 없이 부품처럼 주어진 일만 한다면 무슨 재미가 있겠는가?

물론 모든 조직원들이 모든 일에서 자기주도적으로 일할 수는 없다. 어느 조직이든 조직의 책임자가 있고 조직원들은 책임자의 지휘를 받아 일한다. 그러나 같은 일을 해도 주도성을 존중해주는 기업 문화를 갖고 있는 곳이 있다. 합리적 조직은 조직원들의 주도성을 최대한 보장하려 노력한다. 그런 회사의 경영자나 조직의 책임자는 직원들의 주도성을 존중하기 위해 세심한 것까지 신경을 쓴다.

그러므로 직장생활을 행복하세 하려면 업무체계가 잘 정립돼 있는 직장에 들어가야 한다. 업무체계화는 직장의 수준을 나타내는 핵심 지표다. 만약 현재 다니고 있는 직장이 업무체계화가 잘 안 돼 있다면 지금이라도 체계화를 추진해야 한다. 최대한 빨리, 그리고 할 수 있는 한 모든 것을 체계화해야 한다. 물론 업무를 체계화하려면 많은 투입이 필요하다. 그러나 한번 체계화하면 업무효율을 높일 수 있다. 따라서 단계적으로 차근차근 자신의 권한과 책임 범위 안에 있는 것부터 시스템화하는 게 좋다.

직장생활의 행복은 본질적으로 어떤 일을 누구와 어떻게 하느냐에 따라 달라진다. 그 외의 요소는 일시적으로 감정을 움직일 수는 있어도 본질적인 행복감에 영향을 미치지는 않는다. 우리는 직장을 이야기할 때 연봉이나 복리후생, 야근, 업무환경을 중시한다. 그런데 이런 것들은 마음에 들어도 직장생활이 팍팍하고 재미없다고 이야기하는 사람들이 많다. 직장생활의 행복을 좌우하는 본질적 요소에 문제가 있기 때문이다.

가끔 얼굴색이 어두운 직장인들을 보게 된다. 원인이 무엇인지 모르지만 직장생활의 만족도가 높지 않다는 표시다. 만약 직장생활이 행복하지 않다면 먼저 자신의 업무를 검토해봐야 한다. 그리고 필요하다면 개선해야 한다. 우선 직장 안에서 시도해보고, 그래도 안 되면 직장이나 직업을 바꾸는 것까지 고민할 필요가 있다.

직장에서 성공을 인생의 성공으로 여기던 시대는 지났다. 직장을 성공 요소로만 바라보고 사회적 위상과 연봉으로 직장을 줄 세우던 것도 옛날 얘기다. 행복하지 않은 직장생활은 삶의 행복도 반감시킨다. 직장을 단순히 행복한 삶을 위한 도구로 여길 것인지, 아니면 직장생활을 통해 인생을 더 행복하게 만들 것인지는 선택의 문제다.

66

길이 나뉘어 있거나 끊겨 있을 때
역사를 공부하듯
경험과 대화하며 성찰하면
어떤 길을 선택하는 게
옳은지가 선명해진다.

99

경험이 하는 이야기에
귀 기울이자

"르네상스는 14~16세기에 이탈리아를 중심으로 유럽 여러 나라에서 일어난 문화혁신 운동이다. 르네상스의 의의와 영향에 대한 본인의 의견과 21세기 르네상스는 어떤 분야가 될 것이라 생각하는지, 그 이유는 무엇인지 서술하시오."

현대차가 2016년 상반기 대졸 신입사원 채용에서 인적성검사에 출제했던 역사 에세이 문항이다. 현대차는 2013년부터 인적성검사에 역사 에세이를 포함시켰다. 많은 지원자들이 현대차의 역사 에세이가 고시만큼 어렵다고 말한다. 최근 현대차뿐 아니라 삼성과 LG, SK 등 주요 대기업들이 입사시험에서 역사의 비중을 높이고 있다. 문제가 어렵다 보니 취업준비생들 사이에서는 역사가 대기업 입사를 결정한다는 이야기까지 나

돌고 있다. 대학가는 이미 역사공부 열풍으로 뜨겁다.

국내 주요기업들이 역사시험을 강화하는 것은 역사관과 인문학적 소양을 갖춘 인재를 뽑기 위해서다. 과거는 현재를 낳고 현재는 미래를 잉태한다. 역사공부를 통해 우리는 과거의 세계와 만나게 된다. 과거와 대화하고 소통한다. 과거 사람들의 생각과 감정을 공유하고 함께 새로운 것을 설계한다. 에드워드 카가 말한 것처럼 역사를 배우는 것은 단순히 역사적 사실을 아는 차원을 넘어서 현재를 읽고 미래를 내다볼 줄 아는 혜안을 키우는 것이다.

자신의 역사를 연구할 필요가 있다

이처럼 사람들은 현재를 진단하고 미래를 예측하기 위해 세계의 역사에 관심을 쏟고 있다. 그런데 그보다 더 중요한 자신의 역사에 대해 관심을 갖는 사람들은 별로 없다. 사람들은 스스로를 잘 알고 있다고 생각해서 그런지, 자신의 과거를 꼼꼼히 살피지 않는다. 자신이 당시 처한 상황은 어땠고, 그 상황에서 그런 선택을 한 이유는 무엇이고, 그 선택이 어떤 결과를 초래했는지를 정확히 파악하지 못하고 있는 경우가 많다. 자기 자신에 대해 관심을 갖고 연구했다는 사람들조차도 자신에 관해 매우 제한적이고 단편적인 모습만을 알고 있다.

이렇게 우리는 자신의 과거를 잘 모르기 때문에 현재를 파악하고 미래를 예측하는 데 어려움을 겪는다. 나는 헤드헌팅회사에서 일하다 보니 이력서와 경력기술서를 접할 기회가 많은데, '좌충우돌형' 이력서가 종종 눈에 띈다. 도무지 어떻게 그런 이력서가 만들어졌는지 알 수 없을 정도로 이력서에 올라 있는 경력이 사방팔방으로 흩어져 있다. 이력서 주인공이 머물렀던 직장들은 처음부터 마지막까지 도통 연관성을 찾기 어렵다. 왜 이렇게 직장을 옮기게 됐는지 한참을 생각해도 이해하기 힘들다. 이력서의 주인공들 가운데 일부는 40세도 되기 전에 여러 차례 직장을 옮겨 다녔다.

이들은 대체로 자신의 이전 직장이나 직무에 큰 관심이 없다. 당연히 자신이 무엇을 잘하고, 무엇을 좋아하고, 무엇에 낙담하고, 무엇에 열광하는지 잘 모른다. 직장을 옮길 때도 자신이 이전에 어디서 무슨 일을 했는지 크게 생각하지 않는다. 오로지 옮기려는 회사에만 관심을 쏟을 뿐이다. 연봉이나 복리후생 같은 근무 조건, 그리고 직책이나 직급처럼 사내 위상과 관련된 것들을 파악하는 데 안테나를 세운다. 이들에게 과거 직장생활 경험은 미래의 직장과 직무를 결정하는 데 별다른 영향을 미치지 않는다.

일반적으로 사업을 확장할 때 성공률을 높이려면 현재의 사업과 연관성이 강해야 한다. 그래야 시너지를 낼 수 있다. 직장도 마찬가지다. 직장생활에 성공하려면 직간접적인 경험이 많아 잘 아는 분야를 선택해야 한다. 지식과 경험이 많은 분야에서 일해야 성과가 나고 업무 만족도도 높아진다는 것은 이미 검증된 얘기다. 직장인들이 이직할 때 자신의 과거 직무와 연관성이 높은 분야를 찾는 이유도 여기에 있다.

그런데 자신이 어떤 경험을 갖고 있는지 정확히 알려면 자신에 관한 연구가 필요하다. 마치 취업 준비생들이 역사공부를 하듯 자신의 개인사를 공부해야 한다. 가족이나 학교, 주거지역 같은 성장 배경, 취미나 사회활동, 친구나 선후배, 전공분야 등을 입체적으로 살필 필요가 있다. 특히 회사를 옮기려는 30대 직장인들은 자신이 이전 직장에서 무슨 일을 어떻게 했는지부터 정확하게 분석해야 한다. 주로 맡았던 직무가 무엇이고, 직무의 성과는 어땠으며, 그 직무를 수행하는 과정에서 어떤 느낌을 받았는지 꼼꼼하게 살펴야 한다. 그래야 앞으로 어떤 일을, 어떤 상황에서, 어떻게 해야 할지 정확하게 알 수 있다.

경험을 분석하고 종합하면 미래가 보인다

일반적으로 과거의 모든 경험은 현재 생활에 직간접적으로 영향을 미친다. 정신과 전문의들은 사람들이 고통을 받는 장애 가운데 어린 시절 경험 때문에 발생한 것이 많다고 말한다. 심인성 질환이나 장애가 대표적이다. 물론 어린 시절 경험의 대부분은 시간이 지나면서 기억에서 사라진다. 그러나 경험에 대한 기억이 완전히 사라지는 것은 아니다. 의식에서 사라졌을지 모르나 잠재의식에서 여전히 존재한다. 그래서 정신과 의사나 최면 전문가들은 사람들을 최면 상태로 만든 뒤 전혀 기억하지 못하는 과거 기억을 잠재의식에서 불러온다.

경험은 이렇게 순간의 사실로 끝나지 않고 현재와 미래에 영향을 미친다. 프로이트는 『정신 결정론(psychic determinism)』에서 무엇을 생각하고 어떻게 행동하느냐 하는 것은 모두 과거 경험의 영향을 받는다고 주장했다. 따라서 경험을 잘 분석하고 활용하면 우리가 얻으려는 결과를 훨씬 쉽게 확보할 수 있고, 얻으려는 성과를 더 효율적으로 얻을 수 있다. 우리가 성공했다고 생각하는 사람들도 대부분 자신의 미래를 만드는 데 과거 경험을 적극적으로 활용했다.

멕시코의 대표적인 화가 귄터 게르초(Gunther Gerzso)는 기하학적 도형으로 구성된 작품으로 잘 알려져 있다. 그는 구성의 아름다움을 보장하는 황금비율을 중시했는데, 주로 대칭과 비대칭 사이에 존재하는 자연의 균형을 그림에 담았다. 그래서 '멕시코의 피카소'로 불리기도 한다. 그가 기하학적 도형에 관심을 갖게 된 것은 10여 년간 유럽에 머물면서 세잔과 렘브란트, 마티스 같은 화가들의 영향을 받았기 때문이다. 그러나 결정적 요인은 그가 미술로 진로를 바꾸기 전 극장의 무대 디자이너로 일한 경험이었다.

애플의 전 CEO였던 스티브 잡스 역시 자신의 경험을 잘 활용해 사업에 성공한 대표적 인물이다. 그는 경제적 이유로 대학을 중퇴했지만 상당 기간 캠퍼스 주변을 어슬렁거리며 청강을 즐겼다. 당시 그가 열심히 청강했던 것 중 하나가 바로 글씨를 아름답게 쓰는 기술인 캘리그래피 수업이었다. 그는 스탠퍼드 대학 졸업식 연설에서 "맥은 아름다운 활자체를 가진 최초의 컴퓨터였는데, 만약 내가 그 수업을 듣지 않았다면 맥 컴퓨터는 지금의 다중 활자체나 비례적으로 공간이 있는 폰트들을 갖지 못했을 것"이라고 회고했다. 애플의 아름답고 우아한 서체는 바로 그가 청강한 서체 강의에서 비롯됐다는 것이다.

각 분야에서 성공한 사람들은 이렇게 자신의 경험을 기반으로 활동하고 사업을 벌인다. 따라서 직장인들이 업무성과를 거두고 업무 만족도를 높이려면 자신의 경험에 좀 더 관심을 가져야 한다. 특히 중간간부나 임원을 염두에 두고 있다면 자신의 역사를 공부하는 데 공을 들여야 한다. 자신이 했던 모든 경험을 분석하고 종합해서 스스로에게 맞는 최적의 직무와 직장을 찾아내야 하는 것이다.

물론 '휴브리스(Hubris)'처럼 경험 만능주의에 빠져서는 안 된다. 휴브리스는 영국의 역사학자이자 문명비평가인 토인비가 사용한 개념이다. 그리스어에서 유래한 휴브리스는 신의 영역까지 침범하려는 정도의 오만을 뜻하는 말이다. 토인비는 역사적으로 볼 때 과거에 성공한 사람이 자신의 능력과 방법을 우상화함으로써 오류에 빠지는 경우가 많다고 설명했다. 자신의 성공경험을 과신하는 바람에 자신의 능력이나 자신이 과거에 했던 방법을 절대적 진리로 착각해 실패한 사람들이 적지 않다는 것이다.

우리 주변에 휴브리스류의 사람들이 적지 않다. 이들은 자신의 과거 경험을 절대적 기준으로 삼는다. 다른 사람이 어떻게 생각하고 세상이 어떻게 바뀌고 있는지 관계없이 자신이 했던 방식대로 일을 추진하다가 쓰디쓴 실패를 맛보게 된다. 어떤 사람들은 자신이 과거에 맡았던 직무와 몸담고 있는 직장에서 한 발자국도 벗어나려 하지 않는다. 조금이라도 다른 일을 하거나 직장을 옮기면 경력에 금이라도 갈 것처럼 두려워한다. 이렇게 경험의 굴레에 갇혀 있는 사람들은 미래를 열기가 쉽지 않다. 변화에 적응할 수 있는 유연성이 부족하면 성장이 멈추거나 꺾일 가능성이 많다.

경험은 가장 위대한 스승

모든 경험은 소중하다. 직장인들의 경력에 살이 되고 뼈가 된다. 성공만이 소중한 게 아니다. 실패한 경험도 절대 버리면 안 될 자산이다. 가끔씩 우리는 과거를 헛되게 보냈다며 후회하곤 한다. 그 시절 황금 같은 시간을 허비했다고 안타까워한다. 그러나 우리는 시간을 그냥 흘려보낸 게 아니다. 많은 것을 얻었는데, 단지 지금 활용하지 못하고 있거나 활용할 생각을 못할 뿐이다.

따라서 미래를 설계하려면 과거 경험에서 무엇을 얻었는지 정확히 파악해야 한다. 세상에서 돈으로 살 수 없는 것 중 하나가 경험이다. 경험은 직접 몸으로 부닥치고 마음으로 느끼지 않으면 얻기 어렵다. 또 쉽게 얻기 어려운 만큼 삶에서 중요한 역할을 한다. "경험은 가장 위대한 스승"이라는 옛말처럼 우리에게 갈 길을 제시한다.

지금 이 순간에도 경험은 우리에게 끊임없이 말을 걸고 있다. 우리는 그들이 하는 이야기에 좀 더 귀를 기울여야 한다. 길이 나뉘어 있거나 끊겨 있을 때 역사를 공부하듯 경험과 대화하며 성찰하면 어떤 길을 선택하는 게 옳은지가 선명해진다.

❝

내가 지금 만나는 사람은
평생 단 한 번 만나는 인연이다.
그러니 어찌 정성을 다하지
않을 수 있겠는가.

❞

일기일회(一期一會),
후회 없는 만남

　한국이나 중국 못지않게 일본도 차 문화가 발달해 있다. 일본의 차는 나라시대인 9세기 초 조선에서 전래된 것으로 알려져 있으나, 당나라에 견당사로 다녀온 승려를 통해 불교와 함께 전해졌다는 주장도 있다. 일본의 차 문화는 1191년 송나라에서 귀국한 에이사이 선사가 차나무 씨앗을 들여다 차의 재배와 보급에 힘쓰면서 귀족과 승려들 중심으로 퍼져나갔다. 16세기 무렵 일본인들은 대부분 차를 즐겨 마시게 됐고, 차 문화는 일본의 보편적 문화로 자리 잡았다. 일본인들은 차 마시는 행위를 불교의 참선과 동일시할 정도로 일본에서 차 문화는 정신세계와 연결돼 있다.

　일본의 차 문화 가운데 잘 알려진 것 중 하나가 '일기일회(一期一會)'다. 일본어로 '이치고이치에'라고 하는데, 일본 다도(茶道)의 시조인 센노 리큐의 제자 소지가 주창한 것이다. 그는 손님에게 차를 내줄 때 일생 단 한

번밖에 없는 다회(茶會)라고 생각하고 정성을 다하라고 강조했다. 평생 단한 번 만나는 인연이니 후회가 없도록 대하라는 것이었다.

이치고이치에 사상은 일본인들의 인간관계에 큰 영향을 미쳤다. 이치고이치에를 강조하는 사람들은 우리가 늘 함께하는 사람과의 만남도 일생에 한 번 만나는 인연이라고 말한다. 인간은 계속 변하기 때문에 어제의 나와 오늘의 나는 다른 존재다. 아무리 자주 만나는 사람이라도 그 역시 변하기 때문에 내가 지금 만나는 사람은 평생 단 한 번 만나는 인연이다. 그러니 어찌 정성을 다하지 않을 수 있겠는가.

모든 만남은 단 한 번의 만남

─────

이치고이치에 사상을 굳이 거론하지 않아도 직장인들에게 만남은 매우 중요하다. 업무 과정에서 이들과 만남은 대세를 가르기도 한다. 입사를 위한 인터뷰가 아니더라도 만남은 상대방에게 자신에 관한 인상을 남기게 된다. 상대방은 그 인상을 토대로 자신과 관련된 모든 직간접적 현안을 결정한다. 한번 만들어진 인상은 두고두고 영향을 미친다.

그래서 신중한 사람들은 인생에서 중요한 인물을 만날 때 상대방에게 어떤 인상을 남길지 미리 염두에 둔다. 특히 미래를 도모하려는 30대 젊은이들은 상대방에게 진취적이고 적극적인 인상을 남길지, 신중하고 배려 깊은 느낌을 줄지, 세련되고 자신 있는 이미지를 남길지, 소탈하고 겸손한 인상을 남길지 사전에 면밀하게 준비한다. 설령 만나려는 사람이 중요한 인물이 아니더라도 일본인들이 차를 대접하는 심정으로 정성을 다

한다. 그가 자신의 인생에 어떤 영향을 미칠지 모르기 때문이다.

『평생 단 한 번의 만남』이라는 책을 쓴 임한기 씨는 대단한 보험 판매원이다. 그는 한 보험회사의 FP로 활동하면서 8년 연속 판매왕을 수상했다. 그의 판매비결은 단순했다. 모든 만남을 평생 단 한 번의 만남이라고 생각하는 것이었다. 그는 9년간 8만 명의 고객을 만났는데, 고객을 만날 때마다 어떻게 하면 짧은 시간 안에 상대가 거절하지 않도록 설득해 원하는 것을 얻을 수 있을지 고민했다. 그는 오랜 고민 끝에 이런 결론에 이르게 됐다.

"사람들이 결정을 내리는 것은 한순간입니다. 그 한순간은 여러 번 만난다고 찾아오는 것이 아닙니다. 상대를 단계적으로 설득한다는 것은 이치에 맞지 않습니다. 저는 단 한 번의 만남으로 상대를 설득해야 한다고 생각합니다."

그래서 그는 다음과 같은 원칙을 갖고 사람을 만난다.

"누구를 만나든 간에 다음 기회는 생각하지 않습니다. 무조건 그날, 그 자리에서 해결을 본다는 자세로 일합니다. 단 한 번의 만남이고 그것도 짧은 순간에 불과하지만 만날 때마다 상대방에게 최선을 다합니다. 다음번에는 잘될 거야, 다음엔 더 잘해야지, 다음에는 뭔가 다르겠지라고 생각하는 순간 기회는 이미 지나갑니다. 다음번은 없습니다. 모든 만남은 단 한 번의 만남이니까요."

그는 어떤 만남도 평생 단 한 번의 만남이라고 생각한다면 만남을 대하는 태도와 각오가 달라져 좋은 결과를 얻을 수 있다고 강조했다.

우리는 업무 때문에, 혹은 업무와 관계없이 하루에도 여러 명을 만난다. 그러나 이들과 만나면서 이번이 처음이자 마지막이라고 생각하고 최선을 다하는 경우는 드물다. 자신이 직면해 있는 현안 또는 관심사와 관련된 매우 중요한 사람이거나 사회적으로 높은 위치에 올라 있는 사람이 아니면 편하게 대한다. 이번이 아니면 다음에 정식으로 만나 이야기하면 되고, 오늘은 제대로 못하면 다음에 잘하면 된다고 생각한다. '오늘은 바쁘고 피곤해서, 나와 직접 관련이 없는 사람이라서, 준비가 덜 돼 있어서, 다음에 기회가 또 있기 때문에' 같은 수많은 이유를 들어 만남을 소홀히 한다. 그냥 스쳐지나가는 바람을 대하듯 별생각 없이 말하고 행동하는 경우가 다반사다.

그러나 그렇게 이뤄진 만남이 자신의 앞날에 재를 뿌리는 경우가 적지 않다. 의도하지 않았고 더구나 짧은 시간이었더라도 만남에서 성의 없는 태도는 상대방에게 부정적 인상을 남길 가능성이 크다. 그렇게 되면 다음에 본격적인 만남이 이뤄지더라도 이미 선입견을 갖고 있는 상대방은 내게 호의적이지 않게 된다. 아무리 진심을 갖고 노력해도 상대방은 마음의 문을 닫아걸 가능성이 크다. 이런 상황에서는 그에게 무슨 말을 해도 쇠귀에 경 읽기다.

『오만과 편견』의 원래 제목은 '첫인상'

첫인상이 어떤 일에 큰 영향을 미친다는 얘길 많이 듣는다. 한 실험 결과에 따르면 30문제 중 똑같이 15문제를 맞췄더라도 피실험자들은 앞의 15문제를 맞춘 학생이 뒤의 15문제를 맞춘 학생들보다 더 똑똑할 것이라는 인상을 받았다. 이뿐 아니라 앞의 학생들은 30문제 가운데 20문제를 맞

322

쳤고 뒤의 학생들은 12문제를 맞췄을 것이라고 생각했다. 교사들을 대상으로 한 실험도 있다. 학생들의 성적을 보고 능력을 평가하도록 했는데, 그들은 첫 시험을 잘 치르고 기말시험을 잘 못 본 학생을 그 반대의 경우보다 더 좋게 평가했다. 이렇게 첫인상은 전체 평가에 큰 영향을 미친다.

첫인상은 일단 형성되면 좀처럼 바뀌지 않는다. 같은 정보라도 먼저 제시된 것이 더 큰 힘을 발휘하는 '초두효과(primacy effect)' 때문이다. 사람들의 머릿속에는 일관성을 유지하려 하는 심리적 압력이 내재해 있다. 따라서 처음에 들어온 정보를 토대로 다음 정보를 일관성 있게 해석하려는 경향을 보인다. 처음에 좋은 인상을 받았던 사람은 좋은 행동을 하는 게 일관성이 있고, 나쁜 이미지를 갖고 있는 사람은 나쁘게 행동해야 마음이 편한 것이다. 이 일관성의 원리는 많은 부분에서 사람들의 사고를 지배하고 있다.

제인 오스틴이 쓴 소설 『오만과 편견』의 원래 제목도 '첫인상(First Impressions)'이었다. 제인 오스틴은 1797년 20세에 소설을 완성했지만 초짜라는 선입관 때문에 출판사들로부터 출판을 거절당했다. 그러다가 다른 책을 먼저 내게 됐는데, 그 책이 잘 팔린 덕분에 '첫인상'은 원고와 제목을 수정 보완한 뒤 16년 만에야 『오만과 편견』이라는 이름으로 세상에 나오게 됐다.

제인 오스틴은 17~18세기 영국을 배경으로 한 이 책에서 결혼에 대한 여성의 오해와 편견, 그리고 이로 인해 벌어지는 사랑의 고통을 그렸다. 중산층 집안의 둘째 딸 엘리자베스는 상류층 가문 다시와 첫 만남에서 그가 오만하다는 첫인상을 받고 청혼을 거절한다. 다시는 자신의 신분에서 비롯된 오만 때문에 감정을 쉽게 털어놓지 못한다. 또 엘리자베스는 첫인상에서 벗어나지 못한 채 다시가 조금 거만하지만 현명하고 매력적인 남자라는 점을 알지 못한다.

나 역시 다른 사람들과 마찬가지로 첫인상에서 자유롭지 못하다. 헤드헌팅회사에서 일하다 보면 직장을 구하거나 임직원을 추천해 달라고 찾아오는 사람들을 종종 만나게 된다. 이들 중 지나는 길에 가볍게 들르는 사람도 있다. 그런데 그들이 하는 말과 행동, 옷차림과 머리 스타일은 천양지차다. 진심이 담긴 그들의 이야기에 귀 기울이다가도 가끔은 너무도 편한 차림으로 쉽게 이런 얘기들을 늘어놓는 사람을 보면 속으로 흠칫 놀라기도 한다. 그 사람은 편한 만남이니 부담 없이 말하고 행동했을 것이다. 그러나 나는 그 시간 동안 일정한 수준의 인터뷰를 한 셈이다. 그리고 그 인터뷰 결과는 오랫동안 내 머리에 남는다.

사람들은 평생 살아가면서 10만 명을 만난다고 한다. 아마 요즈음은 이보다 훨씬 많은 사람을 만날 가능성이 크다. 직접 만나 이야기하는 것보다 몇 배 많은 사람과 전화나 이메일, SNS를 통해 만나고 있기 때문이다. 어떻게 만나든 우리는 그들에게 인상을 남기고 그 인상은 메아리처럼 우리의 삶으로 돌아온다. 특히 직장생활이나 비즈니스에서 의욕적으로 진로를 개척해가는 젊은이들에게 누군가와 만나는 과정에서 자신이 남긴 흔적의 영향은 지대하다.

법정 스님은 '산행엽서'라는 제목의 글에서 이렇게 쓰고 있다.

오늘은 다시없는 날이다.
오늘 지금 여기 오롯한
단 한 번의 만나는 인연이다.

어떻게 가볍게 보내겠는가.

우리들이 살아오면서 좋은 인연을

그저 스치고 지나쳐버렸는지 모른다.

좋은 스승, 좋은 친구, 좋은 친지, 좋은 이웃.

기회란 늘 있는 것이 아니다.

한 번 지나면 다시 만나기 어렵다.

진정한 만남은 새 삶의 동행이다.

단 한 번의 만남처럼

서로를 진실하게 대하고 공경하자.

　많은 젊은이들이 네트워크를 확장하고 인맥을 탄탄히 하겠다며 이 사람 저 사람을 찾아다닌다. 이 모임에 가입하고 저 단체에 회원으로 등록한다. 그래서 자신은 발이 넓고 폭넓은 관계를 맺고 있다는 인상을 주려한다. 그러나 한 사람의 인상은 많든 적든 자신이 만나는 사람 한 명 한 명을 통해 만들어진다. 아무런 이해관계가 없는 친목모임의 회원, 일상적으로 만나는 직장동료, 가볍게 스쳐지나가는 사람들에게 남긴 인상이 모여 자신의 이미지가 결정된다. 그런 점에서 우리가 만나는 모든 사람을 성심성의껏 대해야 한다. 단 한 번의 인연처럼 소중하게 생각하고 정성을 다해야 한다.

66

사람들의 가장 큰 성장 가능성은
그들이 가진 강점에 있다.
약점을 보완해야
성과를 거둘 수 있는 게 아니라
강점을 강화할 때
결과를 만들어낼 수 있는 것이다.

99

세계적인 가구 회사 이케아의 매장에 돌담 사진이 걸린 이유

세계적인 가구 회사인 이케아의 매장에 들어서면 돌담과 숲 사진으로 구성된 포스터를 볼 수 있다. 이 포스터는 세계 각국의 400여 개 매장에 모두 걸려 있다. 연 매출이 40조 원에 이르는 거대기업 이케아는 왜 별로 특별해 보이지 않는 포스터를 세계 모든 매장에 걸어놓았을까?

스웨덴 남부에 있는 스몰란드는 이케아의 창업자 잉바르 캄프라드의 고향이다. 이곳은 암석으로 뒤덮인 척박한 지역이어서 농부들은 농지를 만들기 위해 수없이 돌을 캐내고 땅을 골라야 했다. 농부들은 이 돌들을 버릴 곳이 없어 밭 주변에 담을 쌓았다. 그러다 보니 스몰란드는 어느 곳에서도 제주도처럼 돌담을 쉽게 볼 수 있다.

캄프라드는 이런 지역적 특성을 갖고 있는 스몰란드지역에서 1943년 열일곱 살에 사업을 시작했다. 그러다 보니 그가 세운 이케아는 태생부터 '서민적 기업'의 모습을 띠게 됐다. 그는 스몰란드의 빈한한 농가들을 위해 단순하면서도 실용적인 가구에 관심을 쏟았다.

스몰란드는 인구밀도가 낮은 농업지역이어서 캄프라드는 카탈로그를 제작해 통신판매를 했고, 주문과 배달시스템도 구축했다. 주변에 식당이 없었기 때문에 자동차를 타고 오는 고객들이 식사할 수 있도록 매장 안에 식당도 운영했다. 하지만 무엇보다 중요한 것은 가격이었다. 그는 경쟁업체가 압력을 행사하는 바람에 제조사에서 제품 공급을 중단하자 가구를 직접 만들기 시작했다. 그 결과 독특한 디자인의 제품을 싼값에 공급하게 됐고 조립식 가구도 만들게 됐다.

조립식가구는 일반 가구에 비해 포장·운송·창고비가 적게 들어 제품 원가가 훨씬 쌌다. 캄프라드는 특히 일반인들이 상상하기 어려운 수준의 목표 가격을 설정한 뒤 그 가격에 맞게 제품을 만들기 위해 머리를 싸맸다. 그는 이케아의 임직원들에게 늘 이렇게 말했다.

"값이 비싸고 좋은 물건을 만드는 것은 쉽다. 하지만 이케아의 진정한 도전은 값이 싸고 좋은 물건을 만드는 것이다. 낮은 가격을 유지하기 위해 어떤 노력도 두려워하면 안 된다."

직장생활을 하다 보면 자신도 모르게 남을 의식하게 된다. 다른 사람의 학력과 경력이 부럽고, 외국어 실력이 부럽고, 외모가 부럽다. 동료직원의 집안 배경 때문에 기가 죽는 일이 부지기수다. 자신이 '흙수저'라는 사실을 뼈저리게 느낄 때가 한두 번이 아니다.

저렇게 갖춘 것이 많은 사람들과 경쟁해 살아남을 수 있을지를 생각하면 무력감을 느끼게 된다. 도대체 자신은 학교 다닐 때 뭘 했는지 뒤늦은 후회를 하기도 한다.

뒤늦게 스펙을 보완하려는 사람들

———

이렇게 남을 의식하거나 남과 비교하는 것은 자신의 약점에 마음이 쓰이기 때문이다. 얼마 전 자신의 진로를 문의해 온 어떤 직장인은 이런 이야기를 했다.

"주변 사람들은 직장생활한 지 몇 년이나 됐다고 그리 걱정이냐고 핀잔을 주기도 합니다. 이제 시작이니 지금부터 미래를 준비하면 될 텐데 걱정을 사서 한다는 겁니다. 하지만 저는 부모로부터 물려받은 것이 없고 저축해놓은 것도 없습니다. 그렇다고 스펙이 뛰어나지도 않습니다. 우리 부서에서 제가 스펙이 가장 뒤집니다. 해마다 해외 유명 대학의 MBA 과정을 마친 신입사원들이 줄지어 들어옵니다. 이들과 경쟁해서 이길 수 있을까요?"

자신의 약점에 대한 걱정과 이를 보완하려는 노력은 직장생활의 기간이 길어질수록 더 심해진다. 회사나 업계의 상황이 눈에 들어오면서 자신의 약점이 점점 더 도드라져 보이기 때문이다.

얼마 전 만난 한 중견기업의 대리도 마찬가지였다. 그는 외국에서 영어연수를 받기 위해 퇴사를 고민하고 있었다. 그가 다니는 회사의 연봉과 복리후생은 결코 나쁘지 않았다. 그는 직장생활에 잘 적응하고 있었고 조직 내 평가도 나쁘지 않았다. 그런데도 그는 "스펙이 부족해 현재의 직장에서 계속 머무르다간 몇 년이 안 돼 밀려날 것 같다"고 걱정했다.

30대 직장인들 가운데 이렇게 자신의 부족함을 채우기 위해 직장 밖의 일에 관심을 쏟고 있는 사람들이 생각보다 많다. 이들은 대학원에 가고, 해외로 어학연수를 떠나고, 자격증을 따는 데 많은 시간과 비용을 쓴다.

자신의 스펙이 약하기 때문에 경쟁에서 뒤지는 것을 걱정하면서 약점을 보완하기 위해 애를 쓰고 있는 것이다.

성공은 늘 강점을 강화할 때 다가온다

영국 출신의 경영 전문가인 마커스 버킹엄은 직장인들의 약점에 대한 걱정과 이를 보완하려는 노력에 따끔하게 비판하고 있다. 그는 『위대한 나의 발견 강점 혁명』이라는 책에서 "자신의 약점을 고치려고 노력하는 것은 더 이상의 실패를 막아줄 뿐, 약점을 강점으로 승격시켜주지는 못한다"고 주장했다.

그는 따라서 "약점에 집중하고 그걸 보완하려고 하지 말고, 자신의 강점을 알고 그걸 개발하는 데 시간을 사용하는 게 훨씬 효율적"이라고 강조했다. 가장 뛰어난 재능을 알아내 그것을 갈고닦아야 성공할 수 있다는 것이다. 사람은 변하지 않기 때문에 자신의 재능을 인정하고 그것을 중심으로 삶의 목표를 다시 세워야 한다는 게 그의 지론이다.

나는 버킹엄의 주장에 전적으로 동의한다. 그의 말대로 평균적인 사람은 약점을 강점으로 바꾸기가 쉽지 않다. 모든 사람은 자신만의 독특한 재능을 갖고 있고 그것은 잘 바뀌지 않는다. 따라서 사람들의 가장 큰 성장 가능성은 그들이 가진 강점에 있다. 약점을 보완해야 성과를 거둘 수 있는 게 아니라 강점을 강화할 때 결과를 만들어낼 수 있는 것이다.

가끔 고등학교 동창회에 나가면 자기 분야에서 성공한 친구들을 만나게 된다. 그런데 그들은 고등학교 때 가졌던 약점을 고스란히 그대로 갖고 있다. 말과 행동이 답답할 정도로 느렸던 친구는 몇 십 년이 지난 뒤에도 여전히 느렸다. 다른 사람들과 잘 섞이지 못하는 친구는 50대 중반이 지난 지금도 여전히 혼자 앉아 있었다.

이렇게 약점이 사라지지 않는데도 그들이 성공할 수 있었던 것은 그들이 갖고 있는 강점이 커졌기 때문이었다. 자그마했던 강점이 큰 나무로 자라 열매를 맺은 것이다. 예나 지금이나 사람이 성장 발전하는 것은 약점이 보완되는 게 아니라 강점이 더 강해져 위력을 발휘하기 때문이다.

캄프라드가 척박한 시골 구석에서 창업해 세계적 기업을 일굴 수 있었던 것도 자신의 한계보다 강점에 주목했기 때문이다. 어릴 때부터 놀이보다 장사에 관심이 많았던 그는 본격적으로 회사를 세우기 전까지 성냥, 크리스마스카드, 씨앗, 벨트, 지갑, 시계 등 다양한 물건들을 팔았다.

그는 자신이 살고 있는 지역의 한계를 별로 의식하지 않았다. 그 대신 그는 자신이 처한 상황의 특성을 정확하게 파악했고, 그 특성에 맞는 사업 방식을 찾아냈다.

전문가들은 이케아를 '불편을 파는 기업'이라고 부른다. 고객들은 매장까지 나와 가구를 골라야 하고, 직접 차로 싣고 가 조립해야 한다. 생각만 해도 참 불편한 일이다. 하지만 고객들은 기꺼이 불편을 산다. 불편을 사면 합리적 가격, 실용적 디자인, 튼튼한 재질을 함께 살 수 있기 때문이다.

그런 점에서 이케아는 고객들에게 단순히 제품만 파는 게 아니라 '이케아 스타일'을 판매하고 있는 셈이다. 실제로 이케아 매출에서 가구가 차지하는 비율은 40% 정도이고 나머지는 액세서리나 레스토랑 같은 것이 차지한다.

캄프라드는 이처럼 끊임없이 강점에 주목하고 그 강점을 강화해왔다.

그 덕분에 그는 가난한 농가가 주류를 이루고 있는 시골에서, 그것도 도시처럼 모여 있지 않고 여기저기 흩어져 있는 농가를 대상으로 가구 사업을 키워낼 수 있었다. 그리고 그 경험을 토대로 세계 곳곳에 매장을 내고 고객을 불러 모았다. 이케아가 세계 모든 매장에 돌담 사진을 걸어놓은 것은 이런 경영철학과 사업전략을 잊지 않기 위해서다.

나를 가장 높게 평가해주는 곳은 지금의 직장

직장인들도 마찬가지다. 성과를 내고 성장하려면 자신의 강점을 찾아야 한다. 관심을 두지 않아서 그렇지 모든 사람들은 각자 자신만의 강점을 갖고 있다. 회사는 이 강점을 높이 평가하고 그에 따른 성과를 기대하면서 직원을 뽑는다.

약점을 우려하며 직원이 그 약점을 보완하길 기대하는 데 관심을 뒀다면 아마 채용하지 않았을 것이다. 그런 점에서 직장인들이 최고의 경쟁력을 발휘할 수 있는 곳은 현재 직장이다. 자신을 잘 알아주고 가장 높게 평가해주는 곳도 지금 다니고 있는 직장이다.

더구나 현대의 직장인들은 캄프라드의 척박한 시골과 비교가 불가능할 만큼 좋아진 환경에서 일하고 있다. 이들이 다니고 있는 직장에 수많은 기회가 산재해 있다. 단지 직장인들이 그 강점을 알지 못하고 그 기회를 활용하지 못하고 있을 뿐이다.

따라서 무엇보다 관심의 초점을 약점에서 강점으로 옮기는 게 중요하다. 직장인들이 시선을 돌리면 자신만의 강점과 그 강점을 활용할 수 있는 기회가 보인다. 30대 직장인이라면 회사가 무엇을 원하고 어떻게 하면 성과를 얻을 수 있는지 속속들이 알고 있다. 조직 안에서 자신이 어떤 역할을 할 수 있고, 특별히 잘할 수 있는 일이 무엇인지도 확연히 눈에 들어와 있다. 따라서 자신이 하고 있는 일에 자신의 강점을 결합할 수 있는 방안을 찾아야 한다. 강점을 키우지 않고 약점만 보완하려고 한다면 모나지 않은 평범한 보통 사람이 될 뿐이다.

이케아는 세계 모든 매장에 걸린 돌담 사진을 통해 고객들에게 "이케아가 중요하게 생각하는 것은 조건이 아니라 마음"이라는 말을 하고 있다.

경기침체와 구조조정으로 위축돼 있는 직장인들이 이제라도 자신의 강점을 찾고 그 강점을 자신이 서 있는 곳에서부터 발휘하는 것을 고민했으면 좋겠다. 승부는 먼 곳이 아니라 먼저 자기가 다니는 직장과 자신이 맡은 일에서 봐야 한다.

66

차별화를 하려면
기본적으로 차이가 있어야 한다.
하지만 차별화의 궁극적 목적은
가치를 높이는 것이지,
차이를 만드는 게 아니다.

99

차별화는 단순히 차이를
만드는 것이 아니다

사람은 새로운 것을 좋아한다. 아무리 배꼽을 잡고 눈물을 닦으며 들었던 재미있는 이야기도 두 번 들으면 재미가 없다. 같은 수법도 두 번 연거푸 통하지는 않는다. 그래서 사람들은 새로운 것을 찾으려고 애를 쓴다.

저마다 차별적인 것을 만들기 위해 머리를 싸맨다. 작가도, 출판사도, 개그맨도 모두 새로운 이야기 소재를 찾기 위해 밤잠을 설친다. 기업의 상품과 서비스 개발자들도 아이디어와 정보를 얻기 위해 세계 곳곳의 전시회와 상가를 헤맨다.

신문사가 독자들에게 서비스하는 뉴스 역시 기본적으로 새로운 것이다. 초보 기자 시절 외부에서 신문사로 기사를 보내놓고 조마조마한 심정으로 데스크의 승인을 기다렸던 기억이 있다.

가끔 "이거 얼마 전에 다 나온 얘기야"라는 데스크의 목소리가 전화기를 타고 들려오면 얼굴이 화끈거리면서 기운이 쭉 빠졌다. 새로운 이야기라고 공들여 취재하고 기사를 썼는데 남들이 이미 다뤘던 것이라니, 얼마나 창피하고 무안했는지 모른다.

사람들이 새것을 찾아 나서고 기업들이 차별적 제품과 서비스에 목을 매는 것은 어려운 만큼 그 가치가 크기 때문이다. 차별적인 것이 나와 고객의 마음을 사는 순간 이른바 '대박'이 될 가능성이 높다. 경쟁자들이 비슷한 제품과 서비스를 내놓으면서 희소가치가 사라질 때까지 한동안 인기를 누릴 수 있다. 우리는 차별적 상품과 서비스로 변방의 기업이 세계적 기업으로 우뚝 서는 것을 심심치 않게 목격하곤 한다.

예외적이고 새롭고 흥미진진해야 주목한다

경력관리에서도 사정은 비슷하다. 기업의 채용 담당자들은 후보자들의 경력기술서만 보면 신물이 난다. 지원자들의 커리어가 너무 천편일률적이기 때문이다.

대부분의 지원자들은 고등학교 때 대학 입시를 목적으로 공부에만 매달렸다. 대학에 입학해서도 취업을 위해 학점을 챙기고 영어 실력을 키우고 각종 자격증을 따는 데 시간을 다 보냈다. 그래서 이들의 지원서를 살펴보면 표현만 조금씩 다르지 지식이나 기술, 경험 측면에서 본질적으로 큰 차이가 없다. 경력이 비슷비슷하다 보니 이름을 가리면 누구의 지원서인지 구별하기조차 어렵다.

이런 현상은 직장생활을 몇 년씩 한 30대 직장인들에게서도 마찬가지로 나타난다. 이들은 대개 회사의 인사 정책에 따라 전문성을 제대로 쌓지 못한 채 여기저기를 옮겨 다녔다. 어떤 곳에서 얼마나 오래 직장생활을 했느냐는 점을 제외하면 지식과 기술에서 큰 차이가 없다.

자신의 경쟁력을 키우겠다고 신경을 쓴 사람들도 특색이 없기는 마찬가지다. 다른 사람들의 강점을 벤치마킹하고 모방하는 데 치중하다 보니서로 많이 닮아 있다.

그 결과 대부분의 직장인들은 이직할 때 난처한 상황에 처하게 된다. 자신의 직장 경력에 걸맞은 지식과 기술이 부족해 이직이 쉽지 않은 것이다. 전문성이 부족하다 보니 자신을 받아주는 곳이 많지 않다. 설령 받아준다고 해도 회사가 원하는 수준의 업무지식과 기술이 부족해 연봉과 직무를 제대로 받지 못한다. 기업은 경력이 비슷한 사람을 또 뽑을 이유가없다. 그렇다고 다른 분야로 뽑자니 해당 경력이 약해 역시 뽑기 어렵다.

『보랏빛 소가 온다』의 저자 세스 고딘은 마케팅에서 차별화의 중요성을 역설했다. 그가 보랏빛 소(purple cow)라는 개념을 생각해낸 것은 가족과 함께 프랑스를 여행할 때였다. 그는 수백 마리의 소 떼가 초원에서 풀을 뜯는 풍경을 보고 감탄했다.

그런데 이 그림 같은 장면도 20분 이상 계속되니 지루해졌다. 그는 이때 저 수많은 소들 가운데 보라색 소가 한 마리 있다면 얼마나 돋보일지생각했다. 그는 매 순간 세계 곳곳에서 수십 만 개의 신제품이 쏟아지고있는데, 이들을 알리려면 더 화려한 영상과 더 강력한 카피만으로는 불가능하다고 주장한다. 아무리 광고를 잘 만들어도 광고 홍수에 시달리는 소비자들의 눈과 귀를 붙잡기가 어렵다는 것이다.

최선의 방법은 보랏빛 소처럼 전혀 다른 제품을 만드는 것이다. 예외적이고 새롭고 흥미진진하고 주목할 만한 가치가 있어야 한다는 얘기다.

차별화의 핵심은 차이 아닌 가치

커리어 차별화도 마찬가지다. 지난해 한 국내 대학에서 MBA 과정을 마친 미국계 한국인은 커리어를 차별화하기 위해 색다른 선택을 했다.

그는 MBA 과정에 입학하기 전 뱅크오브아메리카에서 매니저로 7년간 근무했다. 그는 미국을 비롯해 세계 여러 대학의 MBA 과정에 지원해 미국의 UCLA와 USC에 합격했지만, 커리어를 차별화하기 위해 최종적으로 한국 대학을 선택했다.

세계 금융계에서 아시아 시장의 중요성이 계속 커지고 있다. 그런데 미국과 유럽에서 MBA 과정을 마친 사람들은 많지만 한국이나 아시아에서 MBA를 하는 사람은 흔하지 않다.

그는 "한국계 미국인인 제 관점에서 미국의 모든 것이 최고를 뜻하지는 않는다"면서 "차별적 MBA 교육을 받는 것이 더욱 경쟁력을 키울 수 있는 방법이라고 생각했다"고 말했다. 그의 판단은 정확했다. 그는 1년간 사내 교육을 거친 뒤 '지역관리자(district manager)'로 뱅크오브아메리카에 재입사했다. MBA 과정 입학 전보다 승진도 했고 연봉도 두 배나 올랐다.

기업에서 성장하고 발전하려면 자신만의 차별적인 커리어를 만들어나가야 한다. 한눈에 봐도 차별적인 커리어를 지녀야 하는 것이다. 그래야 기업의 채용 담당자나 사업 책임자가 주목한다.

이렇게 노력해서 차별화한 커리어를 지니고 있다면 아무리 구조조정의 태풍이 불어도 걱정하지 않게 된다. 이들은 구조조정 과정에서 오히려 희소성을 토대로 자신의 가치를 높여나간다. 남들보다 한발 앞서 역할을 확장하면서 입지를 탄탄하게 구축하는 것이다.

가끔 헤드헌팅회사에 들어오는 경력기술서에서 상당히 독특한 경력을 보게 된다. 이들은 남들이 갖고 있지 않은 독특한 지식과 기술을 확보했다. 어떤 사람은 많이 쓰이지 않는 나라의 언어를 구사하고 독특한 자격증을 갖고 있다.

이들의 경력기술서는 사람들의 눈길을 끌 만큼 차별적이다. 그런데 답답한 것은 이들이 차이를 만드는 데만 집중하는 바람에 실질적 가치를 높이는 데까지 이르지 못한다는 점이다.

내가 아는 어떤 중견기업의 대리는 국내 대학의 사학과를 졸업한 뒤 3년 정도 대기업에서 직장생활을 했다. 그는 직장에서 잠시 러시아 관련 업무를 담당했는데, 러시아에 흥미를 느껴 러시아 쪽으로 커리어 방향을 정했다. 그는 러시아어를 배우기 위해 직장을 그만두고 모스크바로 어학연수를 떠났다. 러시아어 공부를 하던 그는 이왕 공부를 할 바에야 석사학위를 받는 게 좋다고 생각해 러시아 대학교의 대학원에서 법학을 전공했다.

그런데 그는 지금 친척이 운영하는 식품회사에서 국내 영업을 담당하고 있다. 대학원을 졸업한 뒤 취업을 시도했지만 원하는 결과를 얻지 못했다. 러시아어를 유창하게 하는 것도 아닌 데다 기본적으로 러시아 비즈니스 수요가 많지 않았기 때문이다. 게다가 6~7년간의 긴 경력공백에 나이까지 많아 기업들의 선호도가 상당히 낮았다. 직장경력도 있고 러시아 대학교 대학원의 석사학위 소지자였지만 자신의 강점을 살리지 못한 것이다.

차별화를 하려면 기본적으로 차이가 있어야 한다. 하지만 차별화의 궁극적 목적은 가치를 높이는 것이지, 차이를 만드는 게 아니다. 따라서 두드러지는 차이가 성과창출에 기여하고 사람들로부터 그 가치를 인정받았을 때 진정으로 차별화에 성공한 것이다.

네이버의 자회사인 라인의 최고경영자였던 모리카와 아키라는 『심플을 생각한다』라는 저서에서 기업들이 차별화를 생각할 때 고객은 빼고 상품과 경쟁기업에만 관심을 쏟는 잘못을 범하고 있다고 지적한다. 그러다 보면 차별화를 추구할수록 고객들이 원하는 것에서 멀어질 우려가 있다. 고객은 '차이'가 아니라 '가치'를 원한다. 자신에게 가치가 없으면 아무리 차이가 눈에 띄어도 돌아봐주지 않는다.

특별한 능력이 있어도 발휘할 곳이 없으면 헛수고다

직장인들은 항상 자신의 차별화가 시장에서 실질적으로 가치를 창출할 수 있는지 따져봐야 한다. 아무리 특별한 능력을 갖고 있어도 그 능력을 발휘할 곳이 없다면 의미가 반감될 수밖에 없다.

따라서 직장인들은 자신의 특별한 강점이 어떤 곳에서 위력을 발휘하고 어떻게 평가받을 수 있는지 늘 염두에 둬야 한다. 내가 활약할 곳을 항상 관찰하고 시장의 흐름을 놓치지 않도록 노력해야 한다는 얘기다.

이를 위해 시장을 읽는 안목이 필요하다. 그런데 이 안목은 쉽게 만들어지지 않는다. 시장 전체를 조망하면서 미래를 내다볼 수 있는 눈을 가지려면 적지 않은 시간과 노력이 필요하다.

전문가들이 끊임없이 시장과 교류하면서 관련 분야의 지식과 기술에 관한 정보를 취득하는 것도 이 때문이다. 시장은 끊임없이 변하는 존재여서 한번 취득한 정보를 토대로 판단하고 예측하면 실패할 가능성이 높다.

커리어 차별화는 한 가지 특별한 일을 했다고 해서 이뤄지는 게 아니다. 많은 시도와 노력을 통해 조금씩 방향이 잡히고 틀이 만들어지는 것이다. 따라서 멀리 내다보면서 장기적 관점에서 접근해야 한다.

물론 직장에 다니면서 전문성을 구축하고 커리어를 차별화하는 게 쉬운 일은 아니다. 기업은 조직적 필요에 따라 직원을 배치하기 때문에 자신의 희망대로 직책과 직무를 맡기가 어렵다. 특히 순환보직을 원칙으로 하는 기업에서는 전문성을 키워 커리어 차별화를 꾀하기가 쉽지 않다.

하지만 회사는 개인의 지향성이나 특징을 가급적 존중해준다. 어떤 직원이 꾸준히 특정 분야의 지식과 경험을 쌓으면 그 사실이 알려지는 것은 시간문제다. 제대로 된 조직이라면 그런 직원의 의지를 살리고 장점을 취하게 된다. 따라서 직장인들이 자신이 원하는 분야의 자식과 기술을 익히고 경험을 쌓으면 회사 안에서도 차별적인 커리어는 얼마든지 구축이 가능하다.

—— 66 ——

비즈니스를 성공하게 만드는 것은
인격과 교양 같은 인간적 매력이지,
화려한 외모나 학력과 경력이
아닐 때가 많다.
상대방의 입장에 서서
배려해주는 것 하나만으로도
엄청난 매력의
소유자가 될 수 있다.

—— 99 ——

함께 일하고 싶은
사람들

　헤드헌팅회사 대표로 오래 일하다 보니 사람들로부터 인재 발굴이나 평가에 관한 질문을 많이 받는다. 한번은 신문사 사장으로 자리를 옮겼을 때 기업의 사장으로부터 "일반 기업의 직원과 신문사 직원은 채용기준이 다릅니까?"라는 질문을 받은 적이 있다. 같은 기업이더라도 사회적 공기 (公器)의 성격이 강한 언론사와 이익을 추구하는 일반 기업의 인재를 보는 눈은 다르다고 생각한 것 같다. 그런데 내가 같다고 대답하자 의외라는 듯 "인재를 볼 때 어떤 면을 눈여겨봅니까?"라고 재차 물었다. 그때나 지금이나 내 답은 간단명료하다.

　"여러 가지를 보지만, 가장 중요한 것은 인간적인 매력입니다."

　가끔 직장인들로부터 왜 동료가 승진했는지 알 수 없다는 의문 반 불만 반의 얘기를 듣는다. 자기보다 학력이나 경력이 뛰어난 것도 아니고 성과가 좋은 것도 아닌데 왜 내가 아니고 동료가 승진했는지 이유를 모르겠다는 것이다. 그때마다 나는 이렇게 답한다.

"아마도 그 사람은 상사들에게 매력적인 부하였을 겁니다. 상사들이 그에게 호감을 느꼈을 거예요. 인간적 매력이나 호감은 능력이나 성과를 뛰어넘는 마력을 발휘하거든요."

이렇게 말하면 다음 질문이 이어지는 경우가 많다.

"그렇다면 직장에서 업무능력이나 성과는 별로 중요하지 않다는 뜻인가요?"

기업에서 인사는 기본적으로 인사고과에 따라 실행하는데, 인사고과에서 업무능력과 성과가 큰 비중을 차지한다. 그럼에도 불구하고 내가 인간적 매력과 호감을 강조하는 것은 매력과 호감이 인사고과에 영향을 줄 뿐 아니라 때로 인사고과를 뛰어넘는 힘을 발휘하기 때문이다.

제4의 자본, 매력자본

───────

직장에서 어떤 사람이 성과를 잘 내려면 성과가 좋을 가능성이 있는 일을 맡아야 한다. 애초부터 성과를 기대하기 어려운 일이라면 아무리 노력해도 한계가 있다. 그런데 인간적 매력이 있고 다른 사람에게 호감을 주는 사람은 상대적으로 성과가 예상되는 일을 맡을 확률이 높다. 호감도가 높은 사람은 일을 하다 어려움에 봉착했을 때 주변 사람들의 도움을 받을 가능성도 많다. 혼자 어떤 결과를 만들어내기 어려운 일들이 흔한 상황에서 다른 사람의 도움을 쉽게 받을 수 있다는 것은 엄청난 장점이다.

미국 조지타운 대학교 마케팅 교수인 로히트 바르가비는 "신뢰받는 회사나 개인이 더 많은 수익을 올리고 더 큰 영향력을 행사한다"는 '호감 경제학(likeconomics)'의 설파자다. 그는 『호감이 전략을 이긴다』라는 저서에서 현대인들은 대중조작과 여론조작으로 신뢰가 완전히 무너진 불신의 시대에 살고 있다고 말한다. 또 어떤 제품이나 아이디어도 순식간에 복제되기 때문에 차별성을 유지하기가 어렵다고 설명한다.

그는 이런 상황에서 개인이나 기업이 신뢰의 위기를 극복하고 차별성을 유지하는 유일한 방법은 호감도를 높이는 것뿐이라고 강조한다. 높은 호감도를 토대로 동료나 고객과 인간적 유대관계를 맺어야 한다는 것이다. 호감 없이 기술이나 전략만으로 개인과 기업의 브랜드 가치를 절대 높일 수 없다는 얘기다.

그는 특히 호감도가 종종 성공과 실패를 가른다고 주장한다. 호감도가 높은 사람들은 어떤 사람과 '약한 유대관계'를 맺고 있더라도 이를 토대로 끊임없이 다른 사람들과 새로운 관계를 발전시켜나간다. 그 덕분에 이들은 직장을 구하거나 사회운동을 할 때 성공 가능성이 높다. 높은 호감도는 골프 코스에서 큰 거래를 성사시킨다. 때로 구입을 권하는 사람을 보고 제품을 잘 살펴보지도 않은 채 구매하게 만드는 위력을 발휘하기도 한다.

전 런던정치경제 대학교 사회학과 교수인 캐서린 하킴은 호감이나 매력을 아예 자본으로 규정했다. '매력자본(Honey Money)'을 경제자본, 문화자본, 사회자본에 이어 '제4의 자본'으로 설정한 것이다. 그는 아름다운 외모, 건강하고 섹시한 몸, 능수능란한 사교술과 유머, 패션 스타일, 이성을 다루는 테크닉처럼 사람을 매력적 존재로 만드는 매력자본은 이제 일상생활을 지배하는 '조용한 권력'이라고 강조한다.

캐서린 하킴이 열거하고 있는 각종 사례에서 매력자본의 위력은 상당한 것으로 나타난다. 연구 결과에 따르면 평균적인 사람들이 100만 원을 벌 때 비만인 사람들은 86만 원을 번다. 또 북미에서 매력적인 남성은 평범한 남성보다 14~28%를 더 벌고, 매력적인 여성은 12~20%를 더 벌어들인다. 사람이 얼마나 매력적인가에 따라 소득이 달라지는 것이다. 또 영국과 미국 정부의 연구나 아르헨티나 대학생들을 대상으로 한 실험 결과에서 모두 '외모 프리미엄'이 존재하는 것으로 나타났다. 외모가 매력적인 사람들의 소득은 일반인들보다 15% 정도 높았다.

캐서린 하킴은 매력자본이 소득을 넘어 취업과 승진에도 영향을 미친다고 주장한다. 매력적인 사람들이 취직할 확률은 그렇지 않은 사람보다 10% 정도 높다. 3,000명의 관리자를 대상으로 조사한 결과 응답자의 43%가 옷차림 때문에 직원을 승진이나 연봉 인상 대상에서 제외한 적이 있다고 밝혔다. 20%는 이런 이유 때문에 직원을 해고했다. 미국 유명 사립대학교의 MBA 졸업생을 조사한 결과 외모 프리미엄은 일반적으로 여성보다 남성이 더 높았다. MBA 과정을 시작할 때 찍은 사진과 졸업 이후 성공 사이의 연관성을 확인해보니, 매력적인 남성은 직장 초임이 높았으며 연봉 증가도 훨씬 빨랐다.

매력은 후천적 노력으로 계발된다

호감과 매력은 이렇게 인생의 모든 부분에 큰 영향을 미치고 있다. 직장생활에서도 매력은 돈이나 교육, 인맥 못지않게 중요하다. 그럼에도 불구하고 직장인들은 매력의 중요성을 간과하는 경향이 있다. 많은 직장인들이 자신만의 매력을 지니고 있지만 임원에 오를 때까지 이 매력과 호감의 중요성을 잘 모른 채 지낸다. 관심을 갖고 있는 사람들조차 매력을 매우 추상적인 것으로 간주한다.

그러나 호감과 매력의 힘은 절대 무시할 수 없다. 직장에서 평가받는 사람들은 가까이서 접해보면 대부분 독특한 인간적 매력을 갖고 있음을 확인할 수 있다. 기업의 경영진이나 직장의 상사들은 의도하지 않았지만 부하를 평가할 때 호감이나 매력을 중시한다. 같은 조건이라면 매력적인 직원을 곁에 두고 싶고 그들과 어울리고 싶어한다. 이런 점을 감안하면 매력적이고 호감을 주는 직장인들이 남들보다 먼저 승진하는 것은 매우 자연스러워 보인다.

이렇게 이야기하면 독자들 가운데 일부는 이렇게 생각할지도 모른다. "매력이 중요한 것은 알겠다. 그런데 어쩌란 말인가? 나는 아무리 둘러봐도 매력이 별로 없다. 매력은 가지고 태어나는 것 아닌가? 만약 매력이 부모로부터 물려받은 것이라면 내가 할 수 있는 게 아무것도 없지 않나?"

매력은 유전적인 것일까? 결론부터 말하면 전혀 그렇지 않다. 캐서린 하킴이 주장한 매력자본은 외모만이 아니다. 유머나 패션 스타일, 예의범절, 교양, 미소, 건강한 활력, 취미활동 등 사람들이 갖고 있는 모든 매력 요소들의 총합이다. 외모는 지식이나 학력, 경력, 성과와 함께 매력을 구성하는 요소의 일부일 뿐이다. 매력의 요소는 태생적인 것도 있지만 후천적으로 발전하는 것도 적지 않다. 아니, 지속적인 관심과 노력에 따라 달라지는 것들이 대부분이다.

캐서린 하킴은 얼굴과 몸매의 아름다움(beauty), 섹시한 매력(sexual attractiveness), 상대를 즐겁게 하는 사회성(social skill), 건강미가 느껴지는 활력(liveliness), 사회적 표현력(social presentation), 성적 능력(sexuality) 등 여섯 가지를 '에로틱 캐피털(Erotic Capital)'의 핵심 요소로 꼽았다. 로히트 바르가비는 호감을 얻고 신뢰를 유지하려면 진실성(Truth), 관련성(Relevance), 이타성(Unselfishness), 단순성(Simplicity), 타이밍(Timing) 등 다섯 가지에 주목해야 한다고 강조했다.

캐서린 하킴이나 로히트 바르가비가 강조한 매력 요소들은 모두 타고나는 게 아니다. 대부분 후천적 노력을 통해 습득하거나 계발해야 한다. 부모로부터 물려받은 것들도 노력하지 않으면 유지하기 어렵다. 뛰어난 외모를 가지고 태어났어도 전혀 매력적이지 않은 사람들이 허다하다. 그런데도 사람들은 매력을 키우기 위한 노력을 그다지 하지 않는다. 사람은 태어나서 성인이 되기까지 지식을 늘리기 위해 막대한 시간과 비용을 투자한다. 초중고와 대학만 따져도 자그마치 16년이다. 이렇게 투입을 많이 하는 것은 지식이 그만큼 중요하다고 생각하기 때문이다. 이에 비해 매력을 키우기 위한 투자는 그리 많지 않다. 지식을 키우는 데 들인 시간과 비용의 일부만 투자해도 사람의 매력은 급격하게 늘어날 수 있다.

비즈니스 성공의 핵심 요인, 매력

직장에서 임직원들이 같이 일하고 싶은 사람은 누구일까? 기본적으로 유능하고 성과를 잘 내는 사람들일 것이다. 그러나 그것만으로 부족하다.

인격이나 진정성, 교양, 유머, 친절 등을 갖추고 있어야 한다. 한마디로 호감을 주는 매력 요소가 많아야 한다. 매력적인 사람은 업무능력이 조금 부족해도 같이 일하고 싶어진다. 인간적 매력은 학력과 경력의 약점을 덮고 성과 부진을 감싸준다. 비즈니스를 성공하게 만드는 것은 인격과 교양 같은 인간적 매력이지, 화려한 외모나 학력과 경력이 아닐 때가 많다. 상대방의 입장에 서서 배려해주는 것 하나만으로도 엄청난 매력의 소유자가 될 수 있다.

직장인들은 자신의 매력을 키우는 데 좀 더 관심을 가져야 한다. 자신의 매력을 가꾸고 적극 활용해야 한다. 그래서 직장의 상사나 동료들이 같이 일하고 싶게 만들어야 한다. 특히 직장에서 간부나 임원을 꿈꾸는 사람들은 상사나 동료가 자신에게 얼마나 호감을 느끼고 있는지 생각해볼 일이다. 아무리 학력과 경력이 뛰어나고 업무능력과 성과가 좋아도 호감도가 약해져 매력도가 떨어지면 성장이 한계에 부닥칠 가능성이 크다.

——— 66 ———

인연을 맺고
키우는 것은 그만큼 힘들지만
그 과정에서 느끼는 즐거움과 행복은
무엇과도 바꿀 수 없다.

——— 99 ———

인연에도
때가 있다

내가 아는 한 중견기업의 오너는 주요 임원을 뽑을 때 부인을 면접에 참여시킨다. 그는 보통 후보자와 식사를 하면서 최종 면접을 진행하는데, 이 자리에 부인이 동석하곤 한다. 오너와 함께 나타난 부인을 보고 일부 후보는 당황하기도 하고 불쾌해하기도 한다.

그러나 그는 이런 반응에 아랑곳하지 않고 여전히 '부인 면접'을 고수하고 있다. 스스로 사람 보는 눈이 부족하다고 느끼기 때문이다. 그래서 눈썰미가 좋은 부인을 통해 남성인 자신이 보지 못하는 부분까지 세세하게 들여다보려 한다. '분명히 이런 사람일 것'이라고 생각해 뽑은 임원이 입사 뒤 전혀 다른 모습을 보일 때의 당혹감과 낭패감을 줄이고 싶은 것이다.

사람을 평가한다는 것은 참 어려운 일이다. 한 사람 한 사람이 모두 우주인데 짧은 시간 면접을 통해 우주를 어떻게 파악할 수 있겠는가? 그래서 기업들은 임직원을 채용할 때 온갖 방법을 동원하지만 그렇게 해도 면접에 실패하는 경우가 적지 않다.

면접 실패의 주요 원인 중 하나는 한 인간을 독립적 존재로 놓고 그 사람 자체만 보기 때문이다. 그러나 인간은 사회적 동물이자 관계하는 존재다. 사회를 만들기도 하고, 사회의 구성원이 되기도 하면서 끊임없이 타인과 관계를 맺는다. 인간은 사회를 통해 완성된다. 어느 조직에 속하느냐에 따라 사람의 모습이 달라지는 것도 이 때문이다.

따라서 학교 성적이나 영어 시험 점수처럼 타고난 능력이나 개인적으로 거둔 것만 가지고 사람을 평가하면 실수할 가능성이 많다. 채용 실수를 줄이려면 사람 자체뿐 아니라 그 사람이 누구와 어떤 관계를 맺고 있는지도 봐야 한다. 업무경험이나 성과 역시 누구와 어떤 관계에서 얻은 것인지 정확하게 알아야 그 의미를 제대로 이해할 수 있다.

성장 발전하려면 주변의 도움이 필요하다

———

불교에서 인연은 매우 중요한 개념이다. 인(因)은 안에서 결과를 만드는 직접 요인이고, 연(緣)은 밖에서 그 인을 도와 결과를 만들어내는 간접 요인이다. 인연은 '인연과(因緣果)'의 줄임말로, 인이 연을 만나면 과(果)가 만들어진다는 뜻이다. 즉, 인 없이 연만으로 과가 있을 수 없고, 인이 있어도 연을 만나지 못하면 과로 이어질 수 없다. 반대로 인과 연이 만나면 반드시 과가 생겨나고, 과가 있다는 것은 인과 연이 만났다는 의미다.

예를 들어 농사를 지을 때 씨앗이 인이라면 비료나 농약, 재배 기술, 노동력은 연이다. 배추를 기를 때 '배추씨'는 인이다. 배추가 싹이 나서 자라려면 물과 공기와 햇볕 같은 연이 필요하다. 씨가 아무리 좋아도 거름이 부족하고 병충해를 방제하지 못하면 제대로 된 열매를 맺기 어렵다. 마찬가지로 인이 좋아도 연을 제대로 만나지 못하면 결과가 좋을 수 없다. 인만큼이나 연도 좋아야 성과가 나타난다.

사람도 마찬가지다. 크게 성장하고 발전하려면 주변의 도움을 받아야 한다. 가족이나 친인척, 친구나 선후배, 동료가 중요할 수밖에 없다. 누군가를 평가할 때 그가 어떤 사람들과 관계를 맺고 있으며, 그 관계가 어떻게 만들어졌는지, 또 어떻게 유지되고 발전하고 있는지를 파악하는 게 중요한 것도 이 때문이다. 그 사람 자체만 보고 판단한다면 '인'만 보는 것과 같아 정확성이 떨어진다. 따라서 경험 많은 채용 전문가나 경영자들은 임직원을 뽑을 때 그가 맺어온 인연을 살피려고 노력한다.

앞서 말한 대로 사람은 관계 속에서 성장하고 발전한다. 다른 사람과 교류하지 않고 주변 사람의 도움 없이 혼자 크는 경우는 거의 없다. 나는 신입사원들을 만날 때마다 그가 기존 직원들과 잘 어울리고 있는지를 살핀다. 또 부서 책임자들에게 신입사원이 부서원들과 관계를 잘 맺을 수 있도록 돕고, 독학하면서 혼자 힘으로 모든 것을 해결하려는 '미련한 행동'을 하시 않게 해달라고 부탁한다.

독학은 학교에서나 하는 것이지, 직장에서 실코 환영받는 방식이 아니다. 자기 능력을 과신하고 과시하려는 사람들에게 맞을지 몰라도 업무 효율을 심하게 떨어뜨린다. 회사에 경험과 지식이 많은 선후배들이 수두룩한데 독서실에서 고시 공부하듯 혼자 연구하는 것은 '무능한 직원들'이나 하는 행동이다. 따라서 독학하는 직원은 회사에 적합하지 않다. 또 그런 직원을 방치하는 상사라면 조직관리에 문제가 있다고 봐야 한다. 나는 이런 생각을 강조하기 위해 "혼자 밥 먹는 직원은 뽑지 말라"는 다소 과격한 말을 하기도 한다.

더 나아가 가급적 여러 분야의 사람들과 폭넓은 관계를 맺고 있는 사람들을 채용한다. 그리고 그들을 주요 자리에 배치해 중요한 역할을 맡기려 한다. 이런 사람들이 타인의 지식과 의견을 잘 받아들여 빠르게 성장하기 때문이다. 개방성과 수용성은 사람의 성장발전에 필수 불가결한 요소다. 이런 직원들이 포진해 있는 조직의 업무성과가 빼어난 것은 너무도 당연하다.

인연은 공과 시간을 들여야 비로소 꽃 피운다

그런 관점에서 나는 젊은 시절부터 인연을 소중히 하는 법을 배우라고 권하고 싶다. 사람은 인연의 힘으로 살아간다. 따라서 인연을 중시하고 잘 관리해야 한다. 특히 30대는 인연이 확대되고 깊어지는 매우 중요한 시기다. 직장생활이 본격화하면서 회사 안팎의 다양한 사람들을 다양한 방식으로 만나기 때문이다. 그래서 만남의 폭이 20대와 비교할 수 없을 정도로 넓다.

물론 40~50대에 더 많은 사람을 만난다. 그러나 중장년의 만남은 30대와 달리 매우 실용적이라서 목적이 분명하다. 가진 게 없으면 좋은 사람들과 관계를 맺기 어렵고 상당히 베풀어야만 그 관계가 지속될 정도로 일방적이어서 유지비가 비싸다.

이에 반해 30대 관계는 마음이 통하기만 하면 쉽게 맺어질 뿐 아니라 금방 깊어진다. 순수한 만큼 한번 맺어지면 관계가 상당히 강해져서 오래 지속된다. 유학 기간 중에 맺은 인연이나 첫 직장의 입사 동기, 선후배와 관계가 오래 이어지는 것도 마찬가지다. 마음이 통해 깊어진 인연은 쉽게 틀어지지 않는다. 대부분의 사람들은 이렇게 30대의 인연으로 평생을 산다.

이렇게 인연이 중요하고 소중히 해야 한다는 데 이견이 있는 사람은 없을 것이다. 그런데도 30대 젊은이들은 인연을 잘 다루지 못한다. 가장 큰 이유는 인연을 우연히 맺어지는 관계라고 생각하기 때문이다. 국제 구호 활동가 한비야는 인연을 전혀 다르게 정의한다. 인연이란 "그냥 내버려두어도 저절로 자라는 야생초가 아니라, 인내를 가지고 공과 시간을 들여야 비로소 향기로운 꽃을 피우는 한 포기 난초"라는 것이다. 이런 인연에 관한 정의는 들을 때마다 마음에 와 닿는다.

인연은 우연과 다르다. 우연은 자신도 모르게 어쩌다 발생한 것이지만, 인연은 그 우연을 정성들여 키워낸 것이다. 우연이 씨라면, 인연은 그 씨가 싹이 터 자란 나무다. 물과 거름을 줘서 키워내 한여름 시원한 그늘을 만들어내는 느티나무요, 가을에 홍시로 사람의 마음을 넉넉하게 만드는 감나무다. 따라서 젊은 시절에 직장생활과 사회활동을 하면서 만난 사람들을 소중하게 생각하고 그들과의 관계를 가꿔나가야 한다. 거듭 말하지만 인연은 하루아침에 갑자기 하늘에서 떨어지는 게 아니다.

모든 만남에는 인연의 때가 있다

인연을 잘 다루지 못하는 또 다른 이유는 조급증이다. 내가 관심을 쏟은 만큼 상대방도 나만큼 해주길 기대하는 조급한 보상 심리가 인연을 이어가지 못하게 한다. 마음이 급한 사람들은 이른바 단기적으로 '돈 되는' 관계만 맺고 유지하려고 한다. 당장의 큰 이익이 없더라도 장기적 안목에서 관계를 맺어나가야 하는데, 작은 이익에 집착해 소탐대실할 때가 적지 않다. 지금 나무를 심고 가꾼다고 해서 그 나무가 금방 큰 그늘이 되어 더위를 식혀주는 것은 아니다. 나무가 커서 그늘을 만들려면 많은 시간이 필요하다. 수많은 바람과 눈비를 맞아야 한다.

2013년 개봉한 탕웨이 주연의 영화 〈시절인연〉은 '모든 인연에는 오고 가는 시기가 있다'는 메시지를 담고 있다. 불교에서 시절인연은 사람도, 일도, 물건도, 깨달음도 만날 수 있는 때가 있다는 말이다. 아무리 만나고 싶어도 시절인연이 닿지 않으면 만날 수 없고, 만나기 싫어도 시절인연이 통하면 만나게 된다. 굳이 애쓰지 않아도 만날 때가 되면 만나는 게 인연이고, 아무리 피하고 싶어도 마주칠 때가 되면 마주치는 게 인연이다.

이렇게 모든 만남은 인연의 때가 있는 법이다. 따라서 인연을 가꾸기 위해 쏟아 부은 정성이 금방 결과로 이어지지 않는다고 답답해하거나 아쉬워할 필요가 없다. 심은 나무가 자라 그 그늘 아래 쉴 수 있기까지 시간이 필요한 것처럼 인연을 발전시키기 위해 쏟은 노력과 정성이 결실을 맺는 데도 인내가 필요하다. 원숭이는 아무리 가르쳐도 밥을 잘 짓지 못한다. 조급증이 심해 수시로 솥뚜껑을 열어대는 통에 밥이 익지 않는 것이다. 마찬가지로 조급증이 심한 사람은 인연이라는 열매를 따기가 쉽지 않다.

『삼국지』에서 조조는 모든 사람들이 부러워할 만한 수많은 인재를 거느렸다. 우연에 정성을 들여 인연으로 키워낸 조조의 노력 덕분이었다. 그렇게 조조와 인연을 맺은 순욱과 정욱 같은 유능한 전략가들은 조조의 뒤를 받쳤다. 조조와 인연을 키워온 수많은 책사들은 위기 때마다 번득이는 아이디어로 그를 구했다. 남쪽의 유표와 원술, 동쪽의 여포, 서남쪽의 장수, 관중의 마등과 한수가 호시탐탐 조조의 땅을 넘봤는데도 조조가 천하를 거머쥘 수 있었던 것은 모두 그가 일궈낸 인연 덕분이었다.

누군가와 인연을 맺는다는 것은 그에게로 가는 문을 열고, 그와 이야기를 시작하고, 특별한 어떤 것들을 같이한다는 뜻이다. 인연을 맺고 키우는 것은 그만큼 힘들지만 그 과정에서 느끼는 즐거움과 행복은 무엇과도 바꿀 수 없다. 조조처럼 천하를 통일하는 큰 꿈을 꾸지 않더라도 작은 것을 이루고 작은 행복을 느끼며 살고 싶다면 인연을 소중하게 다뤄야 한다. 30대 젊은 시절에는 특히 그렇다.

66

성공 가능성이 낮으면
추진하지 말아야 한다.

99

이직하면 좋은 사람, 이직하면 안 되는 사람

　직장생활에서 이직은 이제 일상이 되었다. 지금 다니는 직장에서 정년 퇴직할 것이라고 생각하는 직장인들은 그리 많지 않다. 직장도 집처럼 상황에 따라 수시로 바꾼다. 사람들은 마치 계절이 변하면 옷을 바꿔 입는 것처럼 이직을 자연스럽게 생각한다. 기업의 경영자들도 직원들이 평생 같이 있을 것이라고 생각하지 않는다. 이직을 전제로 직원을 뽑고 조직을 운영한다.

　헤드헌팅회사에서 오래 일하다 보니 사람들이 직장을 옮기는 과정을 많이 보게 된다. 그런데 모든 사람이 이직에 성공하는 것은 아니다. 이직을 잘해서 경력이 계속 발전하는 직장인도 있지만, 반대로 이직을 잘 못해 직장생활에서 어려움을 겪는 사람들도 적지 않다. 이직에 실패하는 사람들은 어떤 사람들일까?

이직에 실패하는 세 가지 유형

이직에서 어려움을 겪는 첫 번째 유형은 옮겨 가는 곳을 잘 모르는 사람들이다. 방송사의 여행 프로그램을 보면 모든 곳에 다 가보고 싶다. 그러나 막상 프로그램에 소개된 여행지를 가보면 그저 평범한 곳에 불과한 경우가 많다. 홈쇼핑 채널에서 쇼 호스트의 제품 소개를 보고 있으면 사고 싶은 생각이 굴뚝같다. 그런데 막상 제품의 포장을 뜯는 순간, 이게 내가 홈쇼핑 채널에서 봤던 그 제품인가 싶을 때가 적지 않다. 직장도 마찬가지다. '남의 떡이 더 커 보인다'는 옛말처럼 다른 직장이 실제보다 훨씬 좋게 보이는 경향이 있다.

내가 아는 중견기업의 과장도 직장을 잘 모른 채 옮겼다가 낭패를 당했다. 그는 대학 졸업 뒤 회계사 공부를 하다 취업 시기를 놓쳤다. 수없이 이력서를 냈지만 모두 나이가 많다며 받아주지 않았다. 취업을 포기해야겠다고 생각한 시점에 한 중견기업에서 그를 채용했다. 그는 처음에 열심히 일했다. 직장상사들은 그가 빠르게 승진해 일정한 시간이 지나면 자기 나이에 맞는 자리를 찾아갈 수 있을 것이라고 기대했다. 그러나 그는 3년이 채 안 돼 직장을 옮겼다. 열심히 하면서 성과를 내자 주변에서 손을 내민 것이다. 상사와 동료들이 강하게 만류했지만 그는 막무가내였다.

그런데 그는 몇 달 만에 자신이 전에 재직했던 회사의 상사를 찾아왔다. 자기가 판단을 잘못했으니 다시 받아달라고 부탁한 것이다. 그가 옮겨 간 회사는 예상했던 것과 너무 달랐다. 직급이 높아졌고 연봉이 많아지긴 했지만, 근무 환경이 열악했고 기업문화가 너무 전근대적이었다. 그는 도저히 이 회사에서 장래를 도모할 수 없다고 판단했다.

옮겨 가는 회사에 대한 정보를 잘못 파악해 이직에 실패하는 경우는 부지기수다. 이직에 관심을 갖는 시기는 대개 현재의 직장생활에 불만을 가질 때다. 따라서 냉정하게 판단하기 어렵다. 가끔 감정이 격해져 충동적으로 이직하는 사람들을 보게 되는데 그렇게 해서 성공할 가능성은 크지 않다.

현재 자신이 맡은 일을 잘 모르는 것도 이직 과정에서 정보를 잘못 판단하는 요인 중 하나다. 일정한 시간 동안 업무에 충실하다 보면 자연스럽게 주변을 볼 수 있는 눈이 생긴다. 이런 눈을 갖고 있어야 자신이 언제, 어디로 어떻게 옮길지 판단할 수 있다. 전문가들이 "한 회사에서 최소 3년은 근무한 뒤 이직을 추진하라"고 권하는 것도 이 때문이다. 3년 정도 지나야 자신의 다음 경력을 보는 눈이 만들어진다.

나이가 들수록 정서적 신뢰를 확보하는 데 시간이 걸린다

이직에서 실패하는 두 번째 유형은 옮겨 간 직장에서 쉽게 신뢰를 확보하지 못하는 사람들이다. 아무리 좋은 조건으로 직장을 옮겨도 새 직장에서 적응하지 못하면 의미가 없다. 그런데 직장에서 적응하려면 동료들의 신뢰를 확보해야 한다. 이들의 신뢰를 얻지 못하면 조직에서 성장하기 어렵다. 따라서 이직할 때 자신이 옮겨 간 직상에서 얼마나 빠르게 신뢰를 얻을 수 있는지 따져봐야 한다.

그런데 신뢰는 크게 둘로 나뉜다. 하나는 머리로부터 시작되는 인지적 신뢰다. 인지적 신뢰는 사람의 업무지식과 기술, 성과, 책임감, 리더십에 관한 것이다. 어떤 사람이 업무를 빠르고 완벽하게 처리하고, 지적이고, 수미일관하다면 사람들은 그를 신뢰하게 된다. 다른 하나는 정서적 신뢰다. 이것은 마음으로부터 시작된다. 친밀감이나 공감, 우정처럼 어떤 사람과 가까워졌을 때 생긴다. 내가 상대방에게 갖고 있는 감정을 상대방도 나에 대해 똑같이 느끼고 있음을 확인할 때 신뢰감이 생긴다.

직장에서 필요한 신뢰는 기본적으로 인지적 신뢰다. 따라서 인지적 신뢰를 빨리 확보할 수 있는 조건을 갖추지 못한 사람들은 이직에 신중할 필요가 있다. 다시 말해 자신의 학력이나 경력, 업무지식이 부족한 사람들은 옮겨 간 직장에서 인지적 신뢰를 빨리 얻기 어렵다. 특히 브랜드가 강한 기업에서 일하던 사람들은 옮겨 간 직장에서 전 직장의 후광이 사라진다는 점을 감안해야 한다. 입사 과정에서 전 직장의 브랜드가 상당한 영향력을 발휘하지만, 옮기고 나면 거품은 금방 걷힌다. 따라서 자신의 맨얼굴로 사람들을 대해야 하기 때문에 업무 능력이 뒤지면 신뢰를 얻기 어렵다.

마찬가지로 정서적 신뢰를 확보하는 데 어려움을 겪는 사람들도 직장을 옮길 때 신중해야 한다. 사교성이 부족한 사람이나 옮겨 갈 회사의 기업문화가 폐쇄적이라면 정서적 신뢰를 확보하는 데 어려움을 겪을 수 있다. 특히 나이가 들수록 정서적 신뢰를 확보하는 데 많은 시간이 걸린다는 점을 감안해야 한다.

물론 신뢰는 기업에 따라 중요성이 달라진다. 하버드 비즈니스 스쿨의 로이 추아(Roy Chua) 교수가 중국인과 미국인 임원들을 대상으로 조사한 결과 미국인과 중국인의 차이는 상당히 컸다. 비즈니스에서 미국인들은 인지적 신뢰와 정서적 신뢰를 엄격하게 구분한 반면, 중국인들은 두 가지

형태의 신뢰를 연결해 파악하고 있었다. 추아 교수는 "미국인은 업무와 감정을 구분하는 오랜 전통을 가지고 있지만, 중국인의 경우 정서적 신뢰와 인지적 신뢰가 상호작용한다"고 분석했다. 따라서 비즈니스 관계일수록, 그리고 서구 문화가 강할수록 인지적 신뢰가 중요하다.

이직에도 때가 있다

───────

이직에 실패하는 세 번째 유형은 시기를 잘못 고르는 사람들이다. 앞서 이야기한 대로 이직에서 성공하기가 쉽지 않다. 많은 사람들이 상황에 밀려서 제대로 알아보지 못한 채 성급하게 이직하다가 어려움을 겪는다. 그러나 이것저것 따지고 재느라 너무 시간을 끌다 기회를 놓치는 사람들도 이들 못지않게 많다.

대표적인 경우가 30대 후반, 40대 초반 직장인들의 '영입형 이직'이다. 영입형 이직은 현재의 직장생활에 큰 문제가 없지만 다른 회사가 영입을 제의해 이직하는 것이다. 30대 중반에 접어들면 업무 능력이 뛰어나고 성과를 잘 내는 직장인들은 종종 영입 제안을 받는다. 그런데 헤드헌터나 회사의 인사 담당자들이 영입 제안을 하면 거두절미하고 거절하는 직장인들이 많다. 심지어 화를 내는 사람들도 있다. 그러나 관심이 없다고 무턱대고 거절할 일이 아니다. 이 기회에 자신의 현재 상황과 미래를 생각해보는 것도 나쁘지 않다.

특히 30대 후반에서 40대 초반의 직장인이라면 자신이 어디에서 임원을 할 것인지 항상 염두에 두고 있어야 한다. 기업에서 임원이 되지 못하면 장기근속이 어렵다. 정년이 60세로 연장됐지만 임원으로 승진하지 않고 정년까지 직장생활하는 사람은 별로 없다. 임원으로 승진한 동기나 후배 밑에서 지내기가 쉽지 않기 때문이다. 기업들도 직간접적으로 임원 승진이 안 된 사람들에게 퇴사 압력을 가한다. 따라서 임원이 될 곳을 찾아 그곳에서 승부를 봐야 한다. 현재의 직장에서 임원 승진이 어렵다면 당연히 직장을 옮겨야 한다.

그런데도 많은 직장인들이 "아직 먼 얘기니 만큼 지금부터 고민할 일이 아니다"라거나 막연하게 "나도 임원이 될 수 있다"고 생각한다. 설령 임원이 안 되더라도 그때 가서 이직하면 되는 것 아니냐고 말한다. 그러나 대개 40세 전후가 되면 임원 승진에 대한 사내 평가는 거의 정해져 있다. 이 평가는 오랫동안 직장생활을 하는 과정에서 내려진 것이어서 웬만큼 노력해서 바뀌지 않는다. 따라서 누군가 영입 제안을 하면 냉정하게 자신의 임원 승진 가능성을 타진해보는 게 좋다.

승률이 90%일 때 움직이면 너무 늦다

모든 일에는 때가 있다. 너무 빨라도 안 되지만 너무 늦어도 안 된다. 그렇다면 언제가 적기일까? 손정의 일본 소프트뱅크 회장은 "승률이 70%일 때"라고 말한다. 그는 왜 70%인지에 대해 이렇게 설명한다.

"승패의 확률이 반반일 때 싸움을 거는 자는 어리석다. 승률이 10%나 20%라면 말할 필요도 없다. 그러나 반대로 승률 90%가 70%보다 좋다고 생각하지 않는다. 승률이 90%가 되었을 때 움직이면 너무 늦기 때문이다.

승률 90%를 추구하면 이론상으로 싸움의 진영을 완벽히 갖출 수 있다. 하지만 막상 용기를 내어 참전했을 때 이미 싸움이 끝난 뒤일 수 있다."

이직도 마찬가지다. 성공 가능성이 낮으면 추진하지 말아야 한다. 적어도 70%까지 성공할 것이라는 확신을 갖고 추진해야 한다. 그러나 성공 가능성이 80~90%로 높아질 때까지 기다리겠다는 생각도 현명하지 않다. 그때 시작하면 너무 늦어 기회를 놓칠 가능성이 많다. 문이 닫힌 뒤 뒤늦게 문을 두드리는 꼴이 될 수 있다.

그렇다면 성공 확률은 어떻게 판단할까? 정보를 수집하기 위해 백방으로 뛰어도 정확한 정보를 구하기란 참 어렵다. 그런 점에서 객관적 판단을 위해 최대한 노력해야 하겠지만, 결국 판단은 본인이 할 수밖에 없다. 손정의 회장은 이렇게 강조한다.

"승률 70%는 자신의 주관으로 판단하는 것이다. 그래서 '이제 승률이 70%는 되겠구나'라고 혼자 생각하고 그대로 믿어버리는 경우가 많으니 조심해야 한다. 경솔하게 70%라고 착각하면 안 된다. 틀림없이 70% 이상이라는 확신이 있어야 한다. '어쩌면 70%일지도 몰라'가 아니다. 생각하고 또 생각해도 같은 결론이 나오는 70%여야 한다. '이 정도면 70%겠지' 하는 가벼운 마음으로 결정하면 오히려 실패할 가능성이 크다."

66

'경력단절 여성'들은
업무 집중에 대한
기업의 의구심을 해소해야 한다.

99

단절된 경력을 잇는
네 가지 팁

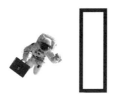

　30대 중후반은 각자의 사정으로 직장을 떠났던 사람들이 복귀를 꿈꾸는 시기다. 그러나 직장으로 다시 돌아가는 일은 생각보다 어렵다. 경력 공백을 극복하기가 쉽지 않기 때문이다. 기업들은 짧게는 2~3년, 길게는 10년 이상 경력에 공백이 생긴 사람들의 업무역량에 의구심을 갖는다. 또 조직생활에 잘 적응할 수 있을지에 대해서도 의심의 눈초리를 보낸다.

　따라서 경력 공백을 갖고 있는 사람들이 원하는 직장을 얻으려면 이러한 장벽을 넘어서야 한다. 특히 출산과 육아 때문에 직장을 그만둔 이른바 '경력단절 여성'들은 업무 집중에 대한 기업의 의구심을 해소해야 한다. 기업들은 경력단절 여성들 가운데 상당수가 입사 이후에도 여전히 가사에서 빠져나오지 못한 채 업무에 몰입하지 못하는 경우를 수없이 봐왔기 때문이다.

원하는 분야로 바로 진입해야 한다

경력 공백을 딛고 직장생활에 성공적으로 안착하려면 우선 복귀할 때 곧바로 자신이 원하는 분야에 진입해야 한다. 직항로를 택해야 한다는 얘기다. '호랑이를 잡으려면 호랑이 굴에 들어가야 한다'는 말처럼 원하는 분야의 직무로 복귀하려면 어떻게 해서든 그 분야에 발을 들여놓아야 한다.

분야를 고려하지 않고 일단 입사한 뒤 원하는 분야로 단계적으로 옮겨 가겠다고 생각할 수도 있다. 재취업이 어려운 상황에서 이것저것 가리기보다 어떻게 해서든 직장생활을 시작하는 데 우선순위를 두겠다는 것이다. 그러나 나이가 들고 경력 공백이 있는 사람들이 직장을 자주 옮기는 것은 상당히 어렵다. 이론적으로 가능할 수 있어도 현실적으로는 쉬운 일이 아니다. 따라서 일단 한 분야에 발을 들이면 그 분야가 앞으로 커리어를 규정하는 틀로 작용할 가능성이 크다. 그런 점에서 처음부터 원하는 분야로 진입해야 하며 가급적 목표로 삼은 기업에 들어가야 한다. 그곳에서 직장생활을 마칠 것이라는 각오로 임해야 한다.

물론 원하는 분야, 그것도 원하는 직장에 들어가려면 많은 것을 포기해야 한다. 입사하는 것만으로 만족하고 나머지는 입사한 뒤 노력해서 얻겠다고 생각해야 한다. 연봉이나 직급, 직책이 만족스럽지 못해도 감수해야 한다. 이렇게 원하는 것을 얻기 위해 나머지는 과감하게 포기하는 '선택과 집중 전략'을 철저히 따를 때 성공 가능성이 높아진다.

혹시라도 연봉과 직급, 직책 가운데 어느 한쪽을 선택할 수 있는 기회가 주어진다면 직급과 직책을 우선하는 게 좋다. 장기적으로 연봉은 직급과 직책을 따라가기 때문이다. 직책 역시 직급의 영향 아래 있다. 따라서 직급을 가장 중요하게 고려하고 그 다음 직책에 관심을 갖는 게 맞다. 가끔씩 연봉에 더 관심을 쏟는 사람들을 보게 된다. 그러나 단기적으로 연봉 수준이 마음에 들어도 직급과 직책에서 발전 가능성이 부족하면 직장생활을 만족스럽게 지속하기 어렵다.

적당히 한다는 생각을 버려야 한다

두 번째로 염두에 둬야 할 것은 '적당히 한다'는 생각을 버려야 한다는 점이다. 경력 공백을 갖고 있는 사람들을 바라보는 채용 담당자들의 시선은 온통 의심으로 가득 차 있다. 면접관들은 가사와 육아에 얽매이지 않고 업무에 전력할 수 있는지를 확인하기 위해 집요한 질문 공세를 펼친다. 이 과정에서 많은 지원자들이 무너진다. 면접관들의 의구심을 너무 가볍게 생각하고 무심코 답변하는 과정에서 속마음을 드러내기 때문이다.

지원자들 중 어떤 사람은 입사지원 과정에서 퇴근은 몇 시에 하는지, 야근은 얼마나 잦은지, 휴가는 자유롭게 쓸 수 있는지, 휴일에도 근무해야 하는지, 지방이나 해외출장이 잦은지 등을 물어본다. 일과 삶의 균형을 따져보려는 것이다. 지원자 입장에서 궁금할 법한 내용들이니 물어보는 것은 지극히 자연스럽다. 그러나 이런 질문을 듣는 채용 담당자는 업무에 큰 관심 없이 적당히 직장생활하려는 것이 아닐까 하는 의구심을 갖게 된다. 직무에 대한 질문은 거의 없고 보상이나 근무 강도, 복리후생에만 신경을 쓰는 모습은 채용 담당자를 걱정하게 만든다.

기업은 입사 전형 과정에서 철저하게 '회사의 성과에 얼마나 기여할까'

를 따진다. 회사가 원하는 성과를 만들어낼 수 있는지, 투입에 걸맞은 결과를 도출할 것인지를 계산한다. 후보자들이 아무리 자신의 유능함을 설명해도 그 유능함이 성과로 이어지기 어렵거나, 결과물이 투입비를 밑돌 것이라는 평가가 내려지면 면접관은 미련 없이 자리를 털고 일어선다.

경력공백을 갖고 있는 사람들이 기업의 기대를 충족하는 결과를 만들려면 상당 기간 동안 업무에 몰입해야 하고 남들보다 많이 노력해야 한다. 면접관들은 후보자로부터 이 점을 확인하려고 한다. 만약 적당히 직장생활을 할 것 같다는 우려가 해소되지 않으면 아무리 학력과 경력이 좋아도 뽑지 않는다. 오랜 기간 경력공백 상태로 있던 사람들이 공과 사를 구분하지 못하거나 제한적으로 일하면서 이기적으로 처신하는 것을 경험했기 때문이다. 따라서 지원자들은 자신이 준비돼 있고, 일하려는 의욕이 충만하며, 남들보다 훨씬 더 노력할 것이라는 점을 면접관이 느끼게 해야 한다.

이를 위해서 치밀한 준비가 필요하다. 경력공백이 오래 지속되면 아무래도 공백의 잔재가 남아 있을 수밖에 없다. 가끔 인터뷰 때 옷차림이나 말투에서 자영업자나 주부의 인상을 강하게 풍기는 사람들이 있다. 면접관들은 이들이 일할 준비가 안 돼 있다고 생각한다. 따라서 본격적으로 경력을 이으려 나서기 전에 먼저 스타일을 관리하고 사람들과 교류를 강화해서 오랜 공백의 냄새를 지워야 한다.

나이에 맞게 역할을 해야 한다

세 번째로 강조하고 싶은 것은 역할과 책임의 눈높이를 자신의 나이에 맞춰야 한다는 점이다. 경력 공백이 있는 사람들은 자신의 나이에 맞는 대접만 기대할 게 아니라 나이에 걸맞은 책임과 역할을 보여줘야 한다. 이들은 직장 복귀에 성공하더라도 공백 때문에 자신과 나이가 비슷한 동료들보다 직급이 낮을 수밖에 없다. 또 같은 나이의 동료에 비해 업무 경험이 적으니 권한과 책임도 상대적으로 적다. 그런데 이 같은 직급과 직책 때문에 문제가 생기기도 한다.

우선 본인이 그런 상황을 못 견디는 경우가 많다. 눈높이가 같은 나이의 동료 수준에 맞춰져 있다 보니 역할과 권한이 적고 조직 내 위상이 낮은 것을 불만스러워하는 것이다. 일부 사람들은 입사한 지 얼마 지나지 않아 동료들에게 불편한 상황을 조성하기도 한다. 특히 같은 나이의 동료가 자신의 상사로 있게 되면 업무에 몰입하지 못하는 사람도 있다. 자신이 맡은 역할이나 책임에 비해 권한이나 위상에 대한 기대치가 더 높기 때문이다.

일부 인사들은 "마음을 비웠기 때문에 나이 어린 상사와 일하는 데 아무 문제가 없다"고 주장한다. 그러나 "마음을 비웠다"는 말은 "적당히 일하겠다"는 뜻이기도 하다. 마음을 비웠기 때문에 자리에 연연하지 않을 수 있다는 뜻이지만, 일 욕심을 내지 않겠다는 의미도 담고 있다. 게다가 자신만 그런 자세로 일한다고 해서 문제가 없는 게 아니다. 자신은 나이 어린 상사와 일하는 데 문제가 없을지 몰라도 상사는 나이 많은 부하 직원과 일하는 것을 불편해하기 때문이다. 대부분의 상사들은 같은 조건이라면 한 살이라도 적은 부하직원을 선호한다.

결국 해법은 하나뿐이다. 자기 나이에 맞는 자리를 찾아가는 것이다. 앞에서 연봉보다 직급이 중요하다고 말한 것도 그래서다. 나이에 맞는 직급과 직책을 맡는 것은 안정적 직장생활에 매우 중요한 요소다. 50대인데도 아직 과장이라면 그의 직장생활이 과연 순탄할 수 있을까?

가족의 지원이 필요하다

마지막으로 직장에 복귀하기 전에 가족들의 동의를 받아야 한다. 앞서 말한 대로 경력공백을 딛고 안정적인 직장생활을 하려면 자신의 나이에 적합한 직급과 직책을 맡아야 한다. 그런데 업무경험이나 지식이 부족한 상태에서 나이에 맞는 직급과 직책이 쉽게 주어질 리 만무하다. 설령 주어지더라도 성공적으로 역할을 수행하기 쉽지 않다. 따라서 최대한 빨리 자신의 나이에 맞는 직급과 직책을 맡을 만큼 업무능력을 갖춰야 한다. 이를 위해서 남들보다 더 많이 투입해 경력공백에 따른 업무능력 격차를 따라잡는 수밖에 없다. 직장에 복귀해 성공적으로 정착한 사람들이 복귀 초반에 자기 시간의 대부분을 업무에 쏟는 것도 이 때문이다.

이런 생활은 십중팔구 가정을 소홀히 대하게 만든다. 따라서 가족들의 동의와 지원이 없으면 이 과정을 감당하기가 쉽지 않다. 수많은 난관을 넘어서 직장에 복귀한 경력단절 여성들의 상당수가 안착에 실패하는 이유도 여기에 있다. 웬만큼 하면 직장생활을 잘해낼 것으로 생각했는데 예상보다 훨씬 많은 투입이 요구되기 때문이다.

가끔 양쪽의 압력을 견디지 못한 채 다시 가정으로 돌아가는 여성들을 보곤 한다. 대부분 가족의 이해와 동의 없이 업무에 주력하다가 가족들의 반발에 부닥친 사람들이다. 이들은 업무역량이 부족해 투입 시간을 줄이면 성과를 내기 어렵다. 그래서 업무 투입 시간을 줄이지 못한 채 패배감과 아쉬움에 휩싸여 가정으로 다시 돌아가게 된다. 만약 이들이 가족의 지원을 받았다면 안착에 성공할 수도 있었을 것이다. 지켜보는 동료 직원들은 안타까워하지만 성과를 생각하면 무턱대고 잡을 수도 없다.

경력공백을 딛고 직장 복귀를 원한다면 기업 경영자뿐 아니라 같이 일하는 동료들에게 매력적인 존재가 되어야 한다. 재취업 시장에 뛰어든다는 것은 자신을 상품으로 시장에 내놓는다는 뜻이다. 구매자인 기업이 자신에게 매력을 느끼지 못하면 복귀는 어려워진다. 따라서 어떤 식으로든 자신의 매력도를 끌어올려야 한다.

중요한 것은 기업이 원하는 게 성과라는 사실이다. 성과창출 능력이야말로 기업이 원하는 최고의 매력이다. 따라서 매력도를 높이는 길은 기업의 임직원들에게 자신이 성과를 낼 수 있는 인재라는 확신을 심어주는 것이다. 이것은 미사여구로 해결될 일이 아니다. 오로지 많은 노력과 준비로만 해결할 수 있다.

66

남과 견주어 생각하지 말고
오로지 자신에게 집중해야
행복해질 수 있다.

99

다른 사람의 이야기로는
감동을 줄 수 없다

"우리는 언제쯤 행복해질 수 있을까?"

가끔씩 인터넷에서 30대 직장인들이 푸념과 하소연 삼아 올린 글들을 보게 된다. 20대를 지나 30대에 들어서면 안정과 행복을 느낄 수 있을 것이라고 기대했는데, 서른 살이 넘었는데도 상황이 달라지지 않고 있다는 것이다. 이들은 이구동성으로 답답함과 불안감을 토로한다. 직장생활 초기에 업무에 익숙하지 않아서 그런 것일 뿐 시간이 지나면 나아질 것이라고 생각했다. 그러나 시간이 많이 지났는데도 달라질 기미가 보이지 않는다고 호소한다.

30대 직장인들이 불안하고 우울해하는 것은 자기 길을 걷지 않고 있기 때문이다. 사람은 자기 길을 걸을 때 행복하다. 자신에게 익숙한 생활 조건에서 자신이 원하는 삶을 살아갈 때 행복감을 느낀다. 가끔씩 여행에서 돌아와 자기 집 문을 열어 들어섰을 때 느낌은 말로 표현하기 어렵다. 모임에 참석하고 돌아온 뒤 외출복을 벗고 평상복으로 갈아입었을 때 얼마나 마음이 편한가? 글을 쓸 때도 다른 사람의 논리를 억지로 갖다 붙이면 글이 엉키고 말이 꼬인다. 그러나 자신이 잘 아는 주제를 자기 방식대로 풀면 막힘이 없다. 글이 쉽게 읽히는 것은 물론이고 진정성이 묻어나 설득력도 강해진다. 대부분의 강사들은 "내 경험을 이야기를 할 때 청중들이 몰입하는 것을 느낀다"고 말한다.

아직도 다른 사람이 원하는 길을 걷는다

직장생활도 마찬가지다. 아무리 연봉이 많고 복리후생이 잘돼 있어도 일이 자신에게 맞지 않으면 직장생활이 퍽퍽하다. 그 직장이 선망의 대상이라고 해도 결코 행복할 수 없다. 반대로 오랫동안 같이 근무해 호흡이 잘 맞는 사람들과 함께 자신이 즐겨 할 수 있는 일을 하면 참 행복하다.

그러나 30대 직장인들 가운데 상당수는 아직도 자기 길이 무엇인지 모른다. 경험이 부족해서 자기 길이 무엇인지 알지 못하는 것이다. 그러다 보니 많은 직장인들이 다른 사람이 원하는 길을 걷고 있다. 이들 중 일부는 아직도 부모의 영향력을 벗어나지 못한 채 부모가 원하는 삶을 살고 있다. 자신이 즐겁게 할 수 있는 일이 아니라 주변 사람들이 선망하는 일을 하고 있는 것이다.

내가 아는 어떤 직장인은 30대 중반이 지나서야 직장생활을 시작했다. 대학에서 법학을 전공한 그는 10년 넘게 '고시인생'을 살았다. 대학 내내 사법고시를 준비했고 군대에 다녀온 뒤에도 몇 년간 시험을 봤다. 그는 사법고시에 연거푸 실패하자 시험 종류를 바꿨다. 그런데 행정고시는 물론이고 6급 공무원시험에도 떨어졌다.

사법고시 1차에 두 번씩이나 붙었던 그가 6급 시험에도 떨어진 것은 의욕이 꺾였기 때문이었다. 그는 의욕을 잃은 지 한참 지났지만 부모의 기대를 저버릴 수 없어 억지로 시험공부를 계속했다. 그는 아버지가 갑자기 돌아가시자 그제야 고시 인생에서 벗어날 수 있었다. 그는 어머니의 생계를 책임져야 한다는 현실적 이유를 들어 직장을 알아보기 시작했다.

직장인들이 불안하고 우울한 또 다른 이유는 자기가 좋아하는 삶이 무엇인지 알 것 같지만 현실적으로 도전할 용기가 나지 않기 때문이다. 대학을 졸업한 뒤 직장생활을 몇 년 하다 보면 자신이 무엇을 좋아하고 어떤 일을 잘하는지 대략 알게 된다. 그러나 그런 일이나 직장을 얻기는 쉽지 않다. 우선 현재의 일과 직장을 떠나야 한다. 또한 어렵게 얻은 직장, 힘들게 습득한 업무지식을 간단히 포기하기가 쉽지 않다.

게다가 새로운 일과 직장을 얻으려면 많은 노력과 시간이 필요하다. 현재의 일과 직장을 포기한다고 해도 원하는 일과 직장을 얻는다는 보장이 없다. 가능성만 있을 뿐 확신이 없으니 도전이 말처럼 쉽지 않다. 망설이고 또 망설이게 된다. 그러나 그렇게 망설이는 시간이 길어지면 불만과 자조와 불안이 안개처럼 피어오른다. 도전하자니 불안하고, 중단하자니 미래가 없는 상황이 지속되면 자신감이 사라지고 만다.

얼마 전에 만난 중견기업의 대리도 이런 상황에 처해 있었다. 그는 대학에서 경영학을 전공한 뒤 대기업의 재무회계 담당으로 근무하고 있었다. 그런데 직장생활에서 재미를 못 느껴 답답했다. 남들이 선호하는 대기업에서 재무회계 담당자로 근무한다는 점을 제외하면 그에게 직장은 도통 매력이 없었다. 그는 대학에서도 재무회계를 별로 좋아하지 않았다. 그렇지만 취업에 유리하다고 생각해 재무회계를 열심히 공부했고 덕분에 대기업 입사에 성공했다. 그러나 그가 하고 싶은 일은 다른 데 있었다. 대학 때 동아리 활동을 하면서 경험했던 큐레이터는 그의 마음을 흔들어놓았다. 그러나 당시만 해도 큐레이터는 안정된 직업이 아니었고 그가 들어갈 수 있는 직장도 별로 없었다.

그런데 시간이 지나면서 상황이 달라졌다. 큐레이터가 조금씩 조망을 받기 시작했다. 작지만 제법 체계를 갖춘 회사도 등장했다. 그는 시간 나는 대로 그 분야를 공부했다. 그러나 직업과 직장을 바꿀 용기가 나지 않았다. 다니고 있는 직장은 연봉이나 복리후생이 만족스러웠다. 이런 직장을 그만두고 큐레이터로 변신한다는 것은 모험이었다. 그는 지속적으로 정보를 수집하고 여러 사람들에게 의견을 구했다. 그러나 아직까지도 진로 변경에 확신을 주는 사람이 없다.

하고 싶은 일은 이미 알고 있다

직장인들의 불안정을 해결하는 근본적 방법은 하루라도 빨리 자신의 길을 걷는 것이다. 남의 생각이 아니라 자신의 생각대로 자기 삶을 꾸려가는 것이다. 만약 30대 중반에 들어서도 "아직 내 길이 무엇인지 모르겠다"거나 "길을 알긴 알겠는데 확신이 부족하다"라고 말한다면 더 이상 "행복하지 않다"고 이야기하지 말아야 한다. 그런 사람들은 자신이 불행과 불안을 즐기는 사디스트거나 우유부단한 성격의 소유자인지 돌아봐야 한다. 30대 중반이면 자신이 어떤 사람이고 자신의 길이 무엇인지 충분히 알 수 있는 나이이기 때문이다.

물론 30대 중반에도 자신의 길이 무엇인지를 자신 있게 이야기하기 어려울 수 있다. 어떤 사람들은 "50대에 들어서야 내 길이 무엇인지 알게 됐다"고 이야기한다. 공자도 50세에 하늘의 명을 깨달아 알게 됐다(지천명, 知天命)고 말했다. 그러나 공자가 말하는 천명은 '하늘의 뜻을 알아 그에 순응하거나 하늘이 만물에 부여한 최선의 원리를 안다'는 뜻이다. 그 전까지 주관적 시각에 빠져 있었지만 50세가 되면서 객관적이고 보편적인 시각을 갖게 됐다는 것이다. 직장인들이 고민하는 자신의 길은 공자가 30세에 뜻이 확고하게 섰다고 회고한 '이립(而立)'과 관련돼 있다.

직장인들이 "내 길을 모르겠다"거나 "확신이 부족하다"라고 말하는 것은 도전에 따른 위험을 감수하고 싶지 않다는 뜻이다. 물론 경험을 더 많이 하고 확신이 강해지면 도전하는 데 용기를 낼 수 있다. 그러나 좀 더 경험하고 확인한다고 해서 얼마나 달라질까? 바다가 아무리 잔잔해도 호수 같을 수는 없다. 조금만 더 날이 밝기를 기다리다간 잘못하면 새벽을 놓치게 된다.

미국 마이애미 특성화고등학교 교사였던 다비드 메나세는 뇌종양이 악화해 수업이 불가능해지자 치료를 중단하고 제자들을 찾아 나섰다. 그는 34세에 뇌종양 말기 판정을 받았지만 교사 생활을 계속해왔다. 그러나 두 눈은 한가운데만 볼 수 있고 왼팔과 다리가 마비돼 지팡이를 짚어야만 걸을 수 있게 되자 혼자서 여행을 떠나기로 한 것이다. 병실에서 약과 의료장치에 의존하다 생을 마감하느니, 생명이 단축되더라도 자신의 방식대로 살겠다고 결정했다. 그는 여행 중 객사할 수도 있다고 생각했다. 그러나 그는 살 수 있을 때 제대로 사는 길을 선택하겠다며 배낭만 짊어지고 길을 떠났다.

그는 미국 남동쪽 마이애미에서 출발해 서쪽 끝 샌프란시스코까지 가는 101일 동안 31개 도시를 다니며 자신이 15년간 가르쳤던 75명의 제자를 만났다. 그는 자신의 교육이 제자들의 인생에 어떤 영향을 미쳤는지 알고 싶었다. 그리고 그는 제자들에게서 "현실에 안주하지 말고 진짜 하고 싶은 일을 하라"는 자신의 가르침이 의미가 있었다는 사실을 확인했다. 그의 제자들은 학교를 떠난 뒤에도 "다른 사람의 요구가 아니라 자신의 목소리에 귀를 기울이고, 진짜 자기 모습을 발견하고, 스스로 원하는 삶의 방향을 설정해나가라"는 자신의 가르침을 잊지 않고 있었다. 그는 자신의 여행기를 책으로 엮은 『어느 교사의 마지막 인생 수업』에서 인간은 죽음을 앞두고도 성장할 수 있다는 것을 잘 설명하고 있다. 여행은 그의 삶을 단축하는 대신 더 행복한 삶으로 이끌었다. 그를 최악의 밑바닥에서 인생의 정점으로 끌어올린 것이다.

다른 사람을 따라 해서는 절대 행복해질 수 없다

사람은 다른 사람을 따라 하는 것으로 절대 행복해질 수 없다. 다른 브랜드를 따라 하거나 모방하는 것으로 독자 브랜드를 구축할 수 없는 것처럼, 다른 사람의 생각대로 살다 보면 평생 그렇게 살게 된다. 그러므로 완전히 확인되지 않았더라도 어느 순간 용감하게 길을 벗어나 자기의 길을 가야 한다. 자신의 방식대로 자기 삶을 개척해나가야 한다.

우리는 누구나 '어떤 사람보다 좀 더 나은 삶'이 아니라 '누구와도 견줄 수 없는 자신만의 삶'을 선택할 수 있다. 단지 그렇게 못하는 것은 선택에 따른 위험을 감수하려 하지 않기 때문이다. 그러나 감동적인 삶을 산 사람들은 모두 자신의 길을 걷는 데 따른 주변의 시선을 감수했다.

나는 직장인들에게 더 이상 다른 사람의 말에 신경 쓰지 말고 자기 길을 가라고 권하고 싶다. 우리가 언제까지 다른 사람의 눈치를 보며 그들의 기대에 부응하기 위해 살 수는 없다. 10년 뒤에도 여전히 다른 사람의 이야기를 하지 않으려면 안전 제일주의에서 벗어나야 한다. 지금부터라도 자기 이야기를 시작해야 한다. 남과 견주어 생각하지 말고 오로지 자신에게 집중해야 행복해질 수 있다.

> **❝**
> 강력한 브랜드는
> 명쾌함과 일관성과 지속성을 지니고 있다.
> 뛰어난 커리어 브랜드도 마찬가지다.
> **❞**

세상 단
하나뿐인 이력서

　헤드헌팅회사에서 일하다 보니 많은 사람들로부터 이력서를 받게 된다. 그런데 받은 이력서 가운데 한눈에 봐도 참 매력적이어서 만나보고 싶은 사람은 생각보다 많지 않다. 이력서의 주인공들은 대개 자신이 다른 사람과 차별적 경험을 갖고 있는 특별한 존재라고 주장한다. 그러나 내가 보기에 다른 사람들과 큰 차이가 없다. 시장에 진열돼 있는 과일들이 모두 비슷해 보이는 것과 마찬가지다. 재배한 사람들은 재배한 장소나 방법이 다르고 모양이나 맛, 향기가 서로 다르다고 주장할지 모르지만, 소비자들의 눈에 모두 같은 과일일 뿐이다.

　그래서 대부분의 기업 채용 담당자들은 자꾸 새로운 이력서를 찾게 된다. '저녁 메뉴거리를 찾기 위해' 시장 이곳저곳을 둘러보는 사람들의 심정과 비슷하다. 그러다가 매력을 발산하는 차별적 이력서를 보게 되면 당장 연락해 어떤 사람인지 확인하고 싶어진다.

차별화는 이력서를 잘 꾸미는 게 아니다

직장을 얻으려는 사람들은 차별적 이력서가 채용 담당자들의 주목을 받는다는 것은 잘 알고 있다. 그래서 이력서 작성법을 가르쳐주는 강좌를 들어가며 자신의 이력서를 남과 다르게 꾸미려고 노력한다. 어떤 사람들은 전문가들에게 많은 돈을 주고 이력서 작성을 부탁하기도 한다. 면접장에 독특한 옷차림이나 헤어스타일로 나타나기도 하고, 면접관의 질문에 차별적 답변을 하려고 무던히 애를 쓴다. 이런 노력들이 헤드헌터나 채용 담당자들의 주목을 끄는 데 도움이 될 수는 있다. 그러나 이것만으로 이력서를 차별화하는 것은 한계가 있다.

몇 해 전, 황당한 일을 경험한 적이 있었다. 최종 면접까지 통과해 근무하고 있는 후보자의 학력과 경력이 모두 가짜로 밝혀졌기 때문이다. 본인이 제출한 졸업증명서와 재직증명서는 모두 위조된 것이었다. 나중에 확인해보니 그는 과거에도 여러 번 학력과 경력을 위조했다. 그를 채용했던 곳은 대부분 내로라하는 한국의 대기업이나 다국적 기업이었다. 이들 기업들은 그를 채용했다가 위조 사실이 밝혀지자 책임 문제가 발생할 것을 염려해 조용히 그를 내보냈다.

후보자는 이번에도 이전과 전혀 다른 학력과 경력을 제시하는 방식으로 컨설턴트와 기업의 인사 담당자를 감쪽같이 속였다. 컨설턴트는 후보자가 최종 인터뷰를 통과하자 평판조회와 각종 증명서를 통해 후보자에 대한 검증 절차를 진행하려 했다. 그런데 고객 기업은 검증 결과를 기다리지 못했다. 회사의 명운을 가를 만큼 중요한 사업인데도 사업 책임자가 자리를 비운 지 반년이 다 되도록 후임자를 찾지 못했기 때문이었다. 더구나 회사의 경영진들은 그를 보고 한눈에 반했다. 후보자의 학력과 경력이 워낙 화려했고 인터뷰 결과도 만족스러웠던 것이다. 인사팀은 헤드헌팅회사의 검증 절차가 끝난 뒤 결정하자고 주장했으나, 경영진은 후보자를 곧바로 출근시키라고 지시했다.

헤드헌팅회사에서 일하다 보면 이렇게 자신의 이력서를 조작하는 사람들을 접하게 된다. 배우지도 않은 공부와 경험하지 않은 직무로 이력서를 꾸미는 것이다. 이들이 이렇게 위조라는 위험한 도박을 벌이는 것은 차별화의 효과를 잘 알기 때문이다. 헤드헌터나 채용 담당자들은 차별적 이력서에 환호한다. 그런데 학력이나 경력의 근본적 변화 없이 기술을 잘하는 것만으로 차별화에 한계가 있다. 아무리 경험이 많은 베테랑 요리사라도 원재료의 변화 없이 요리 기술만으로 다른 요리를 만들기가 쉽지 않은 것이다. 원재료 격인 후보자들의 학력과 경력이 비슷하면 요리인 이력서도 비슷할 수밖에 없다.

커리어 차별화는 고유의 가치를 브랜드로 만드는 것

———

그렇다면 자신만의 차별적 커리어를 만들려면 어떻게 해야 할까? 세상에 둘도 없이 단 하나만 존재하는 차별적 이력서를 쓰는 방법은 무엇일까?

후보자들의 커리어가 비슷한 이유는 무엇보다 인생관이나 가치관이 비슷하기 때문이다. 사람의 인생관이 같으면 아무리 다른 길을 걸으려 해도 큰 틀에서 보면 비슷한 길을 걷게 된다. 가려는 곳이 같은데 길이 다르면 얼마나 다르겠는가? 대개 목적지가 같으면 누가 더 빨리, 누가 더 안전한 길을 선택하느냐의 문제만 남게 된다.

따라서 자신만의 차별적 커리어를 만들려면 우선 삶을 바라보는 시각을 바꿔야 한다. 삶 자체가 다르지 않으면 대학이나 직장이 다르다고 해도 근본적으로는 같은 커리어인 셈이다. 반대로 삶의 지향이 다르면 학력과 경력이 비슷해도 전혀 달라 보인다. 그런 점에서 커리어 차별화는 마케팅의 문제가 아니라 철학의 문제인 셈이다. 어떻게 살 것인가에 대한 고민이 커리어의 차별화를 만들어내는 것이다.

한번은 비슷한 시기에 두 사람의 이력서를 접하게 됐다. 하나는 강연회에서 만났던 사람이 보낸 자신의 이력서였고, 다른 하나는 지인이 보낸 자기 아들의 이력서였다. 두 사람은 모두 서울의 사립대학에서 국어교육을 전공했다. 둘 다 교육회사를 다니고 있어서 얼핏 보기에 두 사람의 경력은 비슷했다. 그러나 자세히 살펴보니 커리어는 완전히 달랐다.

한 사람은 재학 중 이미 교사가 적성에 맞지 않아 사업 쪽으로 방향을 틀었다. 그는 대학 때 경영학을 부전공했고, 교육사업과 관련된 동아리 활동을 꾸준히 했다. 교육회사에서 인턴을 거쳤고 직장도 교육회사를 선택했다. 그는 내게 교육사업 전문가로 성장하려면 어떤 회사에서 경험을 더 쌓아야 하는지 조언해줄 것을 요청했다. 다른 사람은 아이들을 가르치는 것이 꿈이었다. 교육과 관련된 공부와 활동을 하면서 대학을 보냈다. 그가 교육회사에 들어간 것은 교사 자리를 구하지 못했기 때문이었다. 그러나 직장생활을 하면서도 아이들을 가르치는 것에 대한 꿈을 버리지 못하고 계속 시험을 봤다. 이런 이유 때문인지는 몰라도 그는 직장생활에 잘 적응하지 못했고 보다 못한 아버지가 아들의 직장을 알아봐달라고 이력서를 보내왔다.

이렇게 비슷한 학력과 경력을 갖고 있어도 어떤 삶을 살 것인지에 따라 전혀 달라진다. 사람은 비전을 향해 나아가게 마련이다. 삶의 방향이 정해지면 관심사가 변하면서 자연스럽게 말과 행동이 달라진다. 같은 직장을 다녀도 다른 직무를 맡게 되고 같은 직무를 담당해도 일하는 방식이 달라진다. 이렇게 보내는 시간이 길어지면 커리어가 달라지고 그에 맞는 브랜드가 만들어진다.

둘째, 자신이 만들려고 하는 차별적 커리어가 기업의 구매욕을 자극하는지 늘 살펴봐야 한다. 아무리 커리어를 차별화해도 사람들이 그것을 인정해주는 사람이 없으면 의미가 없다. 커리어는 기본적으로 시장에서 존재하는 개념이다. 다시 말해 수요와 공급이 존재하는 '잡 마켓(job market)'에서 통용되는 말이다. 따라서 차별적 커리어가 있어도 이를 필요로 하는 곳이 없다면 그 의미는 반감된다. 누군가 자신만의 차별적 커리어를 원할 때 그 커리어가 빛나는 것이다.

많은 사람들이 자신만의 차별적 커리어를 만들고 싶어한다. 그러나 왜 만들려고 하는지에 대해 깊이 고민하지 않는다. 그저 막연하게 좋다고 생각할 뿐이다. 인터뷰 때 무엇을 위해 그런 거리이를 구축했는지를 물으면 "깊이 고민해본 적이 없다"며 당황하는 사람들이 있다. 커리어는 기본적으로 수요자를 염두에 둔 개념이다. 어디에 쓸 것인지, 누가 구매할 것인지를 늘 생각해야 한다.

셋째, 차별적 커리어가 강한 매력을 발산하고 그 가치를 높게 평가받으려면 브랜드화해야 한다. 윌리엄 아루다와 커스틴 딕슨은 『차이의 전략』이라는 저서에서 "명품인재란 자신의 강점을 파악하고 그것을 극대화함으로써 남과의 차이를 만들어낸 사람, 그리고 자신을 그 차이를 대표하는 사람으로 브랜드화한 사람"이라고 주장한다. 즉, 자신을 그럴듯하게 꾸미는 것이 아니라 자신만의 가치를 발견해 강력한 브랜드로 발전시키는 것이 커리어 차별화다. 사람은 누구나 남이 흉내 낼 수 없는 고유한 가치를 갖고 있는데, 이 고유한 가치를 자신의 브랜드로 만드는 것이 커리어 차별화다.

그런데 자신만의 차별적 커리어를 브랜드로 만들려면 무엇보다 차별을 만드는 요소에 집중해야 한다. 사람들은 모두 자신만의 브랜드를 갖고 있다. 단지 자신이 갖고 있는 브랜드가 무엇인지 모르거나, 알고도 관심을 두지 않을 뿐이다. 따라서 자신의 브랜드 정체성을 최대한 빨리 확인하는 게 중요하다. 이를 위해 자신만이 갖고 있는 강점이나 기술, 역량을 정확하게 파악해야 한다. 내가 무엇을 좋아하고 잘하는지 알아내야 한다. 그리고 이렇게 해서 어떤 브랜드를 만들지 마음을 정했으면 이것을 강화하고 주변에 알려서 남들이 모방할 수 없게 만들어야 한다.

모방할 수 없는 단 하나뿐인 이력서

우리가 만들고 싶은 세상 단 하나의 이력서는 모방이 불가능할 정도로 독특한 것이다. 남들이 모방한다고 해서 쉽게 만들 수 없는 것이다. 따라서 가능한 한 모든 시간과 노력을 집중해 차별성을 강화해야 한다. 그런 다음 자신의 브랜드를 주변에 알려야 한다. 처음부터 사방에 널리 알릴 필요는 없다. 우선 블로그나 SNS를 통해 필요한 사람들에게 알리는 데 집중해야 한다. 자신의 차별적 경력이 필요한 사람들부터 선택적으로 알리기 시작한다. 강력한 브랜드는 명쾌함(Clarity)과 일관성(Consistency)과 지속성(Constancy)을 지니고 있다. 뛰어난 커리어 브랜드도 마찬가지다.

미국의 마케팅 전문가 세스 고딘은 "기업이 평범한 사람을 채용하던 시절은 옛날에 지나갔다"고 주장한다. 평범한 인재는 이제 쓸모없는 사람이 됐다는 것이다. 기업들이 독창성과 창의력을 지닌 사람들을 통해 색다른 가치를 추구하고 있기 때문이다. 따라서 직장인들도 더 이상 차별성 확보에 소극적이어서는 안 된다. 세상에서 단 하나뿐인 커리어를 구축하고, 단 하나뿐인 이력서를 써야 한다.

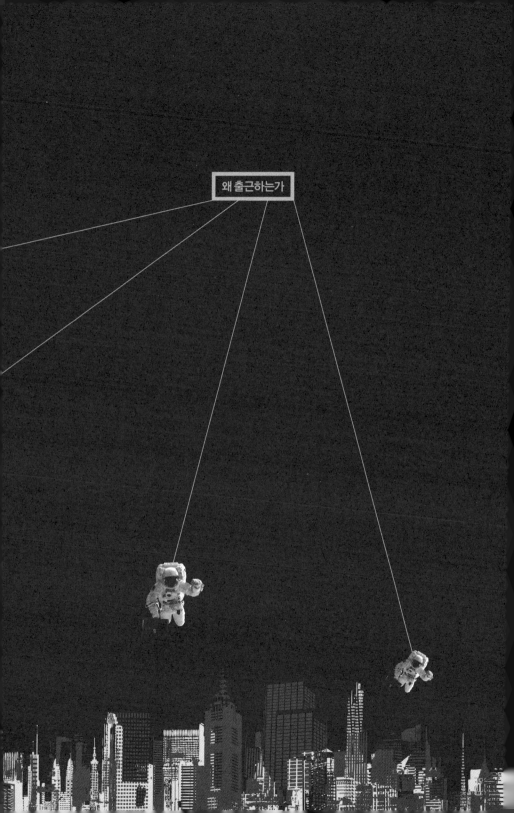

KI 신서 6989

왜 출근하는가

1판 1쇄 인쇄 2017년 7월 1일
1판 2쇄 발행 2017년 7월 20일

지은이 신현만
펴낸이 김영곤
펴낸곳 ㈜북이십일 21세기북스
출판기획팀장 정지은 **책임편집** 윤경선 **디자인** 황소자리
출판사업본부장 신승철
출판영업팀 이경희 이은혜 권오권 홍태형
출판마케팅팀 김홍선 배상현 신혜진 김선영 박수미 나은경
홍보팀 이혜연 최수아 박혜림 문소라 백세희 김솔이
제작팀장 이영민

출판등록 2000년 5월 6일 제10-1965호
주소 (413-120) 경기도 파주시 회동길 201(문발동)
대표전화 031-955-2100 **팩스** 031-955-2151
이메일 book21@book21.co.kr

(주)북이십일 경계를 허무는 콘텐츠 리더
21세기북스 채널에서 도서 정보와 다양한 영상자료, 이벤트를 만나세요!
장강명 작가, 가수 요조가 함께하는 북캐스트 〈책, 이게 뭐라고〉
페이스북 facebook.com/21cbooks 블로그 b.book21.com
인스타그램 instagram.com/21cbooks 홈페이지 www.book21.com

ISBN 978-89-509-6989-9 03320